Insights into the World

Learn Management from Samuel Yin

达观天下

跟尹衍梁学管理

顾佳峰 ⊙ 著

北京大学出版社
PEKING UNIVERSITY PRESS

图书在版编目(CIP)数据

达观天下：跟尹衍梁学管理/顾佳峰著. —北京：北京大学出版社，2016.6
ISBN 978-7-301-27118-6

Ⅰ.①达… Ⅱ.①顾… Ⅲ.①企业管理 Ⅳ.①F270

中国版本图书馆CIP数据核字（2016）第100026号

书　　名	达观天下——跟尹衍梁学管理 DAGUAN TIANXIA
著作责任者	顾佳峰　著
策 划 编 辑	贾米娜
责 任 编 辑	贾米娜
标 准 书 号	ISBN 978-7-301-27118-6
出 版 发 行	北京大学出版社
地　　址	北京市海淀区成府路205号　100871
网　　址	http://www.pup.cn
电子信箱	em@pup.cn
新浪微博	@北京大学出版社　@北京大学出版社经管图书
电　　话	邮购部 62752015　发行部 62750672　编辑部 62752926
印 刷 者	北京中科印刷有限公司
经 销 者	新华书店
	730毫米×1020毫米　16开本　18.5印张　252千字 2016年6月第1版　2016年6月第1次印刷
定　　价	68.00元

未经许可，不得以任何方式复制或抄袭本书之部分或全部内容。
版权所有，侵权必究

举报电话：010-62752024　电子信箱：fd@pup.pku.edu.cn
图书如有印装质量问题，请与出版部联系，电话：010-62756370

推荐语 Comments

  顾佳峰送我的这部著作,叙述了他的老师尹衍梁管理企业的方法和经历,往往绝处逢生,眼光独到,和做科学研究的情形有很多类似的地方,很值得阅读。

——丘成桐,美国科学院院士、中国科学院和俄罗斯科学院外籍院士、
哈佛大学数学系教授

  顾佳峰的这部著作,让我了解了著名企业家尹衍梁独到的管理思想和见解,以及他在长期管理实践中所获得的不凡成就。尹衍梁那永无止境地通过创新去追求卓越的企业家精神,令我印象深刻。我认为,这是一部了解当代东方管理思想和实践的必读书,值得反复阅读。

——黄亚生,美国麻省理工学院斯隆管理学院副院长、教授

  尹衍梁的身上,体现了企业家和工程师的完美结合。顾佳峰的这部著作,探讨了具有四百多项发明专利的工程师尹衍梁在商界中传奇般的成功奥秘,对于广大工程爱好者、创新创业者,是一种启发和激励。

——陈　刚,美国工程院院士、美国麻省理工学院
机械工程系系主任、教授

顾佳峰以其老师尹衍梁的企业管理实践为研究对象，深入探讨和分析了尹衍梁先生的管理思想及创见。中国已是世界第二大经济体，华人企业在国际舞台上的地位也越来越重要。顾佳峰这部著作的出版，恰逢其时，有助于向世人展示优秀华人企业家的管理密码，分享华人企业的成功经验。这是一部非常值得细读的管理著作，富含东方管理智慧。

——蔡洪滨，北京大学光华管理学院院长、教授

自序 Preface

社会上给予尹衍梁先生很多头衔,比如"亿万富豪""创业家""工程师""慈善家""教育家",等等。但是,在我心目中,他只有一种身份:一位尽心尽职的教授,我的老师,一个很朴实的人。作为北京大学的教授、博士生导师,在带我这个学生期间,无论多忙,他每月都要从台北飞到北京来上课。先生讲课的内容不仅仅限于商科,天文、地理、生物、哲学、历史等知识无所不包,就连非常枯燥的地质年代表,他都能背诵出来。后来,由于"非典"爆发,先生无法到北京来讲课,就让人在他在北京大学和台湾的办公室之间架起远程视频系统。当技术人员告诉他,"非典"爆发,很难在北京找人来装这套系统时,先生大为不悦,说:"我和学生有约在先,你想让我食言吗?"系统架好后,他就继续往下讲课,风雨无阻。每每想起这件事,先生做人和治学的态度以及永不食言的责任心都让我深省。

要系统地表述先生的经营管理思想,是一个非常大的挑战,因为先生涉猎的领域很广,旗下有七大产业,四十多家公司。他对事物充满好奇,兴趣包罗万象,至今仍大量阅读学习。他的知识面像大英百科全书那样广博,无法只用几句话形容,很难归类成哪一类。他是一位学识广博、特立独行的企业家。为了能勉为其难地提炼出先生的经营管理之道,本书分别从战略、组织、决策、

达观天下
——跟尹衍梁学管理

领导力、投资、创新、品质、使命、教育、期望这十个方面来阐述。第一讲是战略，以零售业为例，探讨先生如何通过精妙绝伦的战略布局使得大润发能够后来居上，一举打败沃尔玛和家乐福，成为中国零售业的总冠军。第二讲是组织，探讨先生对于组织的独特理解以及创造高绩效组织的方法。第三讲是决策，探讨先生在复杂多变的环境中如何能精准无比地做出一个又一个令人叫绝的决策。第四讲是领导力，探讨先生的个人领导魅力和获得卓越绩效组织的领导方法。第五讲是投资，探讨先生"精、准、狠"的"鹰式投资法"的奥妙及其应用。第六讲是创新，以建筑业为例，探讨先生如何通过创新使得亏损的建筑公司成为大为赚钱的"金母鸡"。第七讲是品质，以金融保险、医疗与养老事业等为例，探讨先生精益求精、追求完美的品质观及实施办法。第八讲是使命，探讨先生投资社会、回馈社会的使命感和利用使命驱动企业进步的管理方法。第九讲是教育，探讨家庭及学校教育如何让一个"问题少年"转变为推动社会进步的有用之材，并介绍企业接班人成为创业者的历程。第十讲是期望，探讨先生对于青年一代的期望。

本书从动笔到现在，已经超过八年了。其间，时断时续，因为要有感而发才行。这里的"感"，不仅仅是指"灵感"，更是"感动"。每次深入先生的内心世界，都会为先生的丰富情感、忍辱负重与豁达乐观所感动。于是，就会有迫切的想法想要通过文字来总结和描述出来，供更多的人来分享。有时候，

自 序

写着写着就被感动得落泪。一边落泪，一边写，这是一种很奇特的写作经历。先生讲课时，引经据典，旁征博引，且善于用故事、案例以及自己的切身体会来阐述，因此，他讲的管理学一点儿都不枯燥。我有幸能够聆听先生讲课，并且有机会在先生身边做事，进而能够记下先生的讲解，汇集成本书。先生的阅读面极广，其中一些书籍在本书中也有所提及。因此，本书不会是一本枯燥的管理学教科书，而是一本很特殊、很神奇、生动而贴近管理实践的商业管理著作，相信广大读者在跟着先生读书、学习管理知识的同时，能够从中获得启发，并产生共鸣。

顾佳峰

2016年3月

目录 Contents

第一讲　强大的战略力   **001**

  第一节　宏伟的布局   002

      一、战略为王   002

      二、农村包围城市   004

      三、处处都要领先   006

  第二节　做到对顾客更好   008

      一、人，才是最关键   009

      二、对顾客好的细节管理   011

      三、练就钢铁般的纪律   013

  第三节　把幸福传递给顾客   016

      一、当消费者利益的代表   017

      二、孔融让梨，大润发让利   020

      三、把顾客当老板   022

第二讲　高效的组织力   **025**

  第一节　靠合作赢得总冠军   026

      一、分工是为了合作   026

      二、要军队，不要英雄   029

      三、蚂蚁式管理   031

第二节　强大的组织基因　　　　　　　　　　　　034
　　一、利他，才是组织的基因　　　　　　　　　034
　　二、凝聚企业的是文化　　　　　　　　　　　036
　　三、五项基本原则　　　　　　　　　　　　　039

第三节　全能发展的组织智慧　　　　　　　　　　042
　　一、跨界高手三步走　　　　　　　　　　　　043
　　二、平面扩张式的成长　　　　　　　　　　　046
　　三、每天都要进步　　　　　　　　　　　　　048

第三讲　安静的决策力　　　　　　　　　　　　　**053**

第一节　高质量决策的秘方　　　　　　　　　　　054
　　一、头皮下的东西才重要　　　　　　　　　　054
　　二、立足长远进行决策　　　　　　　　　　　056
　　三、决策中的大局观　　　　　　　　　　　　058

第二节　直觉的力量　　　　　　　　　　　　　　061
　　一、聆听内心的声音　　　　　　　　　　　　062
　　二、打坐与禅修　　　　　　　　　　　　　　064
　　三、感性也是一种决策力　　　　　　　　　　067

第三节　群体决策的智慧　　　　　　　　　　　　071
　　一、决策过程如同警察破案　　　　　　　　　071
　　二、听老板的就错了　　　　　　　　　　　　074
　　三、寻找决策的"甜蜜点"　　　　　　　　　075

第四讲　卓越的领导力　　　　　　　　　　　　　**079**

第一节　懂服务的领导　　　　　　　　　　　　　080
　　一、不是用人，是合作　　　　　　　　　　　080

	二、领导就是服务众人	083
	三、人才搭配用，更有效	085
第二节	领导，从心开始	088
	一、总裁无才便是德	089
	二、伯乐与千里马	092
	三、以诚相待很重要	095
第三节	激励的艺术	097
	一、分享，不要滥赏	098
	二、领导贵自知	101
	三、因信任而分享	103

第五讲　精准的投资力　　107

第一节	鹰式投资法	108
	一、眼光最重要	108
	二、趋势，趋势，再趋势	112
	三、失败铸就起成功	114
第二节	投资的是"人"	117
	一、人才是投资的关键	118
	二、早起的鸟儿有虫吃	120
	三、投资于团队	123
第三节	投资组合与风险管控	125
	一、大局研判定风险	125
	二、优化投资组合	127
	三、成长，成长，再成长	129

第六讲　旺盛的创新力　　　　　　　　　　　　　**135**

第一节　永无止境的创新　　　　　　　　　　　136
一、创新团队领导造　　　　　　　　　　　136
二、创新让老店有新春　　　　　　　　　　139
三、追求进步，好还要更好　　　　　　　　142

第二节　工具创新论　　　　　　　　　　　　　144
一、工欲善其事，必先利其器　　　　　　　145
二、有创新，才有新工具　　　　　　　　　147
三、制度创新也是新利器　　　　　　　　　150

第三节　创新无极限　　　　　　　　　　　　　152
一、不只卖房子，更卖幸福　　　　　　　　153
二、勇于驾驭 ERP 这匹烈马　　　　　　　　156
三、有创新就无天花板　　　　　　　　　　158

第七讲　卓越的品质力　　　　　　　　　　　　　**161**

第一节　服务品质是关键　　　　　　　　　　　162
一、客户幸福保卫战　　　　　　　　　　　162
二、用价值战替代红海战　　　　　　　　　165
三、用真诚破解道德风险　　　　　　　　　167

第二节　服务品质在于尊重　　　　　　　　　　169
一、只有尊重，没有管理　　　　　　　　　170
二、能"体察温暖"的设施　　　　　　　　172
三、无微不至的照顾与服务　　　　　　　　174

第三节　用心铸就卓越服务品质　　　　　　　　177
一、没有病人，只有客人　　　　　　　　　178
二、创新提升服务品质　　　　　　　　　　181

三、好品质，经得起时间检验　　184

第八讲　深厚的使命力　　**187**

第一节　愿景与使命　　188
一、愿大，福田才大　　188
二、愿景靠修行来实现　　190
三、使命必达的勇气和魄力　　193

第二节　勤耕"福田"的快乐　　196
一、让感恩成为习惯　　196
二、因仁义而无敌　　199
三、敬人者，人恒敬之　　201

第三节　践行社会责任　　204
一、投资于社会进步　　205
二、捐出 95% 的个人财产　　207
三、一场唐太宗缺席的典礼　　210

第九讲　质朴的教育力　　**213**

第一节　接班人的培养　　214
一、没有最佳实践的难题　　214
二、"富二代"的叛逆　　216
三、父亲的眼泪是救赎　　220

第二节　"王子"的崛起　　224
一、初试啼声的考验　　224
二、"屡败屡战"的斗志　　226
三、勤学苦练领悟大境界　　229

第三节　传承与变革　　231
一、青出于蓝而胜于蓝　　232
二、"国王"的班底　　235
三、九种人不用　　238

第十讲　殷切的期望力　　**241**

第一节　永远追求进步　　242
一、心有多大，舞台就有多大　　242
二、行动，行动，再行动　　245
三、挫折是前进的动力　　247

第二节　态度决定高度　　250
一、练好基本功　　251
二、谦虚使人进步　　254
三、破解"卖身迷思"　　256

第三节　养成良好的习惯　　259
一、善于沟通与合作　　260
二、被利用，才能被看见　　263
三、面向阳光，影子相随　　265

参考文献　　269
后　记　　277

第一讲

强大的战略力

2010年5月30日，第二届海峡杯帆船赛在台湾的基隆港鸣枪，二十艘帆船争相离港，驶向厦门。在这些帆船中，有一艘帆船特别引人注目。这艘帆船长三十四米，桅杆高五十米，船重近百吨，比其他帆船大出一大截。这艘亚洲最大的重型帆船就是"大润发"号，其船长就是尹衍梁。比赛一开始，尹衍梁就指挥船员全速驶向厦门港。在基隆到厦门的途中，台湾海峡刮起六级大风，浪高三米多。具有三十多年航海经验的老船长尹衍梁亲自掌舵，面对风高浪急的海面，果断指挥帆船乘风破浪，快速前进，第一个抵达厦门港。

尹衍梁的管理学问，不少来自航海中的体悟。1997年4月，尹衍梁在上海成立大润发有限公司，进军大陆零售业。在做出这个重大决定之前，他驾船出海三天，在浩瀚无边的大海上，让心情完全平静下来。航海不仅能让他安静地思考，还给予他面对未知风险的勇气和力量。截至2010年，大润发已在大陆开设了一百三十多家店，营业额超过五百亿元，一举超过沃尔玛和家乐福，成为大陆零售业的冠军。在尹衍梁看来，企业经营如同航海，如何才能在风高浪急的大海中稳健地驾驭帆船并第一个冲过终点，除了需要高超的驾驭技巧和良好的团队合作之外，航海路线的选择至关重要。企业经营中的战略，如同大海中的航行路线，直接决定了航速与航行成绩。尹衍梁为大润发所制定的异常强大的发展战略,是其在短短十几年就能迅速崛起且击败强大对手的关键所在。

第一节　宏伟的布局

我曾经去哈佛商学院拜会战略管理大师迈克尔·波特,他的办公室是哈佛商学院里面的一栋独立的小楼。在会客室正面的墙上,挂着一幅在波涛中航行的船只的油画;侧面墙是一个装饰用的壁炉,壁炉上面挂着一面船舵形状的圆镜子。在会议室正面的墙上,同样挂的是航海船只的油画。从这些摆饰的布局看得出,迈克尔·波特内心中的企业战略与航海中的掌舵之间有一定的内部联系。大海航行靠舵手,企业经营靠战略。在讲到企业战略时,迈克尔·波特认为,至今还有不少人低估了竞争战略对企业发展的重要性。

一、战略为王

1997 年,尹衍梁在上海成立了大润发。当时,大陆零售业强敌林立。沃尔玛、家乐福这样的国际零售巨头已在一线城市牢牢控制了市场,还有很多本土的零售商也是诸侯割据,分割余下的市场。在这种格局下,大润发要生存都很难,更何况要独占鳌头。于是,大润发采取了化整为零的做法,各分店不用统一的"大润发"这个名字,大润发也不设立官方网站。不鸣则已,一鸣惊人。经过十几年的默默发展,当世人关注到大润发这个名字时,大润发的实力已不可小觑了,已有上百家分店,营业额已超过了沃尔玛和家乐福。大润发在各地的分店,其火爆程度令业界惊讶。仿佛在一夜之间,无数的大润发分店在大陆的大江南北冒了出来,并且迅速地击败了国际零售业巨头。这种景象在唐朝鼎盛时期曾出现过，当时有个诗人岑参在《白雪歌送武判官归京》中写道："忽如一夜春风来，千树万树梨花开。"大润发之所以能够后来居上，其强大的战略力，功不可没。

战略是一种伟大的组织力量，起源于战争活动。尹衍梁喜欢看史书，从历史中汲取了不少优秀的管理经验。他认为，公元前218年汉尼拔从西班牙出发翻越阿尔卑斯山进攻罗马的战略和1800年拿破仑进攻意大利的战略，是一脉相传。在尹衍梁看来，优秀的企业家都应是战略家，能从不同的战略路径中找出最合适的战略，领导企业去达成卓越的目标。尹衍梁喜欢航海，从中领悟了不少企业经营之道。他说："帆船出海总要先有个航道，企业转型也得先找出可行方向。"所谓的方向，就是可行的企业经营战略。在深入考察产业变迁的趋势之后，他认为制造业除了不断推陈出新之外，还需要销售渠道。于是，吸引消费者上门购物的大型卖场，便进入他的视野。1996年他在台湾地区新建大润发量贩店，第二年就派黄明端进军大陆市场。短短十几年之后，在大陆的大润发一举超越沃尔玛和家乐福，成为大陆零售业的老大。彼得·德鲁克曾指出，战略管理是实现企业使命与目标的一系列决策和行动计划，它需要解答几个关键问题：做什么？由谁做和为谁做？怎么做？在哪里做和何时做？彼得·德鲁克关于战略的提问，尹衍梁用实际成绩给出了答案。战略成功与否，关键是看能否经得起实践的检验。无论是汉尼拔的意大利作战攻略，还是尹衍梁的大润发战略，最终都获得了引人注目的成绩，这验证了当初战略的合理性。

尹衍梁在战略上能技高一筹，与其酷爱航海运动分不开。他曾经这样描述说："经常和三五好友驾着帆船出海游玩，身为一船之长的我，手握船舵决定前进方向，利用风力调整和掌控帆船速度。"这就是他的"帆船"理论，对于航海而言，首先需要决定的是航海的方向。方向定下来后，才是根据风力等具体的因素进行驾驶。每个想去航海的人，都需接受一定的航海技能培训，比如遇到风暴如何处理、迎风行驶如何保持航速、漏水如何紧急自救等。但是，很少有培训传授如何确定航海方向，即帆船要往哪里去？其实，这才是最为关键的战略问题。若是帆船不离开码头，那么，什么驾驶技巧都用不着。若是帆船沿着海岸线附近行驶，那么，简单的技巧就够用了。若是驾驶帆船去穿越太平洋，那么，就需要更高级的技巧训练了。可见，是航海所要达到的目的地及航海路线决定了应接受何种程度的航海技能训练。前者是战略决策，后者是战术决策。迈克尔·波特认为，战略是定位、取舍和建立活动之间的一致性。尹衍梁则认为，企业战略是企业经营的总纲，决定具体经营的方向和资源的配置。

管理大师亨利·明茨伯格讲战略规划时，以蜜蜂和苍蝇来举例：如果在一个瓶子里放几只蜜蜂和几只苍蝇，然后把瓶子放平，把瓶底对着窗户，会发现蜜蜂坚持不懈地试图穿透玻璃，直到精疲力竭死去或饿死；苍蝇则很快会从相反方向的瓶口飞出去。两者的差异在于战略研判的不同。电子业在台湾曾经是非常风光的，是投资者竞相追逐的对象。当人人都热衷于贪求之际，尹衍梁对于产业发展方向上的判断却与众不同。他认为零售业比电子业更具有发展前途，且在大陆比在台湾机会更多。他说："机会是自己找的，新市场需要被开发，谁能抢先一步往大陆开发市场，就能在大陆经济下一波爆发性成长前获得先机，成为傲视群雄的领头羊。"正是在这样的战略判断之下，尹衍梁没有跟随众人去投资台湾的电子业，反而到大陆投资零售业。结果，台湾电子业由于过度竞争，产品价格一再下降，导致很多企业破产。而尹衍梁在大陆投资兴建的大润发，则一鸣惊人，如日中天，成为名副其实的会下金蛋的"金母鸡"。

二、农村包围城市

哈尔滨进入冬季后，到处是冰天雪地的景象，但是，大润发在哈尔滨的分店里面，却是人山人海，热闹非凡。店内 48 台收银机全开，依然忙不过来，结账台后面总是排着长长的队伍。店内的火热，与外面的寒冷形成了鲜明的对

第一讲
强大的战略力

比。之所以在哈尔滨开分店,是源于大润发"农村包围城市"的发展战略,这是一种迂回的发展战略。在这个战略的指导下,大润发在发展初期,果断地"下乡"去占领三、四线城市的市场。到 2003 年,大润发已经颇具实力了,就从东北开始向强大的竞争对手主动发起攻击,首先在黑龙江的省会城市哈尔滨开设分店。①

尹衍梁决定效仿毛泽东,采用"农村包围城市"的战略,把眼光投向了大陆更为广阔的地区。他在阐述大润发的战略时,强调说:"我是先从三、四线城市开始走的,再回头往一线城市走。"显然,尹衍梁在开辟三、四线城市及农村市场时,心中想的却是整个大陆的市场和布局。正如毛泽东撤出延安时所说:"退出延安是为了打到西安,我们要用一个延安换取全中国。"尹衍梁在三、四线城市的积极布局,是为了能够在这些地区积蓄力量,最终能够占领包括一、二线城市在内的整个大陆市场。在尹衍梁看来,谋大事者必布大局。大格局,即以大视角切入,力求站得更高、看得更远、做得更大。

战略布局取决于战略制定者的格局。催眠大师马修·史维曾说:"你的格局一旦被放大之后,就再也回不到原来的大小了。"尹衍梁认为,"两岸观"就是"世界观"。尹衍梁在布局大陆零售业时,也是站在全球市场的高度来分析和研判的。在大润发建设之初,就与世界超市经营先驱者之一的法国欧尚(Auchan)集团确立合作伙伴关系,联合进入大陆市场。法国欧尚集团成立于 1961 年,是以经营大型综合超市为主的国际商业集团,是法国第二、欧洲第六的大型跨国商业集团。通过与欧尚集团合作,大润发引进了世界先进的零售业管理理念、流程、方法,一步迈进国际零售业先进水准的行列中。用这种现代化的零售业运营模式,大润发在进入三、四线城市时,令当地人眼前为之一亮,很快就成为当地商业的新亮点和新的商业

---

① 哈尔滨是二线中等城市,但也在大润发战略的覆盖范围之内。

核心。

尹衍梁说："格局越大越好，难度越高越好。"要成功实施"农村包围城市"的战略部署，需克服诸多难以想象的挑战，刚开始，总经理及店长就被同行挖跑了。面对种种意想不到的挑战，尹衍梁并未退缩，而是陆续派出集团的老干部前去支援，并且鼓励大家要"穷尽所有努力，跨越所有艰险"。在他的鼓励之下，大润发稳住阵脚，稳步在三、四线城市扩店。大润发通过艰苦的草创阶段，摸索出一套零售业经营方法，经营也越发上路，不到十年就完成了建立一百家店的目标。在达成这一目标后，大润发就将"点"连成"线"，"线"再发展成"面"，进而"燎原"了整个大陆。大润发从2009年起以较过去十年成倍增长的速度，以遍地开花的态势在大陆布局。星星之火，已形成了燎原之势。对此，尹衍梁没有为眼前的景象所迷惑，而是清醒地认识到潜在的危机。他说："2015年以后，大陆将有六成以上的人口将养成到超市购买日常用品的习惯，若以现在总人口数超过十三亿来计算，届时几乎有近八亿人的消费市场可以经营，因此大润发从不放慢开店速度，只怕一停止前进，市场就会被竞争对手迎头赶上。"尹衍梁显然没有满足于现状，而是看得更为长远。

三、处处都要领先

一步占先，则步步占先。商战中的先机在于先于对方制定出战胜对方的正确战略。尹衍梁认为："赢家永远领先市场。"早在二十世纪八十年代，他就认为必须领先市场一步，才能占据获利良机，于是积极布局金融业。二十世纪九十年代，当台商大多集中在制造业时，他看到制造业产品生产出来后，需要通过流通渠道到达消费者手里，因此，流通渠道将是未来决定商业成败的重要因素。得渠道者，得天下。在电子制造业称霸亚洲市场时，尹衍梁率先领悟出"渠道为王"的重要意义，派遣团队到大陆开办大润发超市。在他看来，渠道可以延伸多远，商机就可以延伸多远，渠道延伸了商业系统的接触范围。商场如战场,胜负具有一定的因果关系,商战的先机便是"因"。谁能把握住、控制住这"因"的部分为己所用,谁就占有商战的先机,取得主动地位,进而产生与之相应的"果",战胜对手,赢得胜利。他认为,渠道做到一定程度就变成平台,平台就具有相当的统治力。尹衍梁说:"南货北卖,东货西卖;春货秋卖,夏货冬卖。可变化的事情多了!"这就是率先占据渠道的统治力,货不分南北东西,不分春夏秋冬,只要渠道平台搭建起来,都可以通过这个系统进行销售和交易。

《孙子兵法》有云:人欲我与,人弃我取,此争先之道也。在商战中,看似先发,实则已为对手之后;看似后发,实则已为对手之先。所以,懂得占得先机的战略家,无不精通辩证法。尹衍梁善于把握对立统一的观念、全局的观念、发展变化的观念,这是商战中的辩证法。尹衍梁说:"对于大润发而言,外商不愿去开发经营的市场,当然就是他们(大润发执行团队)愿意大举前进的目标,只要抢先卡位获得最佳位置,日后即使外资企业想分得一杯羹,自然也无法撼动大润发在当地不可或缺的地位。"外资零售巨头希望占据中国的一、二线城市,而不愿意进入中国的三、四线城市。尹衍梁自然不会放过这个机会,他派兵遣将,积极抢占三、四线城市的市场,在这些地区获得先机。当外商发现情况不妙时,已为时晚矣。

尹衍梁认为,商战中的战略是将一切因素合为一体,统筹规划,先于对手找出胜出之因,并且付诸实施,最终获得胜利。那么,这样的战略是如何形成的?这是一种"有意"的战略规划,就像迈克尔·波特于1987年在《经济学家》杂志上撰文指出的一样,"我倾向于使用一系列的分析技术去制定战略"。尹衍梁的战略规划方法,可以称为"由果导因"的战略分析法。尹衍梁认为,需要先明确规划未来想要的成果,如同已经在心里看到日后成功那一刻的"蓝图",想怎么收获就怎么耕耘,设定计划,按部就班地朝终点努力,遇到困难就想办法解决,陷入困境就找方法摆脱,直到成功那天的到来。这是一种积极主动的战略思想，而不是消极等待。

战略管理领域的奠基者艾尔弗雷德·钱德勒说："商业有时像战争——如果它的大战略是正确的……可以犯无数的战术失误，而企业仍将证明是成功的。"这说明，一个好的战略对于企业经营是何等的重要。当然，有了一个好的战略，如何驾驭才能达到胜利的彼岸，也是战略制定者需要考虑的，尹衍梁对此有自己的体会。作为航海好手，尹衍梁用航海的经验来比喻企业战略的实现过程，他指出："既然扬帆出海，就必须得面对无法预测的未来，是凶是吉、是福是祸，都得积极应变，泰然处之。"当大润发刚进入大陆时，由于水土不服，出现了不少失误，内忧外患。但是，尹衍梁能容忍失误，因为他坚信之前的发展战略是对的。结果，大润发很快从失误中学到了宝贵的经验，变得越来越强大。尹衍梁之所以能处变不惊、泰然处之，关键在于他对自己所制定战略的充分自信和对失败的正确认知。

第二节　做到对顾客更好

若无法为顾客带来附加价值，再高明而宏伟的企业战略也是枉然。任何一个组织，若想成功，都需要对其顾客好。企业除了发展战略之外，还要根据服务对象来制定相应的服务战略。所谓服务战略，就是如何通过有效的服务提供方式，来服务好消费者。竞争日趋同质化，企业能否胜出，关键在于能否比竞争者提供更好的服务给消费者。吉姆·柯林斯等在《从优秀到卓越》一书中指出，一些很出色的企业之所以无法成为卓越的企业，就在于这些企业满足于做到"好"的地步。尹衍梁时常强调说："好，还可以更好！"他就是希望自己的企业能不断创新出更好的服务给消费者，永远都不能满足于已有的成绩。在他看来，这不仅是领先竞争者的策略，更是成为一家卓越公司的前提条件。

一、人，才是最关键

在整个战略管理过程中，大润发强调顾客第一的经营理念，提供的服务务必做到体贴入微。在南方，夏季天气酷热，大润发开设门店后，发现很多老大爷、老大妈一大早就搭乘大润发的免费班车来到店里，待上一整天就是为了来"吹冷气"。大润发发现这个情况后，考虑到这些老年人都已一大把年纪，站立久了，恐对身体不利。于是，在店内准备了椅子，供他们休息之用。大润发还很贴心地想到，如果他们坐久了，口渴怎么办？于是，又免费提供了饮水机及纸杯，让老人们在大润发感到很舒适和安心。在尹衍梁眼中，战略并非是抽象的，企业的战略是一种系统性的综合力量。但是，战略要发挥出作用来，就要把其渗透到企业日常运营的每个细节中去。唐代诗人杜甫的《春夜喜雨》中有云："随风潜入夜，润物细无声。"当战略潜移默化地影响企业每个员工的日常例行工作时，就能激发出一种无声且强大的战略力。

尹衍梁重视经营战略，也同样重视战略执行。酷爱航海的他，经常用航海的体验作比喻，形容战略与执行之间互为依存、不可分割的关系。尹衍梁表示，制作帆船的目的是下海航行，若是为了安全着想只敢停靠在岸边，就永远只能当个摆设，完全失去了帆船本身存在的意义。从企业战略制定的角度来讲，战略就是用于指导企业实际经营的管理工具。若战略制定后，就被束之高阁，并没有通过强力有效的执行力在管理实践中进行检验和实施，那么，再好的战略也只是纸上谈兵。要实施业已确立的经营战略，第一步就是选将用人。1996年，在集团的高层内部会议上，他指定当时还是润泰纺织主管的黄明端成立研究小组，准备进军大陆市场。接到这个命令，黄明端心想："我是搞纺织的，现在要我去搞超市，怎么搞啊！"尹衍梁善于用四种人："镇山的虎、保护的伞、叼肉的狼、看门的狗"，且都能因才施用。要进军大陆零售业，就要找出"叼肉的狼"来开辟新天地。黄明端无疑是尹衍梁眼中"叼肉的狼"。

尹衍梁常说："兵熊熊一个，将熊熊一窝。"黄明端果然不负所望，不仅自己敢打敢拼，而且还带出了一支执行力超强的团队。在他的带领下，大润发的每位员工都在血液中培养出"狼"的特性，能彻底贯彻相关的经营政策，执行到位，不留死角。黄明端到大润发各店检查时，都会强调说："企业的竞争力，来自细节的彻底执行。"久而久之，大润发上下形成了这种"使命必达、执行彻底"的经营风气，并使之成为企业的基因。尹衍梁说："我要的就是军队。"为确保高效率的执行力，大润发通过军事化的训练、部队式的组织安排，把数十万员工打造成一支战斗力超强的队伍。战略大师加里·哈默尔指出，企业须打破旧有的思维框架，以积极开放的胸怀去思考、接受不同的经营架构，把握未来趋势、建立战略架构、组织核心能力。大润发的培训和组织模式，极大地激发了员工的敬业精神，使得上级命令能得到彻底贯彻。因为纪律严明，员工都能安分守己地做好本职工作，尽最大心力，展现出服务业最高等级的专业水准。

尹衍梁认为，经营事业的目的并非为名为利，而是为顾客带来"幸福的感觉"。他认为，过去在制造业中是产品"对不对"的问题，而现在在零售业则是顾客"感觉好不好"的问题。他进一步强调说："我们未来要和对手比的，就是比谁对顾客好。"尹衍梁"服务至上"的经营理念，让企业上下秉持"如何做到对顾客更好"的信念来做事，目的就是让顾客得到"幸福感"。人们不仅需要商品，也需要去享受更有品质的生活。因此，零售业需要为顾客提供幸福的生活体验。对此，承袭尹衍梁做事风格的黄明端有非常强烈的认识和体会，他强调说："核心精神只有一个，就是帮消费者找到最便宜的商品，维持生鲜蔬果的低价和新鲜。"大润发等于是代表广大群众采购最便宜的东西，也就"当仁不让"地成为消费者利益的最佳代表。

二、对顾客好的细节管理

中国有句俗语:"外行看热闹,内行看门道。"谈战略管理,往往会陷入两种陷阱:其一是把战略管理抽象化,把战略说得多么宏伟以至于虚无缥缈;其二是把战略管理僵化,即把战略说成是很刻板的事物,结果失去了战略凝聚人心的内在力量。要分析大润发的经营战略,就需要关注大润发卖场的细节,通过细节看大润发的战略能否避免出现上述两种陷阱。每个大卖场都会销售碗、盘等餐具,但是大润发创新团队却在思考,如何才能让顾客在选择餐具的过程中有愉悦感?为了让顾客更快乐,大润发创新团队甚至跑到很高档的艺术展览馆去调研,结果从中找到了灵感。后来,大润发用展示艺术品的方式,为每一个盘子量身定做了精美的展示架,使盘子可以立起来放在架子上,盘面全部朝向消费者。然后,根据每个盘子的形状和盘面的图案、色彩等,把这些盘子摆出精致的造型来。当消费者到大润发挑选餐具时,会感觉自己置身于一条艺术长廊,这种美轮美奂的感觉,令消费者购物的过程如同在欣赏艺术品一般。这样的例子在大润发比比皆是,从这些点滴细微之处,就可以看出大润发的经营战略。把这些细节汇集在一起,大润发的经营战略就如同美妙的画卷一般呈现了出来,这才是真实的驱动组织进步的战略力。

尹衍梁不仅能高屋建瓴地把握产业发展趋势,制定正确的企业发展战略,而且还特别关注细节。一旦制定了发展战略,尹衍梁就不具体插手经营管理,而是充分授权给经营团队,使其有充分施展拳脚的机会。但是,尹衍梁曾一天三次打电话给大润发的总经理,建议其调整热食部门卤牛肉的味道,因为有朋友向他表示大润发的卤牛肉可以更加美味。他还特地让人去大润发买来卤牛肉,亲自品尝看味道如何。大润发销售的商品达数万种,卤牛肉仅是沧海一粟。不过,作为集团总裁的他,绝不会忽略这样的细节,而是亲自品尝看看是否有改进的余地。自从大润发开店以来,尹衍梁从来不过问营业绩效数据,只在意有没有做到"对顾客最好"。若大润发的卤牛肉做得连他自己都不满意，那如何让消费者满意呢？他强调说："我们要当消费者利益的代表。"他品尝大润发的卤牛肉，就是从消费者的角度来看问题，确保企业能真正照顾好前来消费的顾客。通晓国学的尹衍梁常列举《道德经·第六十三章》中的语句"图难于其易，为大于其细。天下难事，必作于易；天下大事，必作于细。是以圣人终不为大，故能成其大"，来勉励大家，要放下身段，勤恳地为消费者服务，做好每个细节，为消费者谋求最大的利益，争当服务于消费者的"圣人"。

  在制定战略的过程中，尹衍梁非常谨慎，他认为，需要通盘考虑、全局部署，关键是要能把握得住未来的发展趋势。在进行战略思考时，他甚至整晚不睡觉，冥思苦想，在房间内来回踱步。因为他深知，一项重大的战略决策不仅会引起大量的资金调度，更重要的是会影响包括消费者、员工、供应商等在内的一大批人。老子说："夫轻诺必寡信，多易必多难。是以圣人犹难之，故终无难矣。"在战略制定上，尹衍梁宁肯考虑更多的困难及风险，更多地强调难度和挑战。当黄明端向尹衍梁报告"到大陆设超市的时间点就是现在，而且立刻就要去，晚了就会来不及"时，尹衍梁蹙紧眉头，略微沉默了几秒，然后，起身走到黄明端面前，拍拍他的肩膀说："好！我给你10年时间。10年后，你在大陆开100家大润发就可以了。"最终，黄明瑞提前完成了100家店的开店目标。

  尹衍梁目光如炬，对于细节的关注程度异于常人。他喜欢去一线查看具体工作的真实的细节，因为"细微之处见端倪"。为了确保服务质量一流，尹衍梁还会到大润发的洗手间去亲自打扫，看如何才能把洗手间打扫得干干净净。他认为看一家店是否管理得好，就看这家店的洗手间是否干净。如果连洗手间都那么干净，这家店的管理一定是相当不错的。我曾经在上海当过店长，有一天店内有同事告诉我，说有个人一句话都没说就进到店内的洗手间里了，我跑出来一看，发现是总裁来了。他见我来了，肯定之外，还指出了几点不足，比如拖把应该拧成什么样子、应该如何摆放更好，等等。这些细微的经验，都是他自己从实践中摸索出来的。在他看来，小事连着大事，细节关系着全局。把每一件简单的事做好就不简单，把每一件平凡的事做好就不平凡。

尹衍梁不仅强调细节管理，还鼓励大家在细节中追求亮点，从细节中找到改善经营的方法和突破口。当大润发开始销售生鲜时，有顾客问了一句："你们的鱼是什么时间进货？"那么不经意的一句问话，却被在现场的干部听到了。大润发马上调整生鲜的销售方式，直接把在水里游动的鱼虾放到卖场来卖，让顾客眼见为实，放心购买。但是，这种做法对于水质的控制、现场卫生的管理、鱼虾活力程度的掌握等都提出了更高的标准，而且销售成本明显增加。大润发为了卖可以让顾客放心的生鲜，依然进行大胆尝试，并且不断改进，最终成功地把生鲜销售区打造成可以让顾客近距离观赏的"生鲜海族馆"，让顾客在卫生、整洁、干净且赏心悦目的环境中放心购买各种活的海鲜。这种做法，实实在在地赢得了顾客的信任，生鲜的销量也显著增加。

三、练就钢铁般的纪律

尹衍梁管理企业，强调"钢铁纪律"。他说："如果命令无法一路执行到底、目标无法确实达成，企业就会沦为无效率的组织，有如军队命令，只能百分之一百地遵守，不容有讨价还价的空间。"在他看来，执行不是嘴上说说而已，而是要在遵守纪律的情况下去实施和达成目标。没有了纪律，或者纪律涣散，都是导致执行力低下的重要原因。训练有素、纪律严明的团队比个人英雄更为重要。他反复强调说："我不要英雄式的人物，因为英雄再厉害，也比不过一支训练精良、团队合作的部队。"英雄式的人物往往独来独往、率性而为，但是，在现代企业中，这种作风容易导致团队合作的破裂，使得组织效率无法确保。具有"钢铁纪律"的团队，则能够通过良好的训练，分工协作，共同完成英雄式的人物所无法达成的目标，而且效率更高。

达观天下
——跟尹衍梁学管理

在任何一个组织中,都会存在个人权威和组织权威。个人权威是指组织内部的意见主导者所形成的权威。与之相对,组织权威主要靠组织的一系列制度来立威,尤其是组织纪律。强调组织权威的企业,往往采用法治思想来管理企业。尹衍梁强调遵守纪律的重要性,源于其自身的一次经历。他年轻时,有一次夜里骑着摩托车出来兜风,车速不快也没有不良行车的状况,但是却被警察拦住了。警察问他为何不开大灯,他说路灯的亮度足够看清路面了,何必开大灯?"开大灯是让别人看到你,不是只给你看路的。"警察的回答,让尹衍梁恍然大悟。在一个社会和组织中,遵守制度和纪律,不仅仅是个人的事情,而且会影响到团队整体的利益。不遵守纪律,不仅执行力无法确保,团队更会随之瓦解和崩溃,团队中的每个人都会受损。尹衍梁从遵守交通规则做起,以自己的切身体会来教育大家尊重组织纪律的权威性,因为组织纪律是他人和自己的重要保障,也是企业能够顺畅高效运作的基础。

纪律是培养人、塑造人的重要途径。大润发采用军事化培训和培养的模式,数十万员工轮流到总部进行严格的军事化磨炼。这种磨炼就是用部队的训练模式教育广大员工要做一个坚强的人,能吃苦耐劳,能把握好自由与纪律的尺度。这种军事化的训练能增强团队意识与集体主义观念,让广大员工深刻领悟"效率源于执行"的真正含义,培养团结互助的作风,增强集体凝聚力与战斗力,并养成严格自律的良好习惯。通过这种军事化的严格训练,大润发能够贯彻统一的模式,确保每个员工都具备站上卖场吸引顾客消费的能力,确保让每一位消费者都能安心地把值得信赖的商品带回家。对此,尹衍梁非常肯定,他说:"士兵虽小,但聚沙成塔,团结起来的力量就很惊人。"事实上,这些训练有素、纪律严明的员工,拥有高昂的斗志和饱满的热情,形成了一支牢不可破、战斗力一流的团队,不断为大润发开疆辟土。

在纪律的贯彻实施上,尹衍梁认为制定统一的、人人都必须遵守的标准作业程序(Standard Operation Procedure,SOP)有助于提高团队的运作效率。亚里士多德说:"我们的行为是一再重复的。因此,卓越不是一项行动,而是一种习惯。"制定和执行标准作业流程,有助于培养照章办事的法治,避免个性化差异的人治,确保各地的大润发都按照一套体系和规矩在运转,不仅大大提高了组织效率,也培养了一批又一批追求卓越表现的一线员工。大润发通过内部系统实现标准作业流程分级管理。系统会告诉每个员工何时、何处、完成何种表格,提交到哪里,走什么流程最快。员工遇到问题时,到系统上查一下就知道问题所在了。这种标准化、系统化、信息化的管理模式,响应速度快,不官僚。大润发实施服务流程的标准化、运营管理流程的标准化、采购流程的标准化。标准化大大提高了员工的效率,对此,尹衍梁说:"军事化的严格管理,搭配不断改进的武器装备、战斗兵法、攻击策略、防守阵形,再加上善于领导、经营与指挥的主将,便能成为一支牢不可破、让人胆寒的最强部队。"拥有一支训练有素、装备精良、领导有方、纪律严明的队伍的大润发,已成为令国际零售巨头都忌惮三分的强大企业。

尹衍梁在训练干部和员工时,也有其独到之处,他要求集团所有事业都务必做到6S。5S是日式企业的精髓,一般企业都是做好5S。所谓5S,就是整理(Seiri)、整顿(Seiton)、清扫(Seiso)、清洁(Seiketsu)、素养(Shitsuke)。尹衍梁特别重视工作安全,强调"零事故"。所以,在5S基础上又新加了个S,就是"安全"(Security),合起来就是6个S,被称为6S管理法。尹衍梁说:"推动6S等于重塑崭新的企业文化。"大润发动员组织各层级厉行6S管理法,每日所有的工作就是反复地拆解这些流程,然后反复地实践。国外同行的标准是,一个好的服务,一般会分为37个步骤,而大润发则有更为细致的步骤。通过反复的、精益求精的改进和实践,大润发成为一个强有力且高效运转的自律性组织。6S成为公司上上下下的内在基因,所有员工和干部都自发地、自觉地通过6S来实施、检查、落实及改进各项活动。6S管理法通过分级落实、层层负责的方式,能够确保实现"全透明""看得见"的现场管理,现场不留任何死角和盲角。这成为大润发超强的竞争力和持续的现场创新力的重要源泉。

为了强调纪律，企业都会制定一系列的制度，来约束员工的行为，提高企业的效率。但是，当制度变得越来越复杂时，就会成为繁文缛节，员工反而不晓得如何去遵守。大润发独创了一套"KISS"（Keep It Simple and Stupid）战略，即"简单就是美"的制度。大润发成立以来，始终在进行流程和制度的创新与优化，其目标就是要使流程和制度更加简单。如何保持店内清洁，是困扰大卖场的难题之一。大润发通过头脑风暴，讨论了多种方案，最后想出了一个既简单效果又好的方法，就是给店内每个员工的工作服上缝上一个小口袋，里面装一块抹布。任何一个员工看到店内有不清洁的地方，就可以随时拿出抹布来擦除污垢。这样一个非常简单的做法，却让大润发的现场清洁程度远胜过竞争对手，让前来购物的顾客感到更加舒心和愉快。

第三节　把幸福传递给顾客

战略对于企业而言，具有不同的层次。企业除了有发展战略、产品战略之外，还有服务战略。零售业与制造业不同，不进行有形商品的生产，而是为商品的销售提供渠道。尹衍梁认为，零售行业的大卖场，贩卖的是幸福，而不仅仅是商品。消费者到大卖场来购物，不仅需要购买到价廉物美的商品，还需要有愉快的购物体验，能够把满满的幸福感带回家。要达成这样的经营目标，大卖场就需要设身处地地为消费者着想，站在消费者的立场上来想问题，成为消费者利益最忠实的代表。

一、当消费者利益的代表

电影《美丽心灵》于 2001 年上映，一举获得八项奥斯卡提名。这部影片讲述了 1994 年诺贝尔经济学奖得主约翰·福布斯·纳什的感人故事。他关于非合作博弈论的研究，改变了人们对竞争和市场的看法。尹衍梁认为纳什最大的贡献在于，他证明了信任在合作博弈中的重要性。尹衍梁进一步指出，破解"囚徒困境"最好的办法就是互相信任与合作，通过彼此信任来实现合作共赢和共同成长。若从利己目的出发，结果却损人不利己，既不利己也不利他。在企业经营和开展合作的过程中，应遵循一定的规则，就是儒家"己所不欲，勿施于人"的待人处事之道。在市场中，企业运作的规则透明和诚实守信是博弈各方通过互信而达成协议与合作的基础。企业要想取得顾客的信任，政策必须公开、公正，而且要信守承诺，必须讲诚信，才能在市场上立得住、站得稳。尹衍梁还有自己独到的行事原则：做任何一件事情，都务必对各方有利；对任何一方不利的事情，都不要去做。因此，在经营企业的过程中，要做好利益相关者分析，确保各方的利益都能获得保障和增进。

作为一位成功的企业家和商人，尹衍梁把信誉看得比生命还重要。他的父亲告诉他："商人的招牌就是信誉。小商人贩卖的是货品，大商人贩卖的是信誉。"在他眼中，商人的生命就是信用，信用没有就什么都完了。大润发进军大陆市场后，就做出"业界最低价"的承诺。为了确保能够落实这个承诺，在大陆的几百家店中，每个店都会部署六到七个人的查价小组，不停地到同业的卖场询价。只要发现大润发的价格高于同业，就马上降价。这些专业人员是大润发花钱雇来的，但是，其工作却是完全站在消费者的立场上，替消费者来监督大润发的商品价格是不是最低价。这种信赖感，就是大润发信守承诺的结果，也是大润发实现业界的价格领导力的开始。大润发只有真正落实了对顾客的每项承诺，才能获得顾客的信任，才能真正具有在业界的价格统治力。为了做好消费者利益的代表，尹衍梁从不吝啬在这方面进行投入。有些消费者觉得自己吃亏了，尹衍梁还花钱帮消费者找律师和自己的企业打官司。目的只有一个，就是要忠实地做好消费者利益的代表。

对于尹衍梁而言，信守承诺是尊重他人、尊重顾客的表现，也是赢得社会尊重的必然途径。尹衍梁对于信守承诺的认知，除了有父亲的教育之外，还源自他切身的体会。尹衍梁小时候很顽皮，后来，他当上班长，想带全班出去露营。其他老师都怕他们出事，纷纷走开，但王金平老师却同意带他们去露营。晚餐后是自由活动时间，解散前王金平老师叮嘱大家一定要在十点五十分前回营集合。尹衍梁果然带着大家准时回营。大家很好奇，十八个顽劣少年夜晚出去，居然没出事。尹衍梁说："那天我们举手就等同于发誓，老师尊重我们，我们也得回报他。"既然向老师承诺要准时回营，就必须做到，这是"信用"的表现。因为有信用了，大家才能互相信任，彼此尊重。这次行动的成功，使尹衍梁被老师们刮目相看，他自己也感觉到了信守承诺的重要意义。因此，无论在生活中，还是在企业经营上，讲信用、守信用都是他恪守的基本原则。

美国的迈克尔·哈默和詹姆斯·钱皮提出流程再造以来，这一理念风靡全球。尹衍梁认为企业的流程再造要以增进消费者利益为目标，他说："大润发的创新，就是通过流程改造，使企业与用户共享其利。"在他看来，流程再造的核心是如何让广大利益相关者共享其利，而非企业独享其中的好处。大润发在与同业杀价竞争时，往往能发挥集体效应，逼退同业，降低商品价格，让顾客享受实质性的好处。同时，大润发积极推进垂直一体化的流程整合，从源头上降低商品的成本。大润发已拥有蔬果农场、养猪场、屠宰场、碾米厂、水产养殖场等，能直接从源头采购商品，严格控制商品的加工成本。这些流程整合与再造，充分控制了商品生产、加工、采购等成本，进而为降价提供了强有力的保障。尹衍梁表示，人性皆然，都想买到物美价廉的商品，因此大润发特别

第一讲
强大的战略力

针对顾客的需求，为顾客着想，努力满足顾客心理。大润发通过站在顾客的立场，大力推进旨在降低成本、向顾客提供物美价廉商品和服务的流程改进与再造，为消费者争取该得的利益，自然就获得了消费者的青睐。

大润发坚持不懈地追求最低价格，看起来是吃亏了，因为短期利润会减少。但尹衍梁认为，吃亏就是占便宜。永无止境地追求最低价迫使大润发不断去挖掘潜力，降低商品流通过程中每个环节的成本。久而久之，价格领导已不仅仅是大润发的竞争策略了，而成为大润发的文化和组织基因。有了这种文化和组织基因，大润发就拥有了一支令同行生畏的训练有素、纪律严明、心系顾客的队伍，这是大润发战无不胜的根本所在。为了更好地满足顾客需求，大润发的每一次促销活动早在半年前就定下来，而且几乎不再变更，这样，可以让采购人员用半年的时间全心全力地投入，寻找最低价、最好的商品。此外，大润发通过开发自主品牌来降低价格，这类商品比市场价格一般要低两到三成。通过持之以恒地挖掘潜力，大润发不断提高营运效率，降低营运成本，最终降低了商品的销售价格。

做好消费者利益的代表，企业就能"仁者无敌"。尹衍梁要让企业成为"仁者"，企业不应是消费者的对立面，而是消费者利益的代言人。对此，尹衍梁总结说："只要对顾客好，我就没有敌人。"通过不断降低价格来让利给顾客，大润发的短期利润会受到影响，但是，却可以吸引更多的顾客来消费。这种薄利多销的模式，一方面，让消费者获得了实质性的好处；另一方面，更多的顾客来大润发购买商品，商品的销量就会更好。结果，大润发的长期利润还是有保障。这就是大润发单店的销售额、利润都高于沃尔玛和家乐福的原因所在。用尹衍梁自己的话说就是："凡事都有因果。"大润发忠实地践行其承诺，持之以恒地追求最低价，永远当消费者利益最忠实的代表，这就是"因"。而大润发耀眼的业绩，就是很自然的"果"。

二、孔融让梨，大润发让利

尹衍梁在每个月的经营会议上都会提醒主管们，在各行各业中，我们的职业叫做"客户利益的代言人"。任何的经营活动，首先需要思考的都是能否给顾客带来实质性的好处。若是，则马上动手去做；若不是，即使可以挣很多钱，也不要去做。在尹衍梁看来，大润发应该是消费者利益最忠实的代言人，需要首先站在顾客和消费者的立场上来思考经营。大润发的"业界最低价"政策，与"孔融让梨"有异曲同工之妙。大润发通过提供业界最低价格的商品，把利益让给顾客和广大消费者，使得顾客成为真正的受益者。这种主动让利行为，无疑会赢得广大消费者的信任和肯定。尹衍梁很少在媒体上为企业做广告，而是把广告费用节省下来，尽可能地让利给消费者，让消费者避免支付更多的费用。因此，从某种程度上说，大润发并不是赚消费者的钱，而是通过提供物美价廉的商品来帮消费者省钱，因为同样的商品，消费者到别的地方去买就要支付更多的钱。

在微利时代，零售业的竞争异常激烈。大润发如何才能在不断让利给广大消费者的同时，确保自己良好的财务状况？大润发的秘诀就一个字："细"。大润发通过做好每个细节，实现"小数点里有乾坤"，从小细节里挖掘出大效益。尹衍梁强调："不放过任何细节。"万涓成河，终究汇流成海，这就是细节的力量。只有从每个细节着想，思考如何更好地服务消费者，才能真正获得消费者的认同。大润发为消费者提供的贴心、细心的服务，无不体现在点点滴滴的细节上，一个具有代表性的例子就是台湾大润发总经理魏正元主导推出了"西瓜如果不甜，吃到剩皮都可以退"的惊人服务。这种服务，一开始提出来时，连大润发内部都存有疑虑。但是，既然大润发是消费者利益的代言人，就需要设身处地地为顾客着想。顾客前来大润发花钱买西瓜，如同一次赌注，因为在买的时候不知道这西瓜甜不甜，只有到家吃了以后才知道。当吃到不甜的西瓜时，顾客肯定会觉得花了冤枉钱，心中不快。那么，大润发就应该站在顾客的立场上来思考，如果出现这种情况，如何才能帮助顾客消除这种不愉快的购物体验？于是，大润发就决定在卖西瓜的时候给顾客以承诺，出现问题时可以无条件退货。如此一来，顾客的后顾之忧就没有了，因为即使消费到最后阶段还有大润发的背书。对此，尹衍梁指出："西瓜如果不甜，吃到剩皮都可以退"是对自家商品的绝对自信和把顾客放在第一位的服务思维，即使是利润不高的西瓜，大润发都坚持要求品质，绝不让顾客失望。

宏大的战略和细微的工作是有着紧密联系的。在一个庞大的组织中，每一个组织成员日常完成的每一项具体工作，都牵涉到宏伟目标的实现。在实践中，大润发坚持"农村包围城市"的发展战略，同时还巧妙地应用"时空间断法"来实施精耕细作式的经营。大润发在包围占领三、四线城市及其周边市场的同时，会在一、二线城市进行一定的广告宣传，但是却没有在当地设立卖场，而是有意造成市场空缺，令消费者由新奇到寻觅，由寻觅到渴望，形成消费势能的递增蓄积，犹如大坝之于江水，制造出强大的水位落差，最后形成万马奔腾之势，为一举占领一、二线城市奠定良好的基础。衡量一个企业是否成熟，往往可从其经营的细腻程度来加以判断。粗放式经营，表明这还是一家不成熟的企业。成熟的企业，在经营上细腻而耐心，如同蜘蛛织网一般，既有韧性，又有弹性。这种经营策略上的细腻，往往能够产生出其不意的效果。

例如，大润发2010年在北京开设第一家分店。开业时，卖场附近密集分布着家乐福、物美等竞争者。后来者大润发把竞争对手的研究工作做得极其细腻，就连对手有多少班车以及收银台、车库有多少车位，都详尽掌握。在北京，这家大润发尽管目前还是孤店奋战，却一共开出了16条班车线路，而竞争对手最多的也才只开了11趟班车。仅这个班车的安排细节，就很巧妙地胜过了周围的竞争对手。在有些城市，大润发会开设好几家店，形成一定的气候。大润发在这些城市的布局是很考究和细致周密的，仅仅坐大润发的班车，即可绕城一周，可见其联络顾客的网络之严密、服务顾客之周全。这些细微之处贴心的做法，不仅提高了顾客的满意度，而且对提高身处这些城市的居民的幸福感也做出了贡献。

尹衍梁指出，"满意度"只是基本，最后还是要做到"幸福感"。为了不断提升顾客的"幸福感"，大润发宁可赔钱也要确保对于顾客的承诺能够实现。为了始终坚持"最便宜"的承诺，大润发在遭遇原材料与物价上涨的挑战时，仅就实际新增成本部分调高价格，剩下的全由公司自行吸收。这样一来，即使社会上的总体物价在上涨，大润发的价格始终是最低的，从而能够确保消费者负担得起日常支出。大润发这种咬紧牙关苦撑的做法，显然会让其利润受损，但是，却增加了消费者到大润发消费的"幸福感"。例如，一遇到下雨天，大润发会派出大批员工去为顾客撑伞，甚至会为每辆停在户外停车场的自行车盖上胶套，以免淋湿。大润发如此贴心的做法、良好的声誉就通过口碑相传的方式，让越来越多的顾客深受感动。在尹衍梁看来，真正的影响力源于经得起考验的口碑。大润发的做法，让每天前往大润发购物的近千万消费者期待而来、满意而归。

三、把顾客当老板

尹衍梁认为，零售业是长远的生意，顾客永远有购买商品的需求，只要他们拿起钱包第一个想到的是大润发，就表示我们确确实实成为"消费者利益的代表"。在尹衍梁看来，成为"消费者利益的代表"不是口号，也不是自我吹嘘，而是要经得起消费者的检验。把顾客当老板，就是要信任顾客。以"西瓜如果不甜，吃到剩皮都可以退"的例子来说，大润发充分相信顾客的判断，只要顾客认为是不甜的，哪怕吃到仅剩下皮的时候，大润发照样二话不说就给予退货。这种商业关系的背后，本质上是一种信任关系。这项服务一经推出，就受到了广大消费者的欢迎。大多数顾客还是认为大润发的西瓜是很甜的，不会主动去作假来占便宜。只有极少数的消费者，想贪点小便宜，故意拿吃剩的

第一讲
强大的战略力

西瓜或从别的地方购买的不甜的西瓜到大润发来退。即使是这种情况,大润发也依旧给予退货,务必使顾客感到满意。若不是真心实意地把顾客当成自己的老板,哪有这样的销售模式呢?当然,这种信任也给尹衍梁带来了意想不到的回报。大润发从不刁难前来退货的消费者,而是尽可能帮助消费者办理退货手续。有消费者到大润发来退货时,发现居然是如此地方便,于是,有项目就直接交给尹衍梁来做,因为很放心。

美国销售专家杰弗里·吉特默认为,你的顾客就是你的老板。他强调说:"不要为你薪水支票上的签名所迷惑——这个在支票上签名的家伙并没有把钱放在上面,而是你的顾客出的钱。"尹衍梁很认同这种观点,也反复强调"顾客就是薪水支付者"这种说法,以时时提醒事业伙伴和广大员工不忘初心,服务好每位消费者,因为消费者才是大家的衣食父母,才是真正的老板。尹衍梁认为,把顾客当作自己的老板,关键是要充分信任顾客,相信顾客的判断能力。这种信任是相互的,如果能够为顾客所感知,顾客往往就会给予回报,更加信任这家企业。这种彼此信任的关系,比任何商业促销都重要。把顾客当成老板,企业就需要从为顾客解决问题的角度来安排运营,这样才能真正实现"顾客至上"的经营目标。

尹衍梁不仅强调与消费者的分享,而且还强调与供应商及社会各界的合作和分享,他说:"不是分大饼,而是一起做饼。"大润发不仅对顾客好,对供应商等也是礼遇有佳。光是与大润发合作的供应商,就有上万家。大润发一反过去零售商"压榨"供应商的做法,主动与主要的商品供应商订立共同成长式的购销合同,意在培养一大批有实力的供应商成长,分享不断扩大销售带来的经济成果。在大润发的上海总部,一进门就可以看到供应商信箱,供应商有任何委屈和想法,都可以直接给大润发总执行长黄明端写信。所以,在大润发,供应商的权益获得了充分的保障。尹衍梁强调分享,他说:"不分享带不到心!"他认为,要带好团队,就一定要带到心。带人先带心。大润发视员工如兄弟,让各层面的每一个员工在大润发都有一种家的感觉。零售行业的员工工资普遍较低,大润发也不例外。为了留住这些员工,大润发在内部实行全民持股。大润发店长以上的高管基本上都是从基层员工中提拔上来的,这种选拔制度能源源不断地满足企业快速发展过程中对高级管理人才的需求。大润发这种内部员工融洽的关系,有效地防止了企业的内耗,让员工发自内心地为消费者服务。

尹衍梁认为,大陆的政策和环境其实非常尊重商人,只要规规矩矩做生意,便可得到各种礼遇。在这么好的环境中经营事业,要懂得及时回馈社会,支持政府的政策和方针。除了尽心尽力地为广大顾客提供最优质的商品和最低廉的价格外,大润发还始终把社会责任牢记心中,以实际行动积极参与各种社会慈善活动,回馈社会。例如:2008年汶川大地震,大润发共捐款5 000万元人民币,支援抗灾救援行动;2010年舟曲特大泥石流,大润发捐款1 000万元人民币;2012年7月,北京遭遇特大暴雨山洪泥石流,大润发第一时间捐赠物资和现金共计约270万元人民币;2013年4月,雅安地震,大润发捐赠物资和现金共计1 000万元人民币;2014年8月,大润发携手其网上商城飞牛网,向云南昭通鲁甸地震灾区捐款500万元人民币。大润发贯彻的是以人为本的和谐经营理念。大润发与广大消费者、供应商、政府部门、内部员工、媒体等社会各界,都维持着良好而和谐的关系,实现了企业与人的和谐、企业与环境的和谐、人与产品的和谐,最终演绎出属于自己的经营神话。

第二讲

高效的组织力

1943年11月29日,毛泽东在中共中央招待陕甘宁边区劳动英雄大会上发表了《组织起来》的讲话,强调"把群众力量组织起来,这是一种方针"。尹衍梁认为,这个讲话把组织的力量阐述得很透彻。分散的个体,无论从生理、社会、工具还是时间上,都存在很大的限制。但是,把分散的个体组织起来,就可以汇成一股巨大的力量,能完成个体所无法完成的任务。这就是组织的力量,是超越个人的群体的共同力量。在现代社会中,企业是很重要的组织。企业的效率,取决于组织的力量。一个组织的力量,不仅与这个组织的规模和组织所拥有的工具与设备等有关,但更重要的是组织方式。

尹衍梁经常对大家说:"我要的是军队,不是英雄。"军队是一种训练有素、纪律严明、战斗力强大的组织,而英雄往往是单打独斗,是一种没有组织的体现。尹衍梁希望自己的企业如同军队一样,是个训练有素、效率很高的组织。这样的组织所具有的力量,是任何单个的英雄所无法比拟的,也是在激烈竞争中保持竞争优势的重要依据。为了不断强化企业的组织力量,尹衍梁一方面不断扩大事业版图和企业规模,通过实现规模经济来提升组织效率;另一方面不断调整和优化内部组织结构,通过组织流程再造和创新来提升企业的组织能力,更好地服务于广大客户和消费者。

第一节　靠合作赢得总冠军

2010年，我在美国加州大学伯克利分校做访问学者，接到时任该校校长的罗伯特·柏吉诺向全体师生发的一封邮件，说为了缓解巨大的财政压力，校方将发起"卓越运营"计划。接着，校方通过打破部门界限、克服本位主义、推动跨院系合作等方式，撤掉了数百个管理闲职，每年为学校节省了1.2亿美元，大幅提高了学校所属14所学院和100多个系在人力资源、财政、信息技术以及行政管理等方面的效率。这个例子说明，合作是提升组织力的重要途径。

一、分工是为了合作

1776年，亚当·斯密在《国富论》中第一次提出了劳动分工的观点，并系统全面地阐述了劳动分工对提高劳动生产率和增进国民财富的巨大作用。尹衍梁从企业家的角度来阐述分工与合作之间的关系，他认为："分工的目的是合作，合作是为了突破限制把事情做好！"企业的产生，就是社会分工的结果。作为一种营利组织，企业内部的分工与合作是相辅相成的。分工不是分家，而是为了更好地达成合作的目的，实现合作时的高效率。科学管理之父弗雷德里克·泰勒说："诸种要素——不是个别要素的结合，构成了科学管理，它可以概括如下：科学，不是单凭经验的方法。协调，不是不和别人合作，不是个人主义。最高的产量，取代有限的产量。发挥每个人最高的效率，实现最大的富裕。"这说明，任何管理活动都不是简单地一分了之而已，而是需要通过分工来加强合作，实现合作的整体效率。如果分工的目的不是合作，那么，就会出现副作用。尹衍梁经常用"各拥山头，后患无穷"来提醒大家，在分工和做好各自分内事情的同时，要突破本位主义的束缚，和其他部门积极沟通与合作，

第二讲
高效的组织力

实现协同效应。

分工不一定能必然获得合作的效率,关键在于分工之后是如何合作的。尹衍梁说:"人与机器的生产力加成性是不同的,两个人在一起,生产力不见得是二,很可能是一百或是一千,也有可能是负二、负一百、负一千,不同于机器的生产力可依数量叠加,人在一起若没有搭配好的话,其效应是相减、相除、相阻碍而不是相加、相乘、相促进。"社会分工导致了合作的必要性,但是,很多人在一起不等于就是合作,也可能是互相拆台、拖后腿,导致整体的无效率。迈克尔·哈默和詹姆斯·钱皮的研究发现,走向消亡的公司一般都具有两个通病:人浮于事和效率低下。《晋书·刘寔传》有云:"推贤之风不立,滥举之法不改,则南郭先生之徒盈于朝矣。"为了避免出现这种人浮于事的局面,尹衍梁坚决贯彻用人唯才的方针,他说:"他们(公司中的各级干部)能爬到今天的位置,完全靠的是工作表现与解决问题的能力,越高阶的人才越能解决工作上的问题,而越能解决问题,就能替客人带来越大的附加价值。"通过重用这些善于解决问题的干部,避免"南郭先生"们混进队伍中来。

一个人完成不了,就要找帮手,通过团队合作来达成目标。尹衍梁认为,人有生理的、工具的、社会的、时间上的限制。他喜欢阅读,也喜欢看电影。在看史泰龙主演的电影《第一滴血》时,尹衍梁发现影片中的主人公兰博能以一当十,但也无法做到以一当百,这是因为人都是有生理上的限制的。除了人,就连神也会有这种限制。希腊神话里有个力大无穷的神叫西西弗斯,被罚把巨石推上陡峭的斜坡,但每次把石头快推上坡顶时,他都觉得筋疲力尽了,于是石头就一次次地滚下坡来。尹衍梁认为,要突破生理上的限制,就需要与人合作。有一次,尹衍梁驾驶帆船出海,遭遇暴风雨,结果,他和伙伴们轮流驾驶,与暴风雨搏斗了整整一夜,才平安返航。在这种恶劣天气下,一个人顶多能坚持一个小时。但是,几个人通过轮流驾驶和休息,就能坚守一整夜直到第二天转危为安。从中,他真切地体会到个人生理上的局限,因此,在企业经营中更强调团队合作的重要性。

尹衍梁认为，工具是提高合作效率的重要因素。因此，他积极引进工具来提升团队运作能力和效率。他很早就引入了 ERP 系统，使得企业的资源管理和运营效率得到极大的提升。尹衍梁还发明出各种工具，来完成看似不可能的事情。在建筑领域，尹衍梁采用了预铸工法先把各种柱子在工厂里做好，然后再运输到建筑工地，通过塔吊来把这些笨重的部件精准地吊到建筑高度进行安装。尹衍梁亲自担任创新研发团队的总研发长，带领研发团队进行各项工具的创新与改进，使得整个建筑工程如同搭积木一样，预铸工法的效果被发挥得淋漓尽致。探索频道（Discovery Channel）专门花了一年多的时间，拍摄尹衍梁及其团队采用预铸工法盖大楼的神奇进程，制作成纪录片《建筑奇观：台湾预铸工法》，并从 2009 年 6 月起先后在亚洲 133 个国家和地区播出，产生了巨大的反响。

此外，还有社会和时间上的限制。在社会上，一个人不可能同时做很多事情，具有多种社会角色，因此，就需要和他人合作。尹衍梁说："我们也比不上狗，尤其是冬天的时候，狗很暖和，因为狗全身有剪裁合适的免费毛皮大衣。所以人有生理、工具与社会的限制，很多工作一个人做不了时，我可和几个人来做。即使可以克服生理、工具与社会的限制，还有时间上的限制。因为个人具有上述基本限制，所以人和人之间必须通过合作，打破限制，才能达成共同的目标。"在商场上，时间就是金钱。在建筑业领域，尹衍梁通过打造一个精通预铸工法的垂直整合、功能俱全的专业团队，不仅有规划、设计、建筑师、结构技师、电机技师等，连信息、管理人才都有，自成一个完整的系统，使得建筑项目从图纸到施工、建成等每个环节的时间都大大缩短，比传统建筑公司的时间要节省一半。这样的团队能突破生理、工具、社会和时间上的限制，能更快速灵活地对市场需求做出反应，能提供及时、完整的专业服务。

二、要军队，不要英雄

美国管理学家切斯特·巴纳德将一个正式的组织定义为：有意识地协调两个或多个人活动或力量的系统。尹衍梁崇尚组织的力量胜于个人的力量，他说："组织的定义为具有共同目标且两个以上的人所组成的团体。"因此，共同目标是界定一个组织的关键特征。若没有共同目标，再多的人聚集在一起也不能称其为组织。他进一步强调说："路上擦肩而过的行人，因不具有共同的目标，而无法成为组织。"尹衍梁说："不管是谁，都要给自己一个目标、一个方向。人生如此，企业更是如此，知道该往哪里去，就全力以赴，勇往直前。"在管理实践中，尹衍梁提出"消费者利益的代言人""保护幸福的捍卫者""为客户创造附加价值"这些企业使命和目标，并通过目标的层层分解落实到企业每个成员的日常工作上，使得每个成员都在为一个共同的大目标而努力。涓涓细流能够汇成大河，当这些日常工作汇总成企业的整体效率时，就会爆发出惊人的能量。

作为一名企业家，尹衍梁不停地在思考提高企业效率的办法和途径。2002年有一部叫做《英雄》的电影，讲述了武功高强的英雄们试图刺杀秦王的故事。尹衍梁看着电影，心里却在思考组织的运作效率问题，他说："在电影中，刺客们虽武功高强，仍无法抵抗军队。军队是同一目标下有分工、有编组、有工具、有资源、有装备、有训练的组织。其实个人能力发挥到极致就如同剑侠，但仍不敌有组织的军队。剑侠是个人价值的表现，而军队则展现出组织的价值。"尹衍梁喜欢搞建筑，喜欢别人称他为工程师。他盖了那么多大楼，从中得到了不少启发。一座大厦能够百年屹立不倒，并不是因为它的高层建造得多么坚固，而恰恰是它的基底坚不可摧。因此，他除了关注企业中高级管理人员的素质，还特别重视基层员工的培训。企业中的每个作业层面，都建立起整齐划一的标准作业程序。数十万员工都必须按照标准作业程序来操作，这样的企业俨然就是一支训练有素、纪律严明的军队。

毛泽东说:"不要逞英雄。事业是多数人做的,少数人的作用是有限的。应当承认少数人的作用,就是领导者、干部的作用,但是,没有什么了不起的作用,有了不起的作用的还是群众。"为了激发集体主义,抑制个人英雄主义,尹衍梁在企业经营实践中,强调组织制度和纪律的重要性,建立起完善的奖惩制度,用制度来引导团队合作,提升团队的运作效率。在奖励方面,对于做得好的,不仅给个人提供奖励,而且还要奖励整个团队。对于公司中的干部,他强调以身作则,指出他们不能老是坐在办公室里面办公,而是要冲到一线去,和广大员工们一起去解决问题。以身作则从他自己做起,他除了会去工地检查之外,还亲自去打扫工地里的厕所。这些举动,无形中给工地的干部和广大员工施加了巨大的压力,也做了良好的表率。

在尹衍梁看来,企业拥有了不断超越自我的员工,也就具备了不断超越自我的能力和机制,企业的绩效就会不断提升,进而能够更加卓越。他说:"良好的个人与组织的关系为:组织为个人提供舞台,而个人的贡献则带动组织的成长,组织的发展又带给个人更大的空间与发展机会,而这就是我所定义的组织价值。"企业内部的教育与培训,是实现这种良性循环的重要机制之一。这种循环思想,在爱德华兹·戴明的"PDCA 循环"以及彼得·圣吉的"第五项修炼"中都出现过,而尹衍梁的循环理论则是受到了佛学的启发。自从跟随南怀瑾老师学习禅宗以来,尹衍梁接触到了佛学中的"因果论"和"循环论"。在他看来,员工进步与企业发展是互为因果的关系,彼此不可分割。只要步入良性循环的轨道,企业和员工就都能从中获益。尹衍梁说:"如果大家取长补短地集合起来,制定目标后,共同分工合作,协调配合,并且执行到底,我们就将是无坚不摧的军队。"尹衍梁通过纪律、训练和团队建设,在教育员工的同时,也打造了一支勇往直前的队伍。

三、蚂蚁式管理

如何获得组织的强大力量，尹衍梁不断在观察和思考，他说："拿破仑的兵与俄国的兵都是一样的，但是领导、经营与管理的不同，导致军队战斗力的不同。"世界各国都有军队，但是，军队的战斗力是不同的。商场如同战场，企业经营是否得当直接决定了在商战中能否具有竞争优势。尹衍梁喜欢阅读美国古生物学家斯蒂芬·杰·古尔德所著的《达尔文大震撼》这本书。他在反复研读这本书之后，领悟到企业经营的本质，他说："在达尔文的适者生存理论中，体型硕大的恐龙，最后仍是因为无法适应环境而灭绝。"所以，他反复强调在激烈的市场竞争中，不是强者生存，而是适者生存。尹衍梁显然从这本书中获得了激励和能量，并且努力打造一个适应环境的组织。

当他决定进军大陆的零售业时，首先要面对的是强大的世界级的竞争对手。尹衍梁说："当时大陆的零售业就像是奥运会的赛场，所有来参赛的队伍都是国家级的代表队，例如世界冠军沃尔玛、欧洲冠军家乐福，等等。"这些企业无论从影响力、实力、规模还是经验、资金等各方面来说，都是世界一流、国际公认的强大企业。但是，尹衍梁内心中具有强烈的求胜欲望。如果说"战略上藐视敌人，战术上重视敌人"是毛泽东战略和策略思想的集中表达，那么"适者生存"则是尹衍梁在战略上藐视对手的重要依据。尽管对手是世界冠军、欧洲冠军，但是，在大陆市场上，谁是最适应者才是决胜之根本。所以，当尹衍梁决定在大陆挑战这些世界零售巨头时，没有丝毫的畏惧，而是坚信自己能比它们更适应大陆的市场，因此，完全有理由击败这些强大的对手。

面对敌强我弱的态势，尹衍梁把大润发定位为最适应大陆市场的超市。尹衍梁说："我的目标是要先做到'好'，再做到'大'，我们求的是品质，不愿意为了扩大规模而牺牲品质。所以做法上是先发展团队，把事情做好，之后再继续扩展规模。"尹衍梁为大润发制定了具有中国特色的发展战略——"农村包围城市",即先在二、三线城市和地区开店,再围攻一线城市。这个战略让大润发很快占领了这些地区,并逐步攻入一线城市。在空间布局上,大润发分成华东、华北、华中、华南与东北五大区域,根据当地消费情况,因地制宜地进行销售。在干部的选用方面,大润发坚持走本土化的道路。苏轼有诗云:"竹外桃花三两枝,春江水暖鸭先知。"对于服务业而言,本地人更了解当地的风俗与消费习惯。因此,大润发大量重用本地干部。尹衍梁说:"在大陆,大润发大约十万个同仁中,只有一百个台湾干部,其余都是大陆干部,所以没有文化隔阂的问题,各分店十分清楚当地需求,让销售与服务更加当地化。"

大润发进入大陆以后,发展并非一帆风顺,而是遇到了很大的挑战和阻力。每当遇到难题和重大决策时,尹衍梁总是喜欢一个人静静地思考。于是,他就一个人去爬山。有一次,当他爬到半山腰时,打算停下来休息一下,却低头看到了一群蚂蚁扛着一只大虫子,排着整齐的队伍朝他的方向过来。尹衍梁为眼前这个场景所震撼,这群蚂蚁一定是刚刚经历了一场生死大战,最终把那么大的虫子给打败且俘获了。这么小的蚂蚁居然能打败那么大的虫子,靠的就是无数蚂蚁的群体智慧和训练有素的攻击行动。想到这里,尹衍梁眉头舒展,望着远去的蚂蚁队伍露出了微笑。他从蚂蚁社会中找寻到了万物之理,更是从中领悟到商场上克敌制胜的诀窍。

美国《国家地理》资深编辑彼得·米勒写过一本书,叫《群的智慧:向蚂蚁、蜜蜂、飞鸟学习组织运作绝技》,这本书的封面有一张很有趣的图,一群小小的蚂蚁抬着一头体积庞大而笨重的大象。这个看似不可能完成的任务,却暗示着蚂蚁们齐心协力所能引爆的巨大能量。大润发有十多万名员工,这些员工虽然分布在大江南北,但是,若能够凝聚起来,就能引爆巨大的能量,发挥出不可思议的作用。尹衍梁下山后，就开始系统地研究蚂蚁。他发现，蚂蚁集结时能够自我管理，不需要任何领导人的监督，就能形成一支战斗力十足的团队。一支无人领导的蚂蚁大军，靠分泌物的气味来彼此交流和传达信息。于是，尹衍梁得出结论，信息系统是提升团队效率的重要核心。大润发投入大量的资金和人力，建立起一整套内部信息及时传递的系统。大润发所有成员，根据自己的权限可以登录到这套信息系统中，即使没有他人的指导和监督，根据信息系统的指引也可以高效率地完成各自的任务。这套信息系统，让分布在各地的大润发员工，能够通过标准的作业流程来整齐划一地完成相关的工作。尹衍梁说："我们很重视团队，善用团队的力量，才能勇不可当，而且还要有分享的精神，否则团队会垮掉。"对于大润发而言，通过信息技术来实现信息的及时分享，使得分布在全国各地的员工有一个共享的网络和平台，极大地提升了整体的团队效率。

尹衍梁认为，蚂蚁式管理最大的核心思想就是走群众路线，充分调动起广大一线员工的热情和积极性，进而推动企业的持续成长。与传统的管理理念不同的是，这种管理强调的是管理重心的下沉，关注的是一线基层员工的士气。在尹衍梁看来，企业内部有分工是必然的，但分工是为了更好地合作。企业中的每个成员都要执行好所分配的任务，都要很好地完成自己分内的工作。同时，企业还需要通过沟通、交流机制，让每个成员在面对具体问题时能迅速找到各自最佳的解决模式，就像整个鲱鱼群一样，能同时做出反应，以闪避饥饿的海豹。这种"蜂群智慧"本质上就是群众的智慧，所以，蚂蚁式管理本质上就是基层智慧管理。常言道："群策之为无不成，群策之力无不胜。"尹衍梁用集体的力量和智慧，获得了企业运作的高绩效，如同蚂蚁搬动大象一样，大润发最终成功打败了沃尔玛和家乐福，成为大陆零售业的总冠军。

第二节　强大的组织基因

德国物理学家赫尔曼·哈肯发现,组织往往按照相互默契的某种规则,各尽其责而又彼此协调,进而自动地形成有序结构。这一发现,产生了自组织理论。组织如同一个生命体,由很多部门有机地构成一个自我发展的系统。组织一旦建立起来,不同的组织有其不同的自我演化与发展路径。在组织演进过程中,组织基因起到关键性作用,从深层次决定了组织的基本特征和演化轨迹,进而影响到组织能否在环境中生存和发展。

一、利他,才是组织的基因

1976年,英国进化生物学家理查德·道金斯出版了一本书,名为《自私的基因》。根据他的理论,基因生来就是自私的,而利他行为本质上也是自私的。但彼得·德鲁克却有完全不同的看法,他看到了纯粹自利的不良后果,提醒说:"事实上,利润最大化这一概念是毫无意义的。而且,它的危险在于它使营利性变成了企业追逐的唯一目的。"尹衍梁强调利众和利他的重要性,认为利众和利他不仅能提升团队运作的效率,且有利于社会的进步。尹衍梁利他的思想,从企业的命名上,可见一斑。"润泰"的意思,就是润泽社会、泰安民生,企业的使命就是服务社会。在投资理念上,尹衍梁强调的是"大投资",就是投资于"社会进步"。在他看来,社会越进步,商机就越多。在企业内部管理上,他强调从利他的角度来建构团队,开展各种合作,他说:"不是用利己的想法跟别人合作,而是要用利众的想法跟别人合作。"在对员工的培养上,他强调员工要自觉地去助人为乐。他常常教育员工,说:"要主动帮助周围的人,这样,当你有困难需要帮助的时候,周围的人都会主动来帮助你。"在利

第二讲
高效的组织力

润分配上，尹衍梁强调共享，不仅是企业内部的共享，而且还与全社会共享。他说："财富取之于社会，用之于社会。"因此，他自己也通过积极捐赠来支持教育等社会公益事业。尹衍梁不仅要捐出95%的个人财富，而且以后还要捐出自己的身体和器官。

所有这些个人和企业的行为背后，都体现了利他、利众的经营思想和理念。尹衍梁喜欢看《基因圣战：摆脱遗传的宿命》这本书，书中介绍了科学家如何尽可能地破解基因里面的秘密，以对抗和根治一些顽疾。通过研读这本书，尹衍梁发现，人体很多疾病的根源都与基因有关，要根治这些疾病，首先需要改造基因。组织的运作和人体的肌理有相似之处，组织运作过程中也会出现各种问题，他说："组织中单位的发展，若不管其他单位的发展比例，也不管其他单位的配合，就会逐渐变成组织的癌症。"要根治企业内部的这些顽疾，就需要改造企业的基因，使得企业基因成为企业健康成长的发动机。在尹衍梁看来，改造企业基因最核心的部分就是把"自私的基因"改造为"利他的基因"。要改造企业的基因，先从改造自己开始。尹衍梁一开始从商，一门心思想多赚钱，企业完全以利润最大化的目标来经营。后来，他接触到佛学，开始领悟到为众人谋福利的思想。于是，他就改变自己，从捐出自己心爱的玉石、名贵的私家车开始，到后来捐出巨资支持教育。当利他的思想在他内心不断壮大时，他经营企业的思路也随之而改观，不再单纯去追求利润的最大化，而是去追求社会的进步。企业已不再是他谋求个人财富的工具，而是企业所有成员去追求社会进步的载体。

彼得·德鲁克提出，企业目标唯一有效的定义就是创造顾客。他进一步强调说："一味强调利润会使经理人迷失方向，甚至危及企业的生存，企业可能为了今天的利润而危害明天的利益。创造顾客，意味着管理应着眼于有效地利用各种资源，时刻把顾客利益放在首位，谋求企业长期稳定的发展。"尹衍梁创造客户的方法也很独特，他从《论语》中获得了灵感，通过"近者悦，远者来"

的方式来创造客户。尹衍梁很少通过做广告来吸引客户，而是把钱省下来用于更好地服务客户。设身处地地把这些客户服务好了，那么，通过口碑效应，新的客户就会随之而来。尹衍梁盖的房子比同业的要贵，但是，仍然供不应求，而且有很多是之前的老客户来买的，或者是这些老客户推荐过来的人来买的。为什么这些新老客户愿意买？是因为尹衍梁具有良好的信誉，提供的产品和服务信得过。

　　组织基因的改造，要比组织流程的再造难得多。流程再造，如果没有建立在组织基因改造的基础上，那么，最终还是会失败。尹衍梁在组织基因改造的过程中，重视激励的作用。作为"利他"思想的布道者，尹衍梁不遗余力地推广助人为乐的思想，鼓励广大员工通过助人为乐来提升工作的价值和内在的成就感。除了通过物质上的激励之外，他更强调精神上的激励，通过传递正能量的方式来激发广大员工的利他行为。《三国志·蜀书》中有句名言："每有患急，先人后己。"尹衍梁要求广大员工不要光喊口号，而是要从点点滴滴做起。例如，每次遇到地震等自然灾害时，尹衍梁都是第一时间伸出援手，广大员工也是捐献衣物、食品、钱财等，义无反顾地帮助灾区重建。有的员工下班后会主动到社会救助机构充当义工，义务地去帮助那些需要帮助的人。这些看似很小的事情，都体现了集团"利他"的核心思想和经营理念，是"利他"的组织基因作用的必然结果。

二、凝聚企业的是文化

　　1996年，罗伯·高菲和盖瑞·琼斯在《哈佛商业评论》上发表论文，探讨凝聚现代企业的因素到底是什么，答案就是企业文化。企业想基业长青，并不断壮大，需要有一个强大的企业文化。尹衍梁把企业文化定义为"服务"的文化，他说："我们拥抱'服务'的文化，凡事以客为尊。"尹衍梁希望广大员工无论在做人还是做事方面，都要乐于服务他人。尹衍梁用五个关键词给公司

第二讲
高效的组织力

绘制了一幅服务的全景图,他说:"这种文化虽然只有简单、常见的五个词——忠诚、热忱、创新、分享与团队,却字字珠玑,寓意深刻。"他进一步强调说:"因为文化是企业最重要的竞争力,也是最后一道防线。竞争者或许可以挖走人才、复制商业模式,却无法复制团队的中心思想与行事逻辑,更挖不走经年累月陶冶出的文化。"企业文化会在深层次上潜移默化地指导和规划具体的组织行为,有难以言传、不可复制的价值和意义。企业文化是企业发展过程中长期积累起来的,靠的是日积月累的沉淀,因此,尹衍梁高度重视企业文化的培养和塑造,这是企业柔性管理的根本。他把忠诚、热忱、创新、分享与团队作为企业文化的基本要素。

忠诚就是诚实、守信用。尹衍梁说:"我们讲求做真人、说真话,不虚情假意,也不欺骗伙伴。"尹衍梁非常强调诚实的品质,任何的谎言他都不允许,包括所谓"善意的谎言"。英国中世纪最杰出的诗人杰弗里·乔叟说:"诚实是一个人得以保持的最高尚的东西。"尹衍梁牢记父亲的教诲,认为一个人是否诚实和诚信,直接影响着他的命运。真正的价值是建立在诚实和诚信的基础之上,是由诚实和诚信积累而成的。在尹衍梁入主南山人寿之后,他亲自召集这家保险公司的所有同仁,说:"我们一定要守信用,不要在理赔时想要打折或不赔,否则,就变成'诈骗集团'了。我相信,如果南山人寿变成一个年营业收入上千亿新台币的诈骗集团,各位一定不愿意投入,我也会第一个退股,退出这个诈骗集团。"尹衍梁经商以来,历来强调忠诚于社会、顾客、消费者、员工、投资者,并在实际工作中践行和贯彻这一理念。为了切实履行承诺,宁肯自己亏钱,也要做到,绝不食言。

热忱就是要热情高涨地去对待工作和周围的人、事、物。热忱的英文是"enthusiasm",这个词来自希腊语"entheos",意思是"神在心中"或"被神鼓励的"。热忱的力量,一旦被激发出来,就如同被神灵附体,能产生不可思议的创造力和工作效率。尹衍梁说:"放眼古今中外,成功的人无一不是热情洋溢的。有热忱，才能淋漓尽致地挥洒才情，把一件事做到最好，并且感染、带领周围的人，把工作当成事业，积极投入与经营。"一个人的内心希望改变时，行动才会改变，结果也就随之改变了。当企业的员工都热情高涨地投入到工作中时，即便是最枯燥乏味的工作，也会变得妙趣横生。尹衍梁希望广大员工像艺术家制作唐卡那样热情饱满地投入到工作中，并从中找到乐趣。这样的话，事业就会提高到一个新的水平和高度。

　　创新就是要不断地推陈出新。尹衍梁说："在竞争中脱颖而出，需要与众不同的思维，时时刻刻挑战自我，思考如何提供更好的服务，为客户创造价值，让客户得到尊重，并且赢得他们的信赖。"当创新渗透到企业的每个角落时，企业一定是生机勃勃的。在零售业中，商品失窃是一个顽疾，对此零售商一贯的做法是惩罚相关部门的员工。大润发采取了反其道而行之的方法，采用奖励员工的方式来降低商品失窃率，宣布如果大润发的失窃率低于全球零售业平均标准百分之二以下，将把两者差距的一半变成奖金发给员工。如此一来，失窃事件日趋减少，大润发把损耗控制到了千分之二至千分之三，不仅顺利解决了零售业的这一老大难问题，而且大大提升了员工的士气。对此，尹衍梁评价道："有时候，一个小制度的改革，可以产生意想不到的惊人效果。"在激烈的竞争中，通过创新来获得竞争优势，关键在于给消费者创造价值。尹衍梁指出："在微利时代，价格的竞争很激烈，往往落得血本无归，与竞争者两败俱伤，真正胜出的关键是价值。"在建筑行业，尹衍梁亲自领导创新研发团队，通过创新实现了成本的降低、工期的缩短、质量的提升。创新所带来的附加价值，让客户体会到的不仅是满意，还是幸福的感受。对尹衍梁而言，创新是一个需要不断持续、演进的过程，因为他要永远追求进步，好了，还可以更好。

　　此外，尹衍梁还强调"分享"和"团队"的重要性。尹衍梁指出，人生有许多事物值得分享。他说："在职场上，许多人想到的是有形的财富，但我要强调的是真正能为我们增加价值的智慧,因为更多的知识分享能让各方的经验和知识汇流。"尹衍梁的这种分享的理念,受到禅宗《一村菊香》故事的启发。禅师用菊花来教育弟子,让弟子都领悟到分享的幸福。施比受更有福,多分享就多福报。彼此分享是团队建设的重要环节。尹衍梁说:"团队就是兵多将广,像大国一样人才辈出,彼此分工、合作、协调、授权。能让我们扬名立万的是团队组织战,不像小国需要依赖英雄独领风骚,我们的团队中,也没有英雄文化。"俨然,尹衍梁心目中的团队,是分工合作、训练有素、纪律严明、步调一致的大国军队,呈现出大国般的风范、气势和孔武有力,绝非小国寡民那种格局。

三、五项基本原则

要有大国般的风范和气势,就需要有大国一般的管理。1979年,邓小平代表中共中央在北京召开的理论工作务虚会上做了题为《坚持四项基本原则》的讲话,提出了著名的"四项基本原则"。受此启发,尹衍梁总结自己这些年来的实践经验,并吸收众人的意见,积极开展顶层设计,为企业运作制定了重要的"五项基本原则"。这五项基本原则能够保证企业在开疆辟土的过程中坚持正确的方向,能够保证组织再造、变革与升级有一个稳定的环境,能够保证全体员工有一个统一的意志和基本的行动指针。这五项基本原则是尹衍梁从企业管理实践中淬炼出的管理上的普遍原则,使企业管理与经营得以成为一种可以基准化的职能,在企业经营的各方面发挥重要作用。

第一项基本原则是开明专制。十八世纪中叶,普鲁士还是一个小国,不断受到法、俄、奥三大强国的侵犯和欺负。1740年,腓特烈大帝继位后,采用了开明专制(Enlightened Despotism)的做法,使得这个小国的国力迅速上升,在很短的时间内便跃居欧洲强国之列。梁启超认为:"凡专制者,以所专制之主体利益为标准,谓之野蛮专制;以所专制之客体利益为标准,谓之开明专制。"尹衍梁说:"营利性组织不是一个民主的组织,而是一个追求利润、追求成长的组织,所以我希望在讨论问题时是开明的,希望同仁们多多提出想法与意见,但是一旦定案后就必须强制执行,不容许打任何折扣,这就是开明专制。"酷爱历史的尹衍梁,很喜欢研究普鲁士的历史。在普鲁士的历史中,有两件事情让他很受启发。第一件就是腓特烈大帝推行的开明专制,让弱小的普鲁士一跃成为欧洲强国。第二件就是后膛装弹步枪的率先应用,这使它打败强敌而跃居帝国行列,进而导致了德意志的崛起。尹衍梁把这两件事情引入到自己的企业管理中,前者强调民主与集中相结合的决策机制,后者则强调工具上的创新与改进。相对于后者而言,前者更加强调制度上的建设,通过开明专制式的领导管理模式,在最大范围内调动和激励广大员工参与决策的积极性以及贯彻执行的彻底性。

第二项基本原则是强势领导,加上良好的沟通。尹衍梁强调的是"强势"（Strong Leadership）领导,而不是"强人"（Strong Man）领导,这是两个概念。"强人"领导崇尚个人英雄主义,这种领导方式靠的是个人的威望和超强的能力。尹衍梁要的是"强势"领导,这种领导模式依靠的是制度和团队,由一群人来共同推动,形成一股势不可挡的进步力量。这种"势不可挡"的气势,就是尹衍梁所强调的"强势"。尹衍梁指出,一旦"势"成形,"利"就会随之而来。这个"势"要足够强才行,这样才能推动整个企业向前跑。尹衍梁认为,强势领导再加上良好有效的沟通,组织的运作效率就会比较高,也有利于企业的长远发展。尹衍梁说:"我们鼓励各种形式的讨论,包括越级勇于与主管商讨各种想法与决策。"强势的领导和有效的沟通搭配起来,决策的效率和质量就会很高。执行的力度就会很大。强势的领导若缺乏有效的沟通,往往成为"跛脚鸭",因为无法第一时间准确掌握情况而导致决策效率的低下和判断失误。

第三项基本原则是钢铁纪律。一旦决定下来,就必须不折不扣地彻底执行和贯彻。没有执行力的企业,就是没有战斗力的军队,徒有其表而无实质性的攻击能力。腓特烈·威廉一世对于年幼的腓特烈大帝极其严格，幼小的腓特烈大帝从隐忍到反抗，后来还试图逃到英格兰。尹衍梁的父亲则崇尚"棍棒底下出孝子"的教育方法，导致尹衍梁从小就很叛逆。尹衍梁在研究普鲁士历史时，惊讶地发现腓特烈大帝的经历与自己有诸多相似相通之处，就不断地从腓特烈大帝身上汲取管理的灵感。腓特烈大帝要求军队具有铁的纪律，把"严明军纪"上升到了"军魂"的高度。因此，普鲁士军队很快成为当时欧洲效率最高的军队。尹衍梁也要求自己的队伍拥有军队般的纪律，对员工的培训和管理采用准军事化的方式来进行，目的就是要打造一支纪律严明、执行力强、勇往直前、锐不可当的队伍。尹衍梁多次表示："我要的就是军队！"他到公司从来都是穿一身工作服，以向所有人表明这是一份工作，工作就是纪律，就意味着要服从企业的管理制度。尹衍梁以身作则，使得纪律深入人心。对于一些资深的老员工，尹衍梁采用了人性化管理的方式，规定他们来上班不用签到。结果，他们都已习惯了遵守制度和纪律，不签到反而觉得无可适从了。

第四项基本原则是用人唯才。尹衍梁指出，企业应该重视员工的专业能力与敬业精神，并且给予其培训与发展的机会，让每个同仁都有大展才华的机会。在能力方面，尹衍梁不仅看重个人能力，更看重团队合作的能力。只要有良好的心态和团队合作能力，尹衍梁就喜欢给予其平台，通过"翻筋斗"的方式来培养干部。他自己则退到后台，去端茶倒水，把舞台和聚光灯都让给这些有才能的同仁和伙伴。在用人方面，尹衍梁强调不是用人，而是合作。除了能力，尹衍梁还注重品德，他说："更重要的是道德操守，同仁必须遵守道德更胜于法律，要有'有所不为'的睿智和勇气。"尹衍梁要求员工除了培养能力之外，还一定要坚守道德操守，他强调说："动机和目的不对，即便事情做成了，也是不对的。"相反，如果是对社会有意义的事情、符合道义的事情，即使是亏钱，也要义无反顾地去做好。尹衍梁的这种道德观，受到了他父亲的影响。他的父亲是典型的"人格者"，尽管对他的管教极其严格，但还是用自己的人格潜移默化地影响了他，使他认识到操守和社会责任的重要性。

第五项基本原则是赏罚合理与及时。日本战国时期的著名军事家、政治家武田信玄，每次领兵出战之后，都要亲自召见有战功的将士，并按照战功拿出金子现场赏赐，因此，深受将士们的爱戴，武田军团的战斗力在当时是非常强大的。尹衍梁鼓励广大员工要有创新的头脑，积极提出各种创新提案。对于那些被采纳并为公司带来效益或者节省成本的好创意，尹衍梁亲自当众颁发奖金，予以表扬和鼓励。结果，很多很好的创意和创新被挖掘了出来，企业和员工都从中获得了益处。不仅要及时犒赏，还要恰当的惩罚。尹衍梁认为："希望各位三分用赏一分用罚，罚的目的是希望他予以修正，规正想法与行为，并不是要处罚他，而是要帮助他。"詹姆士·威尔逊及乔治·凯林1982年发表了一篇题为《破窗》的文章，提出了"破窗效应"（Break Pane Law），认为环境中的不良现象如果被放任存在，就会诱使人们仿效，甚至变本加厉。尹衍梁认为，在管理过程中，若有员工做错了，也需要及时发现，对于违反纪律者，更应及时做出处罚。这种做法，目的在于教育广大员工引以为戒，防微杜渐，避免再出现类似的问题。如果不及时予以处分，那么就会出现"破窗效应"，类似的错误会被复制或者扩大化，导致企业日益被侵蚀，可能演变成"千里之堤，溃于蚁穴"的恶果。

第三节　全能发展的组织智慧

任何个人或者组织，在发展过程中，都会遭遇到瓶颈，即所谓"天花板效应"。玛里琳·戴维森和加里·库珀在其《打碎天花板效应》一书中，分析了突破发展瓶颈的一些途径和方法。在尹衍梁看来，个人的发展和组织瓶颈的突破是相辅相成的关系。企业提供了个人向上发展的平台，而个人的贡献和努力推动了企业的发展，壮大了企业的力量，帮助企业突破各种瓶颈而不断向前发展。企业的发展，又反过来为个人的成长提供了更多的机会和更大的舞台。

一、跨界高手三步走

在企业中，不同部门有不同的职责，会产生不同的思考方式，每个人或者每个部门通常都会从自己的角度思考问题，这就是所谓"本位主义"。尹衍梁说："如总经理的目的是实现营收与利润；生产经理的目的是达到生产的质与量；业务经理的目的是达到销售量；财务经理的目的则是善于运用资金，减少利息的支出，维持良好的现金流量，做好成本分析与建议；人事经理的目的是做好选材、育才、留才的工作，并激励同事做好沟通。但这其中有些是相互矛盾的，如生产部经理自然希望买最好最快的机器，有不受限制的库存空间，以堆放原料与存货，而业务经理则是要卖品质好、价格低、交货期短与多样化的产品，刚好与生产经理的期望相违背。"本位主义的存在，对组织的运作效率是一种危害。越是架构庞大、分工明细的企业，这类问题越为严重。"科层制"因马克斯·韦伯而声名大噪。科层制如同一枚硬币的两面，在提高工作效率的同时，也带来了负面后果。分工有利于各司其职，但也会造成彼此协作上的短缺，出现"事不关己，高高挂起"的情形，部门间彼此"踢皮球"。尹衍梁希望自己的企业能很好地克服本位主义，鼓励通过跨部门合作来提高组织效率。

本位主义被视为高效能公司的绊脚石。要打造一个高效能的企业，就必须把这块绊脚石给搬走。尹衍梁通过培养跨界高手的方式，来突破本位主义的束缚。这些跨界高手，或者说是跨界达人，有一个共同的特点，就是擅长跨部门互动,能勇于突破本部门和个人的局限性,喜欢到不同的舞台挑战自我。美国管理专家乔·卡岑巴赫在其《巅峰绩效》一书中指出,这类跨界高手是员工中的活跃因子,不仅自己喜欢跨界,而且还能够激发其他员工的工作热情,从而使企业和团队获得卓越的业绩。尹衍梁一生都在挑战自我的极限,是个十足的跨界高手。因为不停地跨界,所以,不停地突破自我的极限,成了一个没有"天花板"的人。他不仅自己这样做,而且还希望企业中的每位成员都像他一样,能不断去挑战和突破自我,成为跨界达人。在他看来,一个人如果有勇于跨界、超越自我的精神,再加上众志成城,就能成就伟大的事业。个人的确渺小,但当企业中人人都想超越自我时,渺小的个人,就可以有所突破。因此,尹衍梁鼓励广大员工在努力做好分内工作的同时,也要有广阔的胸襟与视野,事情无论大小,能协助他人有所成就,就是最好的回报。

要培养跨界高手,第一步就是要养成换位思考的习惯和能力。一位盲人老太太,在漆黑的夜里打着一盏点亮的灯笼赶路。有人问她:"你点灯笼干什么呢?反正你又看不见。"她回答说:"我虽然看不见,但别人能看见呀。"这就是换位思考,设身处地为他人着想,即想人之所想。尹衍梁在企业管理实践中也热情推广这种思维,培养广大员工的换位思考能力和习惯,鼓励广大员工站在对方立场上,善于从全局的角度思考问题。

要培养跨界高手,第二步就是要有行动,要能够"捞过界"。所谓"捞过界",就是不仅完成分内的工作,还主动关心其他部门的工作,主动地施以援手。尹衍梁说:"生产、营销、财务、人事、研发与信息功能都要相互搭配好,除了要彻底做好分内的工作外,更重要的是要有'捞过界'的精神。生产单位要看看财务、业务、人事与信息单位,有无需要帮忙的地方;财务的人也要看看工厂的状况,了解生产是否顺利,存货有无增加,业务应收账款收到了没有。只做业务不收账太容易了,业务不仅要把项目做成,还要及时把账收回来,把行政程序处理好,把与客户的沟通协调工作做好,把结项工作做好。"

第二讲
高效的组织力

在方法上，要做到主动沟通协调，不要总是等着别人来找自己，而要主动将自己的情况反映给对方，并寻求能够让双方都接受的解决方案。尹衍梁说："彻底做好分内工作，还要发挥'捞过界'的精神，以达成整体的目标。"

要培养跨界高手，第三步就是要能够"翻筋斗"。"翻筋斗"就是跨界，从原来的领域跨到另外一个领域中去。尹衍梁对于有潜力的干部，给予机会和平台，鼓励其跨界。这是尹衍梁历练干部的重要方法，他对有潜力的干部说："翻筋斗，让你学半年，你会不会？"这是一种刻意经营的跨界，让干部从中学习和磨炼新的技能。最终，这些"翻筋斗"的干部在新领域中都有非常不错的成绩，成为竞争力十足的新型复合型人才，为企业的开疆辟土做出了重大贡献。同时，尹衍梁鼓励员工之间互相学习，积极打造学习型企业，他说："在知识经济时代，我们要打造一个以分享为基础的学习型组织，让我们得以汇集更多的集体智慧与经验，激发出更多火花，并且避免曾经有人经历过的失误。"通过这种学习型组织的建设，企业内部营造了一个有利于跨界的氛围，引导出自然而然的跨界行为。

尹衍梁首先以身作则，他自己就是跨界高手，对于未知的领域充满了好奇，不断挑战自我。在他的影响之下，公司的干部纷纷效仿，形成了一支"尹氏大将"色彩浓郁的干部队伍。这些干部再以身作则，在带动自己的团队做好本职工作的同时，积极跨界和尝试。结果，这一理念在潜移默化中影响了广大的员工，使得同理心、换位思考和跨界成为团队合作的重要基础，也让广大员工养成了这些良好的思维模式和工作习惯。对此，尹衍梁说："默契虽非一朝一夕就能养成，不过，一旦成军，信守共同的文化与理念，就能无坚不摧。"当跨界成为企业广大员工追求进步的一种内在诉求时，就能突破企业发展到一定程度时的"故步自封"，不断推动企业的创新和升级，突破发展的瓶颈而得以永续经营。

二、平面扩张式的成长

尹衍梁把组织分成三类,他说:"组织的类型可以分成三类,第一类为因兴趣、信仰而结合的组织,如慈济功德会、各种运动社团等属之,因兴趣而结合,所以组织气氛良好;第二类为为名、为利、为未来的希望而组合的组织,如营利事业;第三类为被迫加入的组织,如军队与监狱等。"这三类组织,尹衍梁都有亲身体验。尹衍梁过去很喜欢玉石和名车。他买过劳斯莱斯的名车,和英国女皇的车一样,有三排座椅。后来,尹衍梁接触到慈济功德会,就把他收藏的433块玉石全部捐给了该组织。他的名车被义卖掉了三辆,剩下的那辆劳斯莱斯车还没有买主。尹衍梁对证严法师说:"这辆车是属于慈济功德会的,只是暂时寄放在我的车库里。"像慈济功德会这类组织,就是因为兴趣、信仰而结合的组织。通过参加慈济功德会等组织,尹衍梁从中领悟出人生的道理,他说:"这些改变只是一转念之间。就拿玉石来说好了,义卖掉之后,反而没有负担,更自由自在。以前收藏了那么多块玉石,怕被偷,要设监控装置、请保安,现在都不怕了。以前喜欢名车,现在觉得开吉普车也很好。"尹衍梁从自己的转念中,领悟到企业经营之道,他鼓励员工多从正面积极思考,这样才能有正能量,才能持续提升自己和团队。

至于第三类组织,就是被迫加入的组织,比如军队和监狱。台湾实行强制性的"义务"兵制度,规定每个青年男子(因健康原因或被法院判处7年以上徒刑者除外)在年满18岁或大学毕业之后,都必须服兵役。尹衍梁22岁开始服兵役,24岁退伍。在服役期间,尹衍梁接受了严格的军队训练,培养出坚韧不拔和服从纪律的良好品格。后来,尹衍梁在企业管理中,也引入了军队管理的要素,注重纪律和自律,打造出一支能够协同作战的事业团队。尹衍梁年少时,险些误入歧途,被送进了进德中学。因为犯错,还被关进过类似"狗笼"的铁笼子里,站也站不起来,蹲也蹲不下去,备受煎熬。2014年3月,尹衍梁再次回到他的"母校"——彰化少年辅育院,其前身就是进德中学。当尹衍梁迈进"母校"的大门时,他说:"这其实就是监狱。你看警察的眼神,跟平时看到的不一样。"在这所近似于监狱的进德中学,尹衍梁完成了人生的转折,从"不良少年"开始被老师、家长感化,成为努力学习、求上进、勇于承担责任的青年。在这些具有强迫性的组织中,尹衍梁领悟到,一个组织最可贵的是能改造和重塑一个人,使其成为社会的有用之材。

尹衍梁自己通过创业,经营的是第二类组织,是营利性组织。尹衍梁指出:"第二类组织,又可分为开放性与封闭性的组织。封闭性的组织就如同公家单位,任何的升迁都必须踩在他人的肩膀上,一个人进来则必须有另外一个人出去。我们集团是属于开放性的第二类组织。"尹衍梁把自己的企业界定为一个开放性的组织,在这个开放性系统中,开放式人才的选拔和任用是其中的重要环节。通过开放式的人才管理,企业内部部门间的障碍也日益变得具有可渗透性,且逐渐为无边界的工作场所所取代,这种机制有利于员工的成长和企业的发展。尹衍梁说:"在组织成长中有两种方式,一种为爬梯式的成长方式,就如同爬楼梯时两只脚分别站在上下两个台阶上,唯有离开下面的台阶,才能再往上爬一个台阶。另一种成长的方式,我称之为平面扩张式的成长。当你的分内工作完成时,你要关心周围从事不同工作的同仁,甚至有余力时要帮助别人。如此,一方面你经营了良好的人际关系,另一方面你也学会了他人的工作,何乐而不为呢?将来有一个更高的职位出现空缺时,上司要找的是一个对各职位都有所了解的人。多去帮助别人的人,多做别人工作的人,是投资于未来,是投资于个人能力的开发,是投资于人际关系的培养,自然就更容易脱颖而出了。"这种水平式扩张的方式,是一种通过帮助周围人的方式来实现成长。与之相对的是,爬梯式成长则容易急功近利,为了达成目的而不择手段,结果,反而会引起团队其他成员的警觉和反对,使得团队内部矛盾尖锐而对立,消耗组织的效率和凝聚力。

尹衍梁进一步强调水平式成长的重要性,他说:"这类成长方式最稳、最久、最利人、最利己。因为你经常帮别人的忙，当你脱颖而出时，别人也比较服气。这样的人际关系成为我帮你、你帮我，而不是我卡你、你卡我的关系，快乐会多很多。"因此，从人际关系的角度，这种水平式成长的方式，有助于建立一种和谐的同事关系，使得团队的氛围更加融洽。因此，尹衍梁对广大员工发出号召，他说："我建议各位同事，用投资于未来的方式，增加你上下、前后、左右的互动，主动用投资的精神、'捞过界'的精神，做你分内的事情，并完成以后的分外工作。"尹衍梁认为，人与人之间存在着看不见的"人际银行"。你帮助别人越多，如同往你的"人际银行"中存入越多的存款，将来能得到的利息（善意回报）就越多。在工作中，采用这种水平式成长的方式，就是通过帮助周围人往自己的"人际银行"里存钱。一旦你需要帮助的时候，就会得到很多善意的帮助。当然，去帮助周围人需要克服心理上的障碍，需要主动去跨出这一步。尹衍梁建议说："如果你限定自己不跨出那一步，不与人互动，则你永远跨不出去。与其等别人伸出手来与你握手，不如大大方方，主动积极，以乐观、助人的方式与别人交往，利人又利己。这是健康的人际关系，也是良好的工作关系。"

三、每天都要进步

当时推行 5S 时，尹衍梁曾专门邀请日本顾问进行指导。那时，他对于 5S 的作用还不是很明白，就问日本顾问："我们花钱做清扫、清洗、整理、整顿以及养成习惯有什么用处呢？"日本顾问回答说："若连清扫、清洗、整理、整顿以及养成习惯都无法贯彻执行，其他任何的制度方法也将无法贯彻到底。"尹衍梁从中受到启发，把安全也加进去，提出了 6S 方法。6S 看似简单，但是，要真正贯彻执行，绝非易事。美国大文豪马克·吐温曾调侃道：戒烟很容易，我已戒过一千次。所以，看似很容易的事情，做起来却很不容易。尹衍梁不仅希望通过彻底贯彻 6S 来提高现场管理的质量和效率，而且还希望通过不断的训练，熟能生巧，让大家练就过硬的执行能力，他说："我们贯彻执行 6S 的其中一个原因，就是要练就各位的贯彻能力。"

除了做好例行的 6S 管理之外，在企业经营过程中，还要根据事情的轻重缓急，优先处理重要的事情，确保企业运行的高效率。尹衍梁强调说："对一辆车而言，动力来自汽油。对企业而言，动力就是业务，而生产单位就是引擎。汽油转换为动力使汽车可以行动，因此企业的主轴为产销。没有业务与生产，徒然去建立严格的管理制度与 6S 纪律的要求，就像在即将沉没的船上，船长无视于燃眉之险，却要求水兵擦亮皮鞋一样，是没有意义的。"彼得·德鲁克在《卓有成效的管理者》一书中指出，卓有成效的管理者会按照工作的轻重缓急设定优先次序，而且坚守优先次序。尹衍梁认为，生产和销售是企业运行的主轴，也是现阶段最重要的工作。企业如果没有了业务，就如同汽车没有了动力，无法前进半步。他进一步强调说："管理的功能比较像（汽车）导向的功能与刹车的功能，可是只有管理的功能而忽略产销的主轴，如同汽车只有导向与刹车的功能，却没有动力，只能原地转方向盘，这是没有任何意义的。"而要确保企业能够获得持续的业务，关键在于企业要不断追求进步，在产业中处于领导地位，具有显著的竞争优势。

追求进步的企业，具有持续改善和自我提升的能力。尹衍梁常对大家说："好，还可以更好。"他勉励企业的每个成员，通过不断追求进步来实现个人的人生价值，推动企业的不断成长。这样的企业，一定是进取心十足的企业，员工都是喜欢助人的同事，他说："我观察成功的企业家多半都有进取性与捞过界的精神，鲜少有闭门造车与故步自封的情形。"因为在他看来，唯有不断改善与追求进步，才能让事情越做越成功。有一次，他交办一份任务给一位同事，这位同事在三天内完成了。后来，他又交办类似的任务给这位同事，这位同事又如期在三天内完成了。结果，尹衍梁并不是很高兴。他认为，一个人连续做两件相同的事情，如果在质量、工期等方面都是相同的，代表的就是退步，说明并未从中学会成长。这种"不进则退"的思想，是尹衍梁追求进步的动力。他每造好一幢大楼，就会问自己：工期能否再压缩？品质能否再提升？成本能否再降低？在企业经营中，他要求大家明年的目标一定要比今年高，不管是业绩成长、顾客满意度，还是人力资本的提升，等等，都要呈现向上成长的趋势。他鼓励大家，面对激烈的竞争，绝不能安于现状，而要持续不断地追求进步与改善，这样才能让自己变得更强大。

追求进步的企业，往往也是勇于承担责任的企业。尹衍梁年少时很叛逆，喜欢开快车来舒缓内心的情绪。有一次，他开着一辆红色跑车在高速公路上超速被警察拦下来，正当警察准备开罚单时，他语气粗暴地说："请你记着我这张脸，我已经记下你的警号，你若敢开罚单给我，我将跟你周旋到底。"说完，他趁警察不注意，就抢回驾照开车逃逸。从此以后，只要一开车上高速公路就会有警车尾随，给他造成极大的心理压力，最后不得不换车。他从这件事情上，领悟到勇于承担责任的重要性，他说："只要勇于认错改错，晓得检讨自己，才会进步。认错并不可耻，不知检讨才是可耻的表现。"《法句经》有言："不好责彼，务自省身；如有知此，永灭无患。"当出了问题时，不应该去责备别人和制度，而是应虚心地检讨自己，及时改正自己缺失的地方，这样才会有进步。在反省和提升的过程中，尹衍梁提醒大家说："功劳越往别人身上推，自己的功劳越大。你越推功劳，同仁得到的激励越大，就会越愿意跟你配合，把事情做得更好，从而进入良性循环。所以，功劳越揽越小，而责任越推越大。"

追求进步，就要不断地沟通和交流。尹衍梁强调企业在运作过程中，沟通要顺畅，反馈要及时。为了把这个意义说明白，尹衍梁还曾经当众给大家展示了一个小游戏。他让每个人拿一支笔：一手拿笔杆，一手拿笔套，一手在上，一手在下，然后闭起一只眼睛，看笔可否很精准地放入笔套内。结果，没有一个人可以做到。尹衍梁就用这个例子解释说："只用一只眼睛时，是分辨不出

第二讲
高效的组织力

远近距离的,所以笔放不到笔套里去。"接着,他话锋一转,说:"再好的管理制度,再好的管理办法,不论做对还是做错,不反馈的时候,就跟你用单眼插笔套是一样的道理。"最后,他要求大家养成及时反馈的工作习惯:"你的上司、你的同仁委托你的事情,做了、没做或是进行的情形都不反馈的话,是沟通出现了问题、发生了危机,协调与执行也是一样。因此,沟通与反馈是整个管理、整个经营更有效率、更能贯彻的关键,大家务必要进行及时反馈式的沟通,以达到彻底沟通、协调与执行的目的。"一支小小的笔,尹衍梁也能从中看出管理的道理。尹衍梁的很多管理思想,都是源自对现实生活的观察。企业中的每位员工,在使用笔的时候,都会想到总裁的训导,因而做好沟通和反馈工作,从中也能看出尹衍梁在管理上是何等细腻和精致。

第三讲

安静的决策力

企业领导者的主要工作就是决策，是在不同的备选方案中进行取舍，做出选择。在做决策前，尹衍梁会先让自己静下来。他发现，一旦自己安静下来，会感觉到自己的内心达到一种空灵的境界，周围的人、事、物、声音仿佛一下子都消失了。接着，随即而来的直觉会非常清晰、敏锐并有穿透力，能准确把握决策的关键点，从而做出高质量的决策。这个过程，如同明代哲学家王阳明所描述的那样，就是"此心不动，随机而动"的境界。尹衍梁发现，当自己静下来以后，更能捕捉到事物的本质而做出决策，进而在恰当的时机行动。久而久之，尹衍梁发现，安静具有某种魔力，能帮助他在复杂的决策情境中看清楚事情的来龙去脉和症结所在，有效地提高决策效率和质量。

打坐是培养安静能力的常用方法。尹衍梁不仅善于打坐，且在行走坐卧的整个过程中，都能保持安静的状态。即使是在演讲、潜水、骑重型摩托车等活动中，他依然能保持内心的安静。美国作家苏珊·凯恩在《安静：内向性格的竞争力》中提到，安静是一种重要的力量，能够成就伟大的事业。尹衍梁不仅能"静"，还能在各种环境中守"静"，不为外界环境所左右，有自己独立的思考和判断，进而做出正确的决策。这种能力，就是老子所说的"致虚极，守静笃"的能力，是尹衍梁做决策的重要法宝之一。

第一节　高质量决策的秘方

生物学家在研究青蛙的时候，发现一个很有趣的现象：青蛙在每次准备起跳前，总会有一段时间的安静状态，不管所处的环境是暴风骤雨还是晴空万里。生物学家发现其他生物也存在类似的现象，就是不管处于何种环境，生物都会在做出决策前，先保持安静的状态。诺贝尔经济学奖得主丹尼尔·卡尼曼提醒说，人类也有类似的现象，因为安静能促进理性思考，也有助于直觉判断。

一、头皮下的东西才重要

2011年，尹衍梁宣布将捐出95%的个人财富做社会公益。当时，人们惊讶地发现尹衍梁竟将头上的"三千烦恼丝"全都剃光了，变成了一颗大光头。对此，尹衍梁解释说，两年前他就想剪了，但是没有一位理发师敢动刀。后来，他干脆自己买了一把电剃刀，把头发剃光了。当有人问他，剃光头是不是为了展现某种决心时，尹衍梁回答说："头顶上的东西不重要，头皮下的东西才重要。"头皮下的东西，就是大脑。尹衍梁也常问周围的人，人和人哪里不一样？当大家面面相觑时，他会用手指指自己的脑袋，说："这里不一样！"大脑是人类进行思考和决策的关键器官。尹衍梁喜欢研读罗伯特·波拉克的《解读基因：来自DNA的信息》，也经常给大家讲解大脑的决策机制。在尹衍梁看来，要提高决策能力，关键是要提高大脑收集信息、分析、辨别、预测与判断的能力。

为使头脑始终保持机敏、睿智、高效率，尹衍梁经常锻炼自己的大脑，保持大脑的活力，让自己的头脑达到顶尖效率，进而确保能做出高效率、高质量的决策。尹衍梁喜欢大量阅读各种书籍、期刊、报纸、文章等，阅读的范围之广、效率之高，研读的深度之厚令人望尘莫及。有了如此丰富的知识积累，

第三讲
安静的决策力

对于很多事情,他都能马上知道事情的来龙去脉、症结所在,因此,可以迅速做出正确的决策,解决问题。在投资生物技术领域时,尹衍梁大量研读专业书籍,形成了自己对这个领域的判断。他的生物技术研发团队,包括美国科学院院士在内的一大批国际顶尖人才。尹衍梁投入巨资的同时,还投入自己的心力,和这些顶尖专家讨论专业领域的发明和创造。有一次,这批专家带着一个规模庞大的投资项目去见尹衍梁,尹衍梁一听就明白了,当即拍板,做出投资的决定。这么快就决定了这么大的投资项目,令在场的所有国际顶尖专家瞠目结舌。在投资方面,尹衍梁不懂的不会去投资。生物技术领域的投资,投资额巨大,风险也巨大,投资成功的概率很低,若尹衍梁不懂这个行业,他绝对不可能那么快就做出决策。事后证明,尹衍梁在生物技术领域上的投资非常精准,成功率和回报率都远远高于市场预期。

要提高大脑的决策力,记忆能力很关键。尹衍梁为练就自己强大的记忆力,在研读各类书籍时采用了"博闻强记"的方法,不仅要看书里面的内容,而且还要记住其中的核心部分、主要观点和重要思想。尹衍梁强大的记忆力,达到了令人生畏的地步。以前,他来北京大学光华管理学院给博士生上课时,从来都不用带书。讲课时,告诉我们翻到第几页,然后,如数家珍地讲解书中的内容。显然,书中的内容都已印刻在他脑子里了。甚至连地质年代表那么复杂枯燥的内容,他都能精准地背下来,讲给我们听,令我们这些博士生很汗颜。作为工程师,尹衍梁对建筑物的各项参数了如指掌。每幢大楼的设计,他都亲自主持。每次设计样本出来后,整个设计团队都要拿着3D的设计方案,战战兢兢地聚集到尹衍梁面前。尹衍梁带上眼镜,仔细地看着电脑显示屏中的设计方案,众人则屏住呼吸,因为哪怕是最细小、最隐蔽的纰漏或失误,都逃不过尹衍梁的眼睛。大楼开始兴建时,尹衍梁还要跑到工地现场看,他说:"这楼是我设计的,盖得怎么样,我一看就知道了。"

提高决策力的另一个重要途径,就是善于逆向思维。在英国小说家柯南·道尔的小说中，夏洛克·福尔摩斯曾经说过这样一句话："所有的人都认为对的，那么它一定是错误的。"尹衍梁的决策往往出人意料，这是因为当他人使用常规思维思考的时候，他则喜欢跳出常规思维的框框，使用逆向思维来获得出奇制胜的效果。1989年，大陆政治动荡，之前进入大陆做生意的台商纷纷撤离，但尹衍梁认为，众人撤离时就是他进入的大好时机。当时，很多台商劝他风险太大，让他再等等看。但是，尹衍梁还是义无反顾地在大陆投资，从修建铁路、兴办教育到进军零售业，均获得了耀眼的成绩。站在今天的时点，再去看当时的决策，是何等的正确与果断。当信息技术产业在东南亚风行时，尹衍梁说："2015年，卖酱油会比卖芯片赚钱。"因此，他坚决不进入信息技术产业，而是转而投资零售业。后来，信息产业的过度竞争让很多产品一上市就亏钱，而尹衍梁在零售业则日进斗金，人们不得不佩服他的决策力。2007年，金融风暴来袭，台湾不少企业因此倒闭破产，当时业界风声鹤唳，大家都以退为进，希望早日度过严冬。但是，尹衍梁却大举出手买地、买设备，扩大投资规模，结果又大获成功。这种逆向思维，是尹衍梁屡屡神奇胜出的重要法宝。

二、立足长远进行决策

尹衍梁在进行战略决策时，有的项目的思考时间长达十年。其间，他会非常深入细致地去了解情况，做好调查与研究，研判未来趋势。他在做出进军大陆零售业的决策之前，先在大陆兴建铁路、兴办教育。他亲自到大陆不下数百趟，接触了社会各界的人士，通过交流和调查，了解了大陆方方面面的情况。七八年之后，才委派黄明端进军大陆零售业。在进行战略决策时，尹衍梁能做到短期目标和长远目标的协调一致，一个重要原因就是系统性、持续性地收集相关信息，掌握其长期发展趋势。每天，尹衍梁都会认真阅读报纸，并让秘书把相关信息剪下来保存好。之前，我在润泰集团总裁特别助理办公室实习时，

第三讲
安静的决策力

发现秘书处理过的报纸都是东缺一块、西缺一块的。于是，我就向秘书要这些废报纸。等回到住处，拿来完整的报纸一比对，就知道哪些内容被剪下了。经过连续一周的比对，我逐渐了解了尹衍梁的具体关注点所在。若以此积累七八年，那么，对特定行业一定了解得比其他人更为透彻，就更有可能做出高质量的决策。

赫伯特·西蒙有个比喻：人的心智犹如一把剪刀。他说，剪刀的一个刀片是大脑，另一个刀片是大脑在运作时所面对的特定环境。尹衍梁拥有超级计算机般的大脑，他更是走进真实世界，用这把特制的"剪刀"来裁剪出决策中的艺术品。2001年，尹衍梁以146亿新台币的价格卖出了安泰人寿。十几年前，他用9亿新台币投资了这家公司。在十多年中，投资的价值翻了十多倍。当年，尹衍梁做出投资安泰人寿的决定，显然是个非常具有长远眼光的成功决策。在二十世纪八十年代，他光是去日本取经就多达上百次。他发现中国台湾地区的经济基本上是跟着日本的脚步走，在日本做得成功的生意，在中国台湾地区也做得起来。当时，日本经济一片繁荣，令全世界都刮目相看。1988年，日本更是超越苏联，成为世界第二大经济大国。在这个过程中，日本金融行业蓬勃发展，对日本的崛起起了重要作用。当时日本金融业的繁荣局面，给尹衍梁留下了深刻印象。回到台湾后，他就招兵买马，为进军金融业做好准备。1986年，中国台湾地区开放金融业，尹衍梁立刻与美国的安泰人寿合作，拿到中国台湾地区第一张保险业的营业执照。出手之快和精准，令人目不暇接。别人还没反应过来，尹衍梁就已完成了关键性的步骤。

决策并不是一件容易的事，更不是一蹴而就的事。对战略决策者而言，既要把握长期发展趋势，又要精准把握决策的关键时间点。当保险业在台湾地区如日中天时，2001年，尹衍梁出人意料地卖掉了安泰人寿，让当时的业界很不理解。但一年之后形势发生了很大变化，人们不得不佩服尹衍梁的眼光和决策的精准度，感叹他所做出的重大投资决策如同用头发丝穿过针眼一样地精准。

尹衍梁回应说:"现在卖就不值这个钱了吧!"这样的决策,已到了登峰造极的地步,不仅获得了丰厚的经济回报,更有收放自如、赏心悦目的美感。有一次,他对我说:"做任何事情,气都要长,出气时要舒缓。"精通围棋的尹衍梁,是在用下围棋的方式来阐述决策的奥秘。"气"是围棋术语之一,是指在棋盘上与棋子紧紧相邻的空交叉点。在围棋对局中,棋子在棋盘上是依赖"气"来生存的。在下围棋时,己方的"气"越长,就意味着己方的优势越明显。当然,"气"长时,还要懂得布局与调和。著名围棋大师吴清源说:"下棋本身不是为了胜负,是要调和阴阳。"这一切,都被尹衍梁应用到决策中,在强调"气"长的同时还要主动"舒缓"与"调和"。可见,高明的企业决策者如同高明的棋手。

三、决策中的大局观

尹衍梁从小就喜欢老鹰,也喜欢猫头鹰。他年轻时,有一次夜间开车,忽然一只猫头鹰迎面撞上车子的挡风玻璃,受伤昏厥。他赶紧停车,把这只受伤的猫头鹰捧起来放到后座。后来,猫头鹰醒了,飞到他的肩膀上。他把车往路边停靠,猫头鹰受了惊吓,爪子透过衣服抓进他的肉里,抓出了几个深浅不一的小洞。他当即脱下外套,将猫头鹰抱起来保暖,带回家照顾了几个月,等猫头鹰休养好了,才放回山林。有人形容尹衍梁"就像猫头鹰般的神秘、轻盈、感性与智慧"。尹衍梁小名叫"大鹏",大鹏就是鹰,尹衍梁一直砥砺自己变成鹰中之王。作为企业的领导人,他的决策质量直接决定了企业的成败。尹衍梁在决策过程中砥砺自己,一方面要像老鹰那样,善于在高空持久地盘旋飞翔,不仅视野宽、看得远,而且看得更清楚;另一方面,要像猫头鹰那样机警和智慧,能看到黑暗中的光明。

彼得·德鲁克指出,战略家要在索取信息的广度和深度之间做出某种权衡。就像一只在捉兔子的鹰,必须飞得足够高,才能以广阔的视野发现猎

第三讲
安静的决策力

物,同时又必须飞得足够低,以便看清细节,瞄准目标进行攻击。不断地进行这种权衡正是战略家的任务,一种不可由他人代替的任务。尹衍梁身在台湾,但放眼全世界。在二十世纪九十年代,尹衍梁提前预测出全球供需将出现重大改变,他说:"1990年墨西哥对美国的出口只有30亿美元,到2000年将超过1 200亿美元。"当时,很多人不明白墨西哥与美国的贸易对中国台湾地区有多大的影响,因此没人去关注。但是,尹衍梁却不这样认为,在经济全球化的趋势下,世界任何一个角落的信息,都可能是非常关键的信号。尹衍梁敏锐地捕捉到了远在大洋彼岸的墨西哥贸易的信息,并展开深入研究,发现制造业因为中国等世界工厂的加入,生产能力大大提升,世界竞争也更激烈。但是,世界消费市场的人口变动不大,需求并没有出现如生产那样同步的增长。所以,世界制造业总体上处于供过于求的局面,是买方市场。在这种经济全球格局的判断下,尹衍梁果断做出决策,放弃制造业,进军零售业,控制整个生产供应链上的"最后一里"。现在看来,这个决策是多么的正确。

  尹衍梁在做长远战略决策时,会尽可能地仔细分析和研究每个细节,预测未来可能的走向和趋势,进而决定往哪个方向去。他刚到大陆兴办高等教育时,对大陆的情况了解很少。为了多方面、全方位地了解大陆的发展状况,尹衍梁来大陆不下几百次,和社会各界人士进行交流。有时,他还一个人坐着出租车在城市里逛,和素不相识的出租车司机聊天。从出租车司机那里,他了解到老百姓的真实想法。这些信息,很细小琐碎,但尹衍梁乐此不疲,因为任何细小的信息汇总起来,在当时就能构成一个很大的整体。在发现北京大学研究生招生情况不理想时,一种强烈的使命感和紧迫感涌上尹衍梁的心头,"一个没有研究生的国家,将来会出问题的"。尹衍梁豪放地捧着千万美元闯进北京大学捐学,一度令厉以宁教授很是困惑,敞开心扉深入交谈后,才知两人都热爱教育。厉以宁以一首《太常引》记述了当时与尹衍梁讨论筹建北京大学光华管理学院时的心境："一心兴学悄然来，细语抒胸怀。忽见笑容开，意何在教人费猜。红楼旧影，未名新曲，桃李满园栽。携手育英才，岂不是优哉快哉！"

尹衍梁不仅把视野放到了全世界，还关心宇宙的起源和运行。史蒂芬·霍金说："我们只是在一个围绕着一颗普通恒星公转的小行星上繁衍的先进的猴子。但能够了解宇宙，这让我们与众不同。"尹衍梁很喜欢这句话，也喜欢他的《时间简史》这本书。每次，尹衍梁向大家讲解这本书时，总是滔滔不绝。在尹衍梁脑海中，这个宇宙实在是太伟大、太美丽、太有魅力了。熟悉尹衍梁的人评价他，说他脑子里有自己的宇宙。尹衍梁从宏伟的宇宙中，不断汲取能量。天行健，君子以自强不息。在尹衍梁的决策中，可以很明显地感受到他的自强不息和顽强拼搏。在他看来，任何决策的本质都是找到安身立命之所。大卫·威尔科克有一本叫做《源场：超自然关键报告》的书，尹衍梁常向人推荐这本书。这是一本百科全书式的著作，探讨了人类在宇宙中的存在状态。尹衍梁认为，这本书中充满了令人震撼的研究以及深刻的洞见，让决策者在做重大决策的过程中，能站在一个更高的层面来看问题，进而能做出让生命发生深刻转变的决策。尹衍梁从纨绔子弟转变成追求进步的社会有用之才，从兴建铁路、兴办教育到设立"唐奖"、捐出95%的个人财产，这些决策不仅改变了他自己的人生，还让很多人的人生都发生了改变。这样的决策，与尹衍梁的宇宙观是息息相关的。

如果把决策者比作一只鹰，那么这只鹰每天要做的就是周而复始地在高空盘旋、观察，发现内外部机会、组织内的问题和向外扩张的方向。站在高处俯瞰，有利于把握全局动向，视野比较开阔，即所谓的"俯瞰视野效应"。但是，社会系统和组织系统内部往往条块分割，里面有很多相对封闭的"隧道"，其中隐藏了很重要的信息。远观，不见得都看得清楚。尹衍梁的办公室在集团大楼的最高层，视野极其开阔，可俯瞰整个台北。但尹衍梁并不只是"高空作业"的决策者，而是走上第一线去了解具体情况。尹衍梁到基层和现场实地考察时,有自己独到的方法,他会仔细查看现场的卫生情况。他说:"工地里的卫生做不好的话,会遮盖风险,会遮盖品质,会造成额外的费用与成本。为什么要从卫生做起呢?因为卫生是工地对外的形象,你说你的品质做得多好,别人不容易看见,但别人会从良好的卫生状况产生对良好的品质与良好的经营管理的联想。"有一次,他到工地巡视时,看到地上有槟榔渣和烟蒂,就不动声色地沿途捡拾。他一边捡,一边思考:为什么这些东西会出现在这里?由此发现了工地管理上的一个重要缺失,并予以及时纠正,否则后果不堪设想。在发现问题上,他具有猫头鹰般的敏锐洞察力。所以,尹衍梁采用"老鹰"和"猫头鹰"高低搭配的方式,进行决策,极大地提高了决策的质量和效率。

第二节 直觉的力量

　　心理学家发现,人的大脑思维模式有理性的意识层次和非理性的潜意识层次的区分。理性思维是大脑意识层面上的思维模式,强调的是逻辑、推演、系统性与规则性。感性思维是大脑潜意识层面上的思维模式,表现为一种灵性、不假思索的神来之笔、灵光乍现的突发奇想等。这种直觉也被称为"第六感",体现了企业领导者的灵性。美国通用汽车公司的缔造者威廉·杜兰特被誉为世界汽车发展史上第一位传奇人物,是一位擅长用直觉决策的企业领导者,他曾被艾尔弗雷德·斯隆称为"用绝妙的灵感来指引自己行动的人"。事实上,这种特征在不少优秀的领导者身上都能找到。

一、聆听内心的声音

美国创意集团副总裁让·舒尔茨在走访了六十位成功决策者、深入探索其内心世界后发现,当信息、策略、时机、资源都在握之际,主导决策的另一个重要力量,就是隐藏于心的直觉。他的研究成果汇总在《大决策的智慧:重新探索直觉的力量》一书中,而这本书也是尹衍梁喜欢的一本书。有一次,尹衍梁给大家讲解这本书时,举了一个例子。当医生正低着头给一个病人的心脏做手术时,突然一股血溅了出来,原来是病人的心脏主动脉破裂了。医生大喊:"止血钳!快,快!"但是,无论如何血都止不住,情况万分紧急,大家都不知所措。这时,旁边一位阅历很浅的实习护士,冲过来用双手按住破裂的主动脉,就是这个动作挽救了病人的生命。事后,有人问这位护士,当时为什么会想起这样做,她说是直觉,想都没想就冲上去了。尹衍梁用这个例子告诉大家,在决策时,人的直觉有时是出奇的准的。在他看来,企业领导者最关键的是要做出好的决策,当大家都面对相似的信息时,直觉往往是决定决策质量的关键。直觉是一种能预见未来可能发生事情的能力。

美国著名演员史泰龙说:"我相信有种内在力量决定我们成为赢家或输家,而赢家是那些聆听内心声音的人。"尹衍梁很欣赏这句话,也很喜欢看史泰龙主演的电影。尹衍梁发现,像史泰龙这么孔武有力的人,也有很细腻的一面,相信直觉的力量,这说明直觉这种力量,具有很强的穿透力。尹衍梁从小就喜欢安静,在做重大决策之前,他总会让自己独处几天。他从长期的决策实践中发现,想要获得内在的智慧,先要达到身心的平静。在一个安静的环境中,平心静气,才能感知内在的直觉,引导自己去做出正确的决策。尹衍梁说:"我最大的特征就是非常安静。即使在大声疾呼,也是在安静地大声疾呼。我从来没有躁动过,愈大的逆境来临,愈安静,这是天生的。"为了"唐奖",他在过去半年内,三度开着露营车,独自上合欢山。他把车停在公厕附近,用面包、罐头果腹,让自己彻底安静下来,思考该怎么做。合欢山海拔三千米以上,冬

第三讲
安静的决策力

季时白雪皑皑，平时人迹罕至，比较清静。尹衍梁上了合欢山，在安静的环境中，排除了各种杂音，能倾听到内在的声音，帮助他做出正确的决策。

诸葛亮为告诫他八岁的儿子，写下《诫子书》。在《诫子书》中，诸葛亮说："夫君子之行，静以修身，俭以养德，非淡泊无以明志，非宁静无以致远。"八十六字的《诫子书》，尹衍梁一口气就能流利地背出来。尹衍梁从这八十六字中，体会到了"动"与"静"的辩证关系。尹衍梁是个大破大立的人，能很好地把握动静的力量。在大破的时候，他目光远大、胸怀愿景、有气魄、有梦想，动作果断而坚决。在大立的时候，他一步一个脚印，忍辱负重，有谋略、有毅力，能静观其变、静水深流。每当他在安静思考之后，在做出决策之时，整个人都会有一种笃定的感觉。这种笃定来自身体的内在，如同有神灵在帮助他做出决定似的。尹衍梁说："现在大环境很吵闹。吵闹当中，我们常常说变动。其实，常中有变，变中也有常。"在这种情况下，更需能静下心来认真思考，才能做出正确的决定。尹衍梁强调"静为躁君"的重要性，他说："静是一切躁动的能量，或是爆发能量的根源。最大的安静是黑洞，安静到了极点，会引发大爆炸。"尹衍梁在探究决策的神秘力量时，突破个人的局限性而思考整个宇宙运行的规律。他从史蒂芬·霍金的宇宙大爆炸理论中获得了启发，发现安静的力量无所不在。

尹衍梁说："安静是动力的来源，如果心中充满不安、焦躁、焦虑，力量就有限。"为了让大家明白安静的力量，尹衍梁拿来一杯混沌的水放在桌面上。不用多长时间，杯子里面的浑浊物就慢慢地都沉淀到杯子底部，而杯中的水也会慢慢地趋于澄明。尹衍梁告诉大家，这就是安静的力量，因为安静能沉淀浑浊物与噪音，能看到被重重现象包裹起来的事物本质。一个企业家，要在急剧变化且混沌躁动的世界中潜沉静定，不断做出正确的决策，关键在于是否"能静"。尹衍梁认为自己是一个"能静"的人，在大破大立、混沌不明时，他不管外面天翻地覆，都可以静下心来，一心一意地去思考长远的战略决策，通过每个决策去把握社会发展的脉搏。尹衍梁说:"剑侠在斗剑的时候,谁先躁动,谁先输。愈安静的军队愈容易作战。躁动、慌乱无章的,败相就必显了。"躁动和杂念就像是噪音一样,会干扰一个人深层次的思考,不利于去调动直觉来进行有效的决策。当决策质量不高或者出现严重误判时,就会荒腔走板,离失败也就不远了。尹衍梁充分把握了安静的力量,他说:"在做重要决策以前,我都会安静下来。"

安静还是一种升腾的力量。尹衍梁说:"我本人看起来虽然有点凶,但实际上仍是个温暖的人。以前我比较患得患失,现在变得比较快乐。所以现在我是一个快乐的老顽童。快乐地工作、休闲、睡觉、吃喝,也快乐地吹牛。"尹衍梁一个人静静地在合欢山的山顶上,坐看云起云落,几乎达到了忘我的境界。当徐徐清风拂面而来时,尹衍梁在清洌的氛围中,感觉自己的灵魂都获得了梳理、总结、提升、飞跃,然后又化为新的强大能量注入自己的体内,感觉自己都快被抬起来了,获得了一种不可阻挡的向上的力量。"'唐奖'是一个安静而且长远的决定,这个想法已有二十年了",尹衍梁后来说,"当时(在合欢山上),忽然好像听到有个声音对自己说,莫忘来时路。"就"唐奖"的种种问题,尹衍梁感觉豁然开朗。于是,当即做出了设立"唐奖"的重大决定。这种沉潜的力量冲破尘世间的牢网,不断提升尹衍梁的决策境界。尹衍梁一旦做出决定,就感觉快乐无比,感受到"而今忘却来时路,江山暮,天涯目送飞鸿去"的高情远韵。于是,顺着上山的来时路,尹衍梁安静地下山去了。

二、打坐与禅修

尹衍梁在介绍自己的决策经验时,说:"我可以从早到晚都专注精神,哪怕是在演讲,或是在吹牛、喝酒,都很安静。这可能与打坐和禅修有关。"尹衍梁后来师承南怀瑾大师,开始钻研佛法与打坐。有一次,尹衍梁听南怀瑾讲

第三讲
安静的决策力

《楞严经》，在讲到"一切众生，不成菩提，及阿罗汉，皆由客尘烦恼所误"时，南怀瑾特别大声地提醒大家，说："注意啊！'客尘烦恼'这四个字，翻译成中文妙极了，而且很美！文学化的最高的哲学。"听后，尹衍梁犹如被当头棒喝，顿感醍醐灌顶，因"客尘"二字而顿悟。他发现，自己在做决定的过程中，对情势的判断会受到自己心理状态的影响，而影响心理状态的因素有很多，其中"客尘"是最主要的因素。其他因素，都是通过"客尘"来起作用。因此，要做出好的决策，关键在于尽可能地克服"客尘"的干扰。决策之所以很艰难，是因为有"客尘"的干扰。一旦克服"客尘"的干扰，则对一切都洞若观火，做决策就是很轻松的事情。

遇到制定重大决策的关键时刻，尹衍梁不仅上山求道，还习惯于打坐修行。尹衍梁认为，35岁时遇到南怀瑾老师，使自己的人生发生了重大转变。事实上，之后尹衍梁的一系列重大决策都与南怀瑾有关。从兴建铁路、设立光华奖学金，到成立北京大学光华管理学院、设立"唐奖"，每一步决策都与南怀瑾有关联。在尹衍梁的办公室，悬挂着南怀瑾的大幅相片，从中也能看出尹衍梁对他这位老师的尊重和依赖。当一切压力都压在他身上时，他会感到一种不可驱离的孤独感，他说："我经常很孤独，把门关起来，就是自己的安静空间。"在这个安静空间中，尹衍梁会久久地仰望着南怀瑾老师的相片。这种仰望，能给予尹衍梁巨大的能量，使他获得一种不可阻挡的向上的神秘力量。在遭遇一些艰难决策时，尹衍梁往往感到高处不胜寒。此时，打坐修行就成为他沉静下来的方式。慢慢地，尹衍梁就感觉周围安静了下来，进入一种很奇妙的境界。这时，与决策相关的事情如同放电影一般，在尹衍梁眼前浮现，让他看清楚了决策的前因后果，进而轻松地做出了之前还认为很艰难的决定。

打坐和禅修是进入直觉世界很好的途径，有助于获得神秘的"第六感"。尹衍梁说："决策的模式有很多种，可用数学模式解决的皆可归为简单的问题，而复杂的问题则有时用到神秘解，这当中还有一种解被称为社会解。"这里，尹衍梁提到了决策过程中的"神秘解",但他仅是点到为止。这个问题只可意会,如同《庄子·天道》中所说的那样,"意之所随者,不可以言传也"。当然,若要进一步探讨,从尹衍梁的决策中可看到"神秘解"的两重境界。第一重境界就是要练就"出离心"。这个出离心,实际上就是清净心。人的心清净了,才会有出离心。若有了出离心,就可以将自己的思维抽离,变成第二人。也就是将自己变成两个人,其中一个还是在设法分析问题和努力去做出好的决策,另一个则脱离了决策情境,变成旁观者。这种对出离心的体验,就体现在尹衍梁自己的描述中,他说:"真的静下来,会觉得自己在跟自己对话。有一个更高的你,在评量你做得对错。"这个"更高的你",其实就是已从尹衍梁身上出离出去的第二个自己。能达到具有出离心的境界,已经是决策的很高境界了,因为出离心首先要离相,出离心是离相的心。不识庐山真面目,只缘身在此山中。用出离心使自己从决策情境中超脱出来,更容易看清楚问题,所以,更有可能做出正确的决策。

在决策中,要实现"神秘解"的第二重境界就是空的境界。惠能大师说:"菩提本无树,明镜亦非台,本来无一物,何处惹尘埃。"这就是一种空的境界。南怀瑾在《如何修证佛法》中讲道:"先是这一念无中生有,观起来是假观,就是作意。把他观成了以后,身心忘了以后,再把自己造作的所缘空掉,就是'空观'。到空观现前,放下万缘的空,才是真正的空。然后要空就空,要有就有,这就是'中观'。"尹衍梁喜欢玩重型摩托车、跑车、游艇等。宝马的重型摩托车,马力非常强劲,3 秒钟之内就能够从 0 提速到 100 公里/小时。这样的重型摩托车,尹衍梁拥有不止一台。尹衍梁那台保时捷的双门跑车,只要 3.7 秒,速度就能从 0 提升到 100 公里/小时。此外,尹衍梁还拥有大动力游艇。不少人会误以为尹衍梁就是喜欢奢华,其实,他喜欢的是速度。因为在高速行驶中,他能真真切切体会到空的境界,他说:"开船开到一定的速度之后,脑袋里会一片空白,开车也是一样,最后形成人车、人船一体，天人合一的境界，甚至左脑会与右脑辩论，激荡出许多意想不到的点子。"因此，对尹衍梁而言，这些重型摩托车、跑车、游艇、帆船、私人飞机，等等，本质上都和他打坐时所用的蒲团的功能是一样的，都是他用来禅修与悟道的工具。

在繁忙的台北，有一栋很不起眼的高楼。在这栋楼中，有一间精舍。与外面车水马龙的喧嚣相比，这里别有洞天，非常安静。不少在现代化都市中忙碌的人，都喜欢来到这里，勤习打坐和禅修。中间，众人都会离开蒲团休息一下，活动活动腿脚，而有一个人却从不休息。他一上坐，就是半天。后来，到中午吃饭的时候，有人认出了他，打招呼说："教授，您好！"对此，那个人笑了笑，并不答话，而是低头继续利索地吃饭。后来，大家才渐渐知道他是一位大学教授，他就是尹衍梁。在这间不起眼的精舍里，大家都专注于禅修，并没有太多人特别注意到他的来去。正因为如此，他可以在这里不被打扰地和众人一起打坐与禅修，享受其中的乐趣。在这里，他所需要的就是一个蒲团。每次打坐结束，他都恭恭敬敬地把蒲团整理好、摆放好，因为他心怀感恩，感谢这个蒲团帮他悟道。他一旦安静下来，就能看清楚世事变化的无常与趋势，他说："安静观察大的脉络，就像波涛起伏一样，所有波涛都是慢慢往上起来，然后瞬间下降。汇率、利率、股市也是这样。虽然有变，但也有变的大轨迹。"这间精舍，给予了他很多安静的力量。

三、感性也是一种决策力

丹尼尔·卡尼曼在《思考，快与慢》一书中提出大脑决策的两种系统。系统一（System 1）是自动的、快速的、基本直觉式的思考，这是人们最常使用的思考方式，是一种基于感性与直觉的决策模式。系统二（System 2）则是比较慢、比较费力、讲究逻辑的思考方式，是一种基于理性思考的决策模式。尹衍梁从小就喜欢拆解和组装各种机械。随着年岁的增长，他的这个兴趣非但没有减弱，反而在增强。在他的办公室里，办公桌上放了一大台模型装甲车，地上立着的是神舟九号火箭空中预警机、航天二号火箭的模型。办公室旁边还有一个房间，推开门进去，会发现偌大的空间里，有投影机、荧幕、音响、藏书室。还有一张工程桌，上面放了几只手表，那是他修表的地方。这些都给人一个印象，会觉得尹衍梁是个非常理性的人，喜欢理工方面的知识，因此，擅长用理性思考来进行决策。不过，和他接触久的人会有另一种判断，那就是尹衍梁骨子里是个很感性的人，充满了浓浓的人情味。如同他自己所说的那样，"当生命走到尽头时，没有人会在意名利，记得的一定是亲情、友情与爱情，所以人生不外乎情与义"。实际上，他的不少决策考虑更多的是人情，而非单纯的利益。这说明，他的决策不是理性决策的"最优解"，而是赫伯特·西蒙所说的充满感性的"满意解"。

尹衍梁年轻时，奉父母之命，和大自己三岁的王绮帆结婚。当初，尹衍梁对这个婚姻心存抵触，婚后第二天就离开新居到工厂去工作。后来，他发现王绮帆对自己的父母特别孝敬，就被感动了，并因此深深地爱上了她。结婚近四十年，有一次，电视台参访尹衍梁，当问到这段感情时，他很动情地说："下辈子还要娶她当老婆。"一天，尹衍梁回家，看到妻子头上有了白发，不免感叹时光飞逝。当看到妻子坐在电脑前不停地滑动鼠标、浏览页面时，尹衍梁大为不解，就问她在做什么。王绮帆回答说："在帮孙子买衣服。"尹衍梁刚要说，可以去大润发买。话刚到嘴边，他突然醒悟了。他说："我才恍然大悟，原来流通业新时代是电子商务时代。这个时代已经来临，而且我自己也上网买东西。"在决策中，直觉往往和顿悟联系在一起。阿基米德在泡澡时顿悟出浮力原理，牛顿被树上掉下的苹果砸中脑袋而顿悟出万有引力定律。尹衍梁因为看到已有白发的妻子在电脑前忙碌而顿悟出："他们是卖虚的，大润发是卖实的，虚实可以互补。"于是，他很快做出决定，投资 Uitox 全球电子商务集团，使 Uitox 和大润发虚实结合，共同开发飞牛网来主攻大陆的电子商务市场。2014

年1月,飞牛网正式上线。上线仅3个月,注册会员即超过45万人,商品品类达十几万种。飞牛网具有"初生牛犊不怕虎"的冲劲,已给业内的电商带来了极大的竞争压力。

在一些紧迫的问题上,决策必须非常快。在这种情况下,可以动用感性的力量来思考,快速做出决定。台湾地区爆出"黑心油"事件,一下子把顶新集团置于"灭顶"的境地。在紧急关头,尹衍梁站了出来。尹衍梁明知此举,定会招来猛烈的口诛笔伐。但是,他是明知山有虎,偏向虎山行。促使他站出来的,很大一部分因素是来自他感性的认识,他说:"食品安全应该要建立保障体系,没有人站出来,只有我愿意站出来。既然选择站出来,就不计毁誉。味全、顶新这么多员工都有家庭,不能把这些员工都逼死。如果大家都要'灭顶',这些员工的工作、员工家庭的生计等社会问题怎样解决?"作为企业家,尹衍梁的第一反应就是一旦企业倒闭了,企业的员工也会随着遭殃。所以,尹衍梁希望能给这家企业继续发展的机会。但是,解决食品安全的问题刻不容缓,因此,他提出成立食品安全基金和委员会,整合社会各界的力量来破解食品安全这个社会问题。当社会舆论的矛头直指他时,他强调说:"目前整个社会都太情绪化,大家都要'灭顶',但不应牵扯到味全,也不应让基层员工丧失工作权利。"当这个事件不断在社会上发酵,民众的情绪更趋激烈时,尹衍梁说了一句非常感性的话,他说:"味全的奶还是很好喝,布丁也很好吃,呼吁大家不要抵制味全、伤及无辜。"可见,尹衍梁在这件事上的决策,有两个重要因素,即社会责任感和感性认知。

罗伯特·詹姆斯·沃勒曾在北爱荷华大学任教,并成为该校商学院的院长,且于1986年退休。他在管理学上并没有什么耀眼的贡献,退休后,开始写小说,却意外地获得了空前的成功。1992年,他凭借小说《廊桥遗梦》一举成名。1995年,该小说被拍成电影,风靡全球,成为电影中的经典之作。尹衍梁这样一个大男人,居然在看这部电影时,止不住地流泪。可见,他的内心世界是多么丰富、细腻而感性。当尹衍梁和上海东方肝胆外科医院70多岁的吴孟超院长见面，听到吴老说，医院设备老旧，病床严重不足，很多前来求诊者等不到病床就在附近的小旅馆过世的消息时，尹衍梁悲伤得落泪，当即表示要出资捐助该医院。在医院新大楼盖好后，尹衍梁来到病房查看，有人在房内演唱《心愿》这首歌，大家都很感动，尹衍梁也立下心愿，说："我一定要学会这首歌，下次可以和大家一起表演。"在即将离开时，尹衍梁对吴老反复强调一点，说："若有人来这家医院看病，但是没有钱，那么，请千万不要拒绝病人，而是要第一时间为病人医治。病人所花费的所有费用，由我来出。"普鲁士的腓特烈大帝被形容为"把诗人的外表藏在里面，而在生活中竭力遵守和维护秩序"，这种描述用在尹衍梁身上，也是很恰当的。

《坛经》中云："时有风吹幡动。一僧曰风动，一僧曰幡动。议论不已。惠能进曰：非风动，非幡动，仁者心动。"要在决策中看清楚事情的来龙去脉，就需要有一颗平常心。尹衍梁可以在坐卧行走间，始终保有一颗平常心，他说："我以最动态的休闲活动来追求最平静的心灵，其实外相对我而言早已不存在。人心本来就是安静的，无关于外在的环境，所以打坐也只是一种形式，什么姿势都无关紧要。"只要心静如水，就可全心全意地享受身心的和谐与平静。专心一意，那么，各种杂念就会自然消逝。宋代的释普济在《五灯会元·七佛·释迦牟尼佛》中记载："世尊在灵山会上，拈花示众，是时众皆默然，唯迦叶尊者破颜微笑。"这就是禅宗著名的"拈花一笑"的典故，强调了禅宗不立文字、以心传心的悟道方法。在做出重大决策上，尹衍梁要使自己的心境达到"无相"的境界。他的内心在这种境界中，是坦然自得、不着形迹、超脱一切、不可动摇的。有一次，尹衍梁为一个艰难的决策所困扰，于是和几个朋友一起去打高尔夫球。打球之前，他们先在室内喝点茶，闲聊了一阵。突然，尹衍梁转头看看窗外，发现高尔夫球场上有一只喜鹊正把头埋进小水池里，便脱口而出，说："你看你看，它在洗澡。"就在众人抬头望向窗外的那一刹那，他们都顿悟了，知晓了最终的决定。当喜鹊起飞时，屋子里只留有空空的桌椅和依然散发着热气的清茶……

第三节　群体决策的智慧

中国有句俗语：三个臭皮匠，顶得上一个诸葛亮。这个俗语强调的就是集体决策的力量。诸葛亮是中国人公认的智者，指挥军队达到出神入化的境界。但是，他的一生也有不少错误的决策，比如重用马谡而丢失战略要地，使得出兵功亏一篑。要提高决策的质量，就需要善于激发众人的智慧，通过群策群力尽可能地把决策的各种可能性都考虑到，进而做出最佳决策。尹衍梁常用"盲人摸象"来解释不同人对于同一管理问题的判断和思考角度的不同，从而导致不同的见地。那么，能把这些不同判断综合起来进行思考，往往能突破个人决策的盲区，进而找到最佳的解决问题的办法。

一、决策过程如同警察破案

尹衍梁兴趣广泛，喜欢"飞天（开私人飞机）、遁地（骑重型摩托车）、入海（驾驶游艇、潜水）"，而且乐在其中。有一次，他和伙伴们去潜水。当潜到大约快二十米深的地方时，他发现有个洞，立刻就游了进去。到里面一看，龙虾多得不得了。于是，就用钩子去钩龙虾。由于过于兴奋而没有注意到氧气快用完了，直到几乎吸不到气时才发觉情况不对，于是，马上转身想要游出去。但是，却发现周围都是洞，就是不知道自己是从哪个洞游进来的。紧急关头，尹衍梁用潜水刀有节奏地连续敲打自己的氧气瓶。在洞外附近抓鱼的伙伴听到了动静，意识到这是呼救的信号，于是，赶紧循声找寻，终于找到了尹衍梁所在的洞穴，并用手电筒把出口照亮。尹衍梁顺着光线，顺利地游出了洞穴。但此时他已用尽了所有的氧气，呼吸困难，而离海面还有一大段距离。于是，两人共用一个氧气瓶，才得以慢慢回到海面。在浮出海面的一刹那，尹衍梁意识到集体决策智慧的伟大。环境复杂多变，而一个人的认知能力是有限的，不可能预知前进途中可能出现的所有障碍物和风险，只能根据有限的信息和局部的情况来做出决策。这种决策很难做到全面客观，有时甚至会令自己处于危急的境地。

尹衍梁潜水遇险，但他却从中悟出了管理决策的道理：要做出好的决策，需要集体的智慧。在尹衍梁看来，企业经营过程中的决策，就是要解决问题，而要解决问题就需找出问题产生的根源。尹衍梁说："我们知道企业的功能为生产、营销、财务、人事、研发与信息等，而管理的功能为计划、组织、用人、指导、控制，其实用控制一词并不恰当，应该以协助发展代替控制会更好一些。我们把 X 轴当作企业的功能，Y 轴为管理的功能，合在一起就形成管理决策的矩阵。"所以，要在对的时机做出对的决策，决策者就需要掌握整个决策矩阵中方方面面的信息。尹衍梁所使用的"管理决策矩阵"，与罗伯特·卡普兰的平衡计分卡有异曲同工之妙。通过这套"管理决策矩阵"，可以促进各部门之间群策群力。一旦出现问题，各部门可迅速联动起来，在各自的范围内查找问题可能产生的原因，从而能以最快的速度找出问题的根源。问题的根源一旦被找到，就可以做出决策予以应对，迅速地解决问题。因此，尹衍梁的这套"管理决策矩阵"，既是一套群体参与的决策机制，也是决策后迅速贯彻执行的协同合作的管理机制。

尹衍梁认为，企业经营的决策，如同警察破案一般，需要通过层层线索的分析，才能破解重重迷雾，找出问题的根源所在，从而做出正确的决策，使问题得以解决。尹衍梁需要一批像福尔摩斯那样有经验的破案高手，在企业经营管理的过程中，能迅速发现问题、侦查线索并完成高效率的决策。美国兰德公司的查尔斯·凯普纳（Charles Kepner）与本杰明·崔果（Benjamin Tregoe）提出了"KT决策法"（以两个人名字的第一个字母命名）。这种决策法是一种理性决策思考系统，共分四个程序：查明原因、决定所选择的方法、提出危险对策、掌握情况。一步一步，如同高明的侦探，层层剥离表面现象和假象，通过线索来追踪事情的真相。尹衍梁认为这是激发群体决策的重要工具，因此在企业内部进行推广。他首先启动了一个针对干部的培训，把查尔斯·凯普纳与本杰明·崔果所著的《问题分析与决策：经理人KT式理性思考法》一书，推荐给核心干部，先培养一小批带头人，使其能够精通这套决策法，再由这批干部对其团队成员进行培训。如此，一层一层、一级一级往下培训，使得企业上下都掌握了这套方法。自从尹衍梁在企业中导入理性决策模式以来，广大员工的决策能量被激发了出来，企业内部的决策效率和质量得以大幅提升。

群策群力，就是要鼓励广大员工积极献计献策，能参与决策，进而不断地开发员工的智慧。在群体决策上，尹衍梁鼓励广大员工要做到"今日事，今日毕；工段事，工段毕"。"今日事，今日毕"强调的是要在现场就进行决策，不能让问题拖延到第二天。尹衍梁说："不要拖拖拉拉，拖也是要解决的。问题如果经过拖就能够解决，则问题本身一开始就不是问题。"问题只会越拖越乱，越拖越复杂，越拖越不能解决，所以务必要"今日事，今日毕"。企业管理中，基层问题解决不了，就推给上层决策者，如此往往导致事情的拖延和互相扯皮。尹衍梁强调基层直接参与决策，形成小组，通过理性决策模式当场分析问题、做出决策和解决问题。对于好的建议和方案，要给予奖励。好的经验，通过及时总结，在整个公司内部共享和推广。"工段事，工段毕"强调的是属地原则，在工地、工厂、卖场、办公室等地方，根据各自的工作区域来负责自己领域中的安全与卫生问题。如此一来，责权明确，不可推诿，也有助于激发现场工作人员的智慧，保护好自己的工作区域。

二、听老板的就错了

尹衍梁在台湾大学获得MBA学位，后又继续攻读管理学博士学位，从一个社会上的顽劣少年一举成为名校的高材生。那时的他，可谓意气风发，也很自负。在企业经营中，听不进去伙伴们的意见和想法，导致伙伴们纷纷离他而去，事业也陷入了低谷。尹衍梁看着伙伴们离去的背影，一开始感到很不理解，继而开始反思自己在哪些地方做得不对。他发现，当自己的学历越来越高时，也越来越自以为是了。于是，他就吸取教训，改变自己，变得更为谦逊，鼓励大家畅所欲言。结果，近者悦，远者来。很多优秀的人才纷纷汇集到他的麾下，尹衍梁却更谦虚，鼓励大家尽情展现才能，而他自己却甘愿到后台为大家沏茶倒水。作为企业的老板，他甚至强调说："听老板的就错了。"在一般人看来，这不是鼓励大家造自己的反吗？但是，尹衍梁明白"一花一世界，一树一菩提"的道理。每个人都有自己看问题的视角，把大家的视角汇总起来，就能够把事情看得更加全面，决策起来就会更加精准。对能大胆说出想法的，甚至直接顶撞他的人，尹衍梁反而很欣赏，也愿意倾听他们的想法和建议。对于广大员工，尹衍梁不仅鼓励大家畅所欲言，而且也鼓励大家积极实践，他说："我栽培同仁的方式，就是允许他们做错事，犯错是最好的学习。"做好了，有奖励；做错了，也不惩罚。这样的企业文化，激发了大家群策群力的热情，很多新的创意不断被提出来，并通过实践转化为效率、质量，在降低成本的同时还缩短了工期。

尹衍梁强调"听老板的就错了"，意在鼓励大家从老板的立场和角度来独立思考及判断，他说："若你没有让你的上司掌握充分的信息，没有给他足够的信息、时间与协助，而盲目地要求他给你做决策，这个时候你听老板的就错了；反之，你的老板有足够的信息、能够与他人进行良好的沟通，并且是在斟酌内外部环境的情况下所做的决策，这个时候你不听老板的，恐怕不是错了，而是挂了。"尹衍梁鼓励大家把自己当成老板，来独立思考和处理现场的问题。

一个企业的决策模式，与该企业的经营合作模式是直接相关的。尹衍梁把台湾企业的经营合作模式分成四类：第一类为外商经营团队，第二类为台湾的公营事业，第三类为家族企业模式，而第四类为合作伙伴的经营模式。尹衍梁把自己的企业定义为第四类，他说："我们集团就是属于第四类的经营模式，在此模式中，出钱的人为股东，出生命、出心血的称为伙伴，伙伴比股东更重要。"在这种经营合作模式中，强调的是事业伙伴之间的彼此合作。因此，在决策机制上，尹衍梁实施"全员参与决策模式"。这种决策机制把决策权下放到基层，充分调动基层的决策热情和积极性，创造性地解决现场的问题。

尹衍梁不习惯待在办公室里做决策，而是喜欢充当"神秘客"，实地去调研一线员工的工作情况。有一次，他到大润发买东西，身上带的现金不多，就想刷卡付账。没想到，到了柜台结账时，那张信用卡怎么也刷不了，收银员没有认出他来，还怀疑他盗刷。偏偏他身上没带证件也没带手机，收银员打电话去发卡银行要求确认身份时，尹衍梁情急之下又背不出家中的电话号码。最后，他只好东掏西凑，终于凑齐现金结了账。事后，尹衍梁对这位收银员大加赞赏，认为这是认真负责的表现。尹衍梁有时出现在卖场，有时出现在工地，在与顾客的现场交流会上，他往往也跳上台去，直接向顾客介绍产品和楼盘。这些做法，使得尹衍梁在基层的能见度大大提升，让广大基层员工感觉到总裁和大家在一起奋斗。如同"霍桑实验"所体现的那样，当一线员工发现自己的工作有可能被总裁看到时，会激发其积极性和创造力。事实上，一些干部都是尹衍梁在现场观察后被提拔上来的。

三、寻找决策的"甜蜜点"

尹衍梁大力支持生物技术的研究和发明，投入巨资进行开发与创新活动。有一次，研发团队通过反复实验，发现了三个特异的糖分子，使癌细胞可以被辨认出来。通过这三个糖分子可以辨认出九种癌症，并且人体通过自身免疫力

达观天下
——跟尹衍梁学管理

就可以消灭这些癌细胞。通过临床实验数据发现，用这些糖分子制成的新药对85%的病人有效果。它不仅仅是一种新药，也可以说是一种治疗型疫苗。在拿到药证的第一天，尹衍梁就召集决策团队，既然当初大家都支持这种新药的研发，那么，现在新药已经研发成功了，决策团队的每个人都应优先试用这种新药。尹衍梁首先站出来，去挨这第一针。尹衍梁用这种方式教育大家，任何决策都是有后果的，正确的决策所获得的利益，要让参与决策者共享；错误的决策所带来的不利后果，也要让参与决策者承担。在尹衍梁看来，利益和责任的分享，有助于提高集体决策的质量和效率。利益需要分享，责任需要分担。如此，全员参与决策才能避免人云亦云、人浮于事、草率决策等弊端，才能真正调动众人决策的智慧。

尹衍梁说："懂得分享，才能进步。"尹衍梁每周累计要骑行100公里。他一般让司机开车载他到一个固定地点后下车，然后再到下一个地点去接他。通过亲身体验，尹衍梁发现骑自行车是一项很好的健身、健脑、节能又低碳的运动。于是，他就积极向大家推荐，每位员工买自行车还可以获得公司的补贴。自行车的车身和零件都要自己组装，组装完后就可以自由自在地骑着它去健身和欣赏沿途的风景了。零件不组装在一起，就没有任何价值。但是，一旦按照系统原理组装起来，就可以成为一辆很酷、很好玩的自行车，就可以让人在健身的同时享受生活的美好。所以，尹衍梁鼓励大家在多骑自行车的同时，也多思考集体决策的力量。集体参与的决策，能够汇集众人的智慧和力量，如同这组装起来的自行车，能够在不耗费任何汽油的情况下，带你去很远的地方，让你领略沿途的风光，去到达人生的胜景。尹衍梁不仅让大家分享骑自行车的乐趣，更分享源于自行车的决策哲学。

在进行全员参与决策的过程中，关键是要找到决策的"甜蜜点"。所谓决策的"甜蜜点"，就是众人参与决策的收获。尹衍梁强调说："惠则足以使人，就是合理与同仁分享成长的喜悦，分享经营的利润。"若一项好的决策的成果，仅仅为老板独享，或者少数人分享，那么，众人就没有参与决策的积极性。尹衍梁强调的是分享，认为企业单方面要求员工的时代已经过去了，利人利己的做法，才能使公司上上下下产生向心力，朝着同一目标努力。在建筑公司，尹衍梁采用了"分批成本"的分红制度。一个工程赚钱了，那么，负责这个工程的小组就可以分享较高的利润分成。由于业绩的好坏直接影响这些员工荷包的厚薄，因此员工们无不献计献策，从各个角度提出提高质量、压缩成本和缩短工期的办法。结果，企业和员工都享受到了集体决策的好处。这就是集体决策的"甜蜜点"。这样的政策，让员工有参与决策的积极性。对此，尹衍梁形容说："有时候，他们催得比我这个做老板的还急。"让广大员工比老板还着急时，其实员工已把自己当成企业的主人了。这种上下一心的决策模式，一定是高效率、高质量的决策模式。

尹衍梁指出，现今的管理已进入"非以役人，乃役于人"的时代，懂得"帮助别人替你服务"才是最上乘的管理之道。为了激发广大员工群策群力的积极性，尹衍梁为员工设计了"职业前程计划"，帮助员工去实现自己的人生成就。尹衍梁说："员工个人的成长，就是公司的成长。"为了帮助广大员工持续成长，尹衍梁设计出一整套奖励制度，例如：凡是为公司服务满四年的本科生，都可以"带薪"继续攻读硕士学位；理工科出身的人，则由公司提供参加企业经理培训的机会，种种花费与措施，使员工的能力得以提升，可以为公司提供更好的服务。这些措施都让员工体会到一种荣誉感和归属感，使其能够争相为企业服务，不断贡献心力。《诗经》有云："投我以木瓜，报之以琼琚。"尹衍梁则通过利润分配来贯彻其利他的经营思想，他说："任何人都无法摆脱名与利的追求，因此，要用相应的回报来肯定员工的付出。"如此，员工的成长和企业的发展相得益彰，形成了发展的良性循环。

要实现群策群力，干部的带头作用不可小视。尹衍梁喜欢各部门主管对其下属扮演的角色是"谦虚、讲道理的推动者，而非压迫者"。主管若不谦虚、不讲道理，那么，其下属的心中就会多有不满，不敢大胆建言，所谓的群策群力就会流于形式。尹衍梁说："一个成功的主管应该能够做到：和下属自由自在地一起讨论工作上或个人所面临的问题，主动地帮助他们解决困难。"有了这样的主管，就会有一个良好的群体决策的氛围和团队协助的默契，就能带动整个部门和团队去达成更高的目标。尹衍梁强调说："凡事为他人设想，才能维持长久合作的情谊。"一个部门的主管，若不能积极为其下属着想，就很难服众，也很难调动员工的积极性。对于犯错误的人，尹衍梁采用"动机论"而非"效果论"来处置。只要员工的立意是对的，即便做错了，也可原谅，然而故意犯错的人，即使没有产生严重的后果，也是不可原谅的。所以，他鼓励广大员工大胆地思考和建议，行动时不要怕犯错误，不必瞻前顾后。尹衍梁还喜欢采取"体贴与宽谅"的态度来鼓励员工，他说："一分的奖励，可以替代二到三分的惩罚。"如果员工士气低落，就应该帮助他们找出问题之所在，而非对其加以压制。正是因为有这些鼓励员工群策群力的企业文化和制度，广大员工的决策参与积极性被极大地激发了出来。

第四讲

卓越的领导力

在《韩非子·八经》中，关于领导力，有非常精辟的表述："下君尽己之能，中君尽人之力，上君尽人之智。"也就是说，领导力弱的管理者，因为无法有效领导别人，结果只好自己出来做任何事情，穷尽个人一己之力；领导力中等的管理者，能通过团队组织模式，调动众人一起去达成目标；领导力强的管理者，不仅能指挥、调动众人的力量，而且能激发众人的智慧，通过群策群力的方式去达成目标，还能不断提出新的更具有挑战性的目标，使众人自发地向更高的目标去努力。尹衍梁认为，上述三种领导力，也不一定有强弱之分，而是需根据不同情境进行有针对性的领导。尹衍梁有时会投身一线，直接用自己的一己之力去工作。在楼宇建造的过程中，他和广大工人一起，出现在工地现场，甚至还会亲自打扫卫生。这种身先士卒的领导方式，能极大地鼓舞一线员工的斗志。更多的时候，尹衍梁则统贯全局、运筹帷幄、调兵遣将，去达成组织运作的极高效率。此外，对有能力的干部，尹衍梁会主动为其提供舞台，任其尽情地施展才华，自己则退居后台为其沏茶倒水。

第一节　懂服务的领导

我在哈佛大学做访问学者期间，发现那里有个例行的制度。哈佛大学校长德鲁·吉尔平·福斯特每周都在规定的时间，分别在剑桥的本部校区和在长木的医学部校区的办公室接受学生的拜访，听取学生的各种意见和想法。有一次，我还就此事问过福斯特校长，她的回答很简单，服务好学生是校长应有的责任。这种领导与管理理念，与哈佛大学每年能培养出那么多优秀人才不无关系。

一、不是用人，是合作

尹衍梁领导的企业，是业界的标杆。因此，越来越多的人想探究其中的奥秘，想了解他是如何用人进而能达成如此好的业绩的。对此，尹衍梁强调说："其实我不是用人，而是合作。而且，我也是为人所用。"这里面，体现了很朴实的利用与被利用的关系。"利用"往往被联想到阴谋，似乎是个贬义词。但从管理学的角度来看，这个词具有不同的内涵。在企业经营过程中，不同的人具有不同的角色，所有人按照分工与合作的原则整合起来，才能形成生产力，企业运作的效率才能得到保障。在企业中，只有角色和分工不同，没有高低贵贱之分。因此，员工和管理者之间的关系是互相协作的关系，也是取长补短、互相利用的关系。对此，尹衍梁强调说："这个利用不是彼此算计利用，不是愚弄的意思。"在《尚书·大禹谟》中，就有"正德、利用、厚生、惟和"的提法，指出了万物生长、使万民得利的规律。

西方管理界有个术语叫做"仆人式领导"，即领导者以身作则，乐意成为仆人，以服务的方式来领导。尹衍梁所说的领导要能"为人所用"，强调的是

第四讲
卓越的领导力

在一个组织中,领导不能高高在上,而要能为广大员工、伙伴所利用。仆人式领导所强调和体现的,恰恰就是这种"为人所用"的思想。在一些企业中,有些老板会认为我出钱雇员工来,就是要让员工来给我干活。这种想法是有问题的。老板不仅是出工资而已,更重要的是要能给员工和广大伙伴提供事业发展的平台。也就是说,老板要能服务广大员工及伙伴,促进其发展。楚汉相争,为什么能臣、良将都选择了处于劣势的刘邦而非处于优势的项羽?这是因为这些能臣、良将需要用到刘邦。当然,要成为能"为人所用"的领导,也需要具备一定的条件:

其一,领导者要有开阔的眼界。领导者若是高瞻远瞩、心胸开阔,那么就会有感召力。这种感召力能够成为伙伴们的精神食粮,成为凝聚人心的重要力量。尹衍梁不仅有肚量,允许员工犯错,而且还有长远的眼光,能够提前看清楚前进的方向。因此,尹衍梁很受其员工的爱戴,跟着尹衍梁做事,大家都感觉有奔头,对于未来充满了信心。在广大员工看来,尹衍梁不仅仅是其老板,更是其心目中永不落的太阳。吉姆·柯林斯认为领导分为五个等级,前四级依次为个人能力、团队技巧、管理能力、传统观念上的领导力。"第五级领导"不仅拥有前四个层级领导的所有技能,而且还有一种"超常能力",那是一种谦逊的品质与坚定的职业意志。尹衍梁就是吉姆·柯林斯所阐述的"第五级领导"。

其二,领导者要有广博的知识。毛泽东,一个农家子弟,没有上过一天大学,没有喝过洋墨水,为什么一跃成为中国革命的领袖?这与他刻苦读书分不开。据党史专家统计,毛泽东一生读过的书在9万册以上。阅读能够开阔领导者的视野,增进其领导力。尹衍梁对事物充满了好奇,兴趣广泛,喜欢看书,通过大量阅读来学习和认识外部的世界。在他台北总部办公室的后面,有一个不小的藏书室,仿照图书馆在书架上都贴上编号,分门别类地摆放一些书籍。所藏书籍包罗万象,从天文、历史、地理到机械土木、医疗化学,甚至连漫画书、小孩看的科普书，都应有尽有。每天工作之余，他喜欢在自己的藏书室里研读各类书籍。大量的阅读，让他能够站得更高、看得更远，能够给予事业伙伴更好的支持。

其三，领导者要善于倾听来自各方面的声音。在企业内部，他提倡"异言堂"，鼓励大家在决策之前踊跃发言，从各个角度提出各自的观点和看法，不要有任何的心理负担。对于下属，他要求对方大胆直言，不用揣摩他的意思，当面讨论、直接沟通是最有效的方法。尹衍梁说："如果有一天，你的部属不再告诉你他们的问题，从那天起，你就不再领导他们了。他们不是不再相信你能帮助他们，就是认为你不再在乎。无论如何，这都是领导者的失败。"他不仅自己喜欢倾听，还要求企业内部的每个人都要善于倾听。例如，集团旗下的建设事业部，造了房子卖出去之后，无论是老总还是一般员工，都要主动挨家挨户地去打电话询问住户，买到房子住进去后，有没有什么问题。住户接到这样的主动关心电话时，都很开心。这是因为很少有企业在卖出房子后，还主动去关心和倾听住户的心声。

其四，领导者要善于服务他人。罗伯特·格林里夫在深入研究仆人式领导之后，得出一个重要结论："要建设一个好的社会，就是要建立仆人领导的机制，让最像仆人的人做领袖。领导的工作交由真正的仆人去做。成为领袖不是因为拥有某种权力，而是看其可为其他人做出多少贡献。"为了让职业经理人能充分施展拳脚，尹衍梁从各个方面来服务好他们。他发现有的职业经理人为了事业而忘我地工作，却疏于照顾自己的身体。于是，就专门成立了"荣新诊所"。"荣新"的意思是"容光焕发，欣欣向荣"，就是希望在职场打拼的人能健康。"荣新诊所"开张后，他让企业中的每个职业经理人都定期到诊所报到，进行例行的身体和健康检查，帮助职业经理人了解各自的身体健康状况。尹衍梁说："经营事业除了需要努力，也需要体力，拥有健康无虞的身体，才能无后顾之忧地在商场上为更多顾客服务。"从中，不难看出他对周围人的关心与爱护。这种来自高层领导者的贴心服务，能让广大员工更加拥戴其领导者，并且能更好地做好服务顾客和社会的工作。

二、领导就是服务众人

尹衍梁认为"利用"的目的是"利众"，就是要尽可能让更多人受益。所谓"利众"，是为社会大众谋福利，是利他。有效的团队运作，利他是根本。企业运营，就是要最大限度地挖掘和激发团队协作的巨大能量。松下幸之助在经营企业的过程中，始终有个困惑，就是如何才能把企业做得更有效率。有一天，他到一座庙里，目睹寺院僧众热火朝天、不计名利、忘我劳作的场景，为之震撼。现代企业管理强调团队合作精神，这种精神在本质上就是通过"利众"支撑起来的。当团队中的每个成员都秉持"利众"的信条时，整个团队就会呈现出旺盛的生命力和极高的效率。在这种信条的支撑下，团队成员都会自觉地体会到团队的发展离不开每个人的辛勤努力，而每个人的辛勤努力又共同推动了团队的向前发展。如此，形成了团队与个人之间的良性循环，团队内部就会出现互相帮持、同舟共济的氛围，就能产生巨大的生产力。

打造高效率的团队，需要以"利众"作为其精神核心。尹衍梁强调，在团队中的每个人，"一定要先想到别人，不能有个人英雄主义心态，不要有出风头当风云人物的企图"。在一个团队中，利己的想法很容易滋生个人英雄主义的念头。有了这种念头，就不会珍惜团队的力量，甚至做出损害团队其他成员的事情，结果导致团队的解体。因此，团队运作首先需要强调的是"利众"，尽可能克服和抑制利己主义。哈佛商学院的朱利奥·洛特伯格教授1994年的研究发现，"利众"能够显著提升团队运行的绩效，这是很多成功团队的共性，也是其成功的秘密所在。企业管理中的经典实验就是"霍桑实验"，该实验发现个人的心理感知会影响产出。在一个团队中，当所有成员都在以有利于众人的方式工作和努力，那么，团队所有成员都能感受到，因而具有积极正面的心理激励，进而能够更加努力为他人着想。这是一种正向的循环，团队的士气和效率会因此不断得到提升。反之，若人人都从自己的角度出发考虑问题，都想尽可能多地为自己争取利益，那么，团队就会分崩离析，形同虚设。

团队合作强调的是集体的力量，而非个人的利己表现。为什么剑侠打不过军队？尹衍梁认为，单个剑侠虽然武功过人，但行事作风往往都是独来独往，难以与人合作，就算功夫再高强，所能发挥的最高战斗力也只是一个人的能耐而已，再怎么厉害，都没办法改变天下的局势。但团队作战就不一样了，一个有着共同目标的军队，所能发挥的战斗力是个人的无限多倍，士兵个人的力量虽小，但聚沙成塔，团结起来的力量就很惊人。这说明了团队运作和效率的基础在于团队中的大众，而不在于单个英雄。这是尹衍梁"利众"经营思想的体现，也是团队运作的基石。"利众"可以延伸为"为群众谋利"。通俗地说，就是团队效率的基础在于走群众路线，而不在于走精英路线。精英路线强调了少数个体英雄的贡献，而群众路线强调的是团队中每个普通成员的共同作用。要破解团队运作的奥秘，关键在于能够在团队的每个环节贯彻"利众"的思想。为了确保团队内部齐心协力、同舟共济，尹衍梁强调团队内部的"蛛网式沟通"模式。这种模式后来为星巴克所借鉴，即所谓的"星星技巧"（Star Skill），也就是强调三种思维方式：要维持并增进伙伴的自尊心；要会聆听、赞赏并表示了解；要会寻求别人的协助和帮助别人。

打造高效率的团队，要不断追求进步。尹衍梁经常提醒大家说："团队组织不能做出成绩后就停滞不前，一定要不断追求进步，不但好而且还要更好。"唯有不断前进的团队，才是有生命力的团队。十九世纪中期，德国人鲁道夫·克劳修斯和英国人罗德·开尔文发现，在任何孤立系统中，系统熵（无序程度）的总和永远不会减少，或者说自然界的自发过程是朝着熵增加的方向进行的，这就是"熵增加原理"，即热力学第二定律。尹衍梁认为，从组织的角度来看,任何一种组织或团队,若在相对封闭的系统内运行,总会呈现有效能量逐渐减少而无效能量不断增加的不可逆的过程。这就是所谓的组织结构中的管理效率递减规律。要打破这种不可逆的过程,就需要不断克服组织惰性,向组织和团队输入新鲜能量,而设定更高的目标、不断追求进步则是破除组织熵单项递增从而提高组织效率的重要途径。

尹衍梁重视延展性目标对团队建设和发展的作用。他曾经反复研读彼得·德鲁克的名著《管理实践》一书,很赞同彼得·德鲁克的"目标管理和自我控制"的主张。彼得·德鲁克认为,并不是有了工作才有目标,而是相反,有了目标才能确定每个人的工作。除了一般性目标之外,尹衍梁认为还需通过设定延展性目标来进一步激发团队潜能,从而使组织不断进步,去达成更高的目标。尹衍梁经常问伙伴,郑和与哥伦布有何差异?这两位都是历史上著名的航海家,但是达成的目标是不同的。郑和率领 200 多艘海船、2.7 万多人远航西太平洋和印度洋,拜访了 30 多个国家和地区。郑和的航海路线都是沿着海岸线走,这说明依据郑和所领导的资源及其所选择的航线,其最终目标是较易实现的。但是,哥伦布却仅有 3 艘帆船和 90 名船员就开始了横渡大西洋的航行。当时,没有人相信他能横渡大西洋。结果,哥伦布却做到了。尹衍梁通过比较郑和与哥伦比,启发伙伴们要积极制定更高的甚至看似不可能的目标来激发自身潜力,获得更大的成就。

三、人才搭配用,更有效

在人才竞争极其激烈的当下,企业纷纷开出各种优厚条件,来招募优秀人才。但是,由优秀人才组成的企业,不一定都能成功。尹衍梁常用交响乐团来形容企业的团队,他说:"千万不要以为把全世界的高手带来就是一流乐团,这是太贵的一流,别人也听不起。"常言道:"一山不容二虎"。在企业的团队经营过程中,若集中的全都是一流高手,意见往往难以统一,结果导致团队内部"山头林立",反而削弱了团队整体的效率。对此,尹衍梁根据自己的管理实践经验,发现了人才搭配的重要性,他说:"要找一流的人才,把大家整合在一起。当然里面也要有若干的高手,但不是全部。有若干一流的人搭配合格的音乐高手、良好的指挥,再加上默契就能演奏出一流的乐曲。"因此,团队效率取决于团队内部的人才搭配。

在强调人才搭配的重要性时,尹衍梁会以福特公司失败的案例来启发大家。二十世纪五十年代,福特公司为了与通用汽车公司和克莱斯勒汽车公司竞争,不惜投入巨资雇用优秀的管理团队。第二次世界大战时有"神童"(Whiz Kids)绰号的以查尔斯·桑顿为首的美国十位优秀军官(又被称为"哈佛十杰"),从1946年起成为福特汽车的高级管理层,其中包括后来成为美国国防部部长和世界银行行长的罗伯特·麦克纳马拉。福特公司聘请最优秀的设计人才设计出被寄予厚望的新车:Edsel。在设计过程中,福特公司还邀请了当时最优秀的专业调查团队——来自哥伦比亚大学的团队——来开展相关的市场调研活动。此外,他们还选择最优秀的广告团队,以及最优秀的经销商团队。但就是这样一支由精英组成的团队,却最终遭遇到了商业上的滑铁卢。Edsel上市不久就停产并正式谢幕,Edsel也因此成为失败的代名词。Edsel的失败,令人唏嘘不已。这个例子说明,由高手组成的团队并不一定就是高效的,并不一定就能赢。

尹衍梁不仅善于从自己的失败中学习,而且还善于从别人的失败中吸取教训、汲取能量。福特公司这个经典的失败案例,在他看来,关键是领导团队的失败。以查尔斯·桑顿为首的领导班子,都具有相同的背景,彼此之间就会形成一种小圈子,因而很难接纳圈子之外的信息。当他们认定新的车型能大获成功时,任何的质疑信息都会被过滤掉,结果,剩下的就都是美好的信息。尹衍梁认为,这种同质化过强的团队,很容易在管理实践中犯下类似的错误。尹衍梁认为,当时福特公司的二号人物罗伯特·麦克纳马拉的领导风格也有缺陷。罗伯特·麦克纳马拉是位聪明绝顶、精于数字的天才式人物,但是,他过于沉溺于数字而忽略了直觉的判断力。他的这种决策失误，不仅仅体现在福特公司的项目上，还体现在日后的越南战争中。尹衍梁从这些例子中，发现团队成员的异质性很重要。一个高效的团队，需要有多层次、多方面的人才，而不能过于单一，不能受某种共同因素的控制。因为这种共同因素，往往会导致团队内部出现小圈子现象，不利于合作。

著名管理学家梅雷迪思·贝尔宾，因为在团队角色研究上的突出成就，被誉为"团队角色理论之父"。他在《团队管理：他们为什么成功或失败》一书中指出，只有当团队成员之间互补时，团队才能有效率。如果团队成员之间存在很强的同质性，那么彼此之间就会有竞争性。这种内部竞争性往往会导致内耗，会阻止团队取得最高效率。尹衍梁在人才搭配上，强调多样性、层次性和匹配性。在他的团队中，有来自美国名校的博士，也有从基层中历练和成长起来的干部。这些人，因为背景各不相同，反而能碰撞出不落窠臼的创意和问题解决办法，实现企业业绩的飞跃式增长。对此，尹衍梁解释说："我们相信多样化团队的力量和这样的团队中每个人的力量，是多样化成员一起工作，提升了团队中每个人的能力。由多样化成员所组成的团队，更有利于提供新的创意，激发个人更好地思考，进而造就了公司的竞争力。"

尹衍梁认为，"每个员工都有自己擅长的才能，但也有不擅长的领域，最好的团队分工合作便是把对的人放在对的位置上，让员工发挥个人最大的战斗力，提升企业的成长动力"。这说明，企业在招徕人才的过程中，不能迷信个人的能力，而是需要从团队整体的角度来统筹和分配，使得团队整体的战斗力最强。金庸小说《射雕英雄传》里面有个故事，以丘处机为首的全真七子，单个人的武功并不是非常高的，很难独步武林。但当这七个人联合起来，组成一个团队，按照北斗七星的运行规律，布下所谓的天罡北斗阵时，其威力就很大了，武林中已经很少有人能够单独挑战他们。这个故事说明，团队的力量在于能够利用分工与合作的原理来充分调动个人的力量，使得整合起来的力量更加强大。在金庸小说中,还描述了襄阳大战。以郭靖为首的武林英雄,试图阻止蒙古大军的进攻。结果,城池陷落,英雄战死。这也充分说明,单个英雄功夫再高强,也无法与训练有素的军队相抗衡。

尹衍梁说:"团队就是取长补短,很像一个交响乐团。"每个人都有其特长,但也有各自的局限性。若能够互相搭配好,就能够取长补短,不仅个人的长处能够得以发挥,团队的效率也会更高。团队协作过程中的这种取长补短很关键,而要真正做到取长补短,就需要用利他、为众人谋利的想法去与人合作,而不是为了获取个人的利益。这是团队合作的基础,也是确保团队效率的基石。对此,尹衍梁强调说:"为何要合作?我们都有体能、工具、时间以及社会的限制。但不是以利己的想法跟别人合作,而是要以利众的想法跟别人合作,以优点来结合。"如果团队按照分工与合作的原则整合了众人的优点,那么,团队整体的优势自然会体现出来。善于领导的管理者,能够挖掘出这些优点,并且通过团队协作的方式整合这些优点,使其发挥出更大的作用。

第二节　领导,从心开始

领导,是一门艺术。管理实践中的领导,不能一成不变、简单而僵硬地套用教科书上的理论。具体的领导方式,是源自具体的管理实践,并应用到管理实务中,获得好的经营绩效。好的管理者,不仅仅是用脑子在领导,更是用心来领导。领导者与被领导者之间心心相印,就能达成默契和共识,就能获得他人难以企及的业绩。这种领导力的基础是同理心,就是孔子所说的"己所不欲,勿施于人"的仁爱之心。这种领导者,不仅能带好团队,而且能抓住团队每位成员的心。所以，这种从心开始的领导方式，具有强大的能量，能感召众人并众志成城地为达成具有挑战性的目标而努力。

一、总裁无才便是德

企业在选用人才时，有两种方式：外部聘用和内部提拔。外部聘用就是所谓的"空降"。这两种方式各有利弊。尹衍梁指出："如果企业高层随便找个人来，破格录用，就很容易破坏这个团队，因为别人会不服嘛！中层破格晋升的有，但总经理却没有这样的例子。"尹衍梁在用人上，这两种方式都有所兼顾，但是更看重内部培养。与"空降"的干部相比，通过内部培养和提拔的干部，更了解企业文化、传统、发展战略、沟通模式。为更好地从内部培养干部，润泰集团建立了完善的内部培训体系，从新员工的培训到各级干部的培训，都有详细的流程和制度。对高层干部的培训，尹衍梁都会亲自授课，讲解企业的文化与传统、战略与发展，等等。尹衍梁这种言传身教的做法，能与干部形成更好的默契。这些干部又通过自己的言传身教来影响其下属和员工，进而在其伙伴中形成类似的默契与合作。如此一层一层地传播，就能实现企业内部不同部门之间的互相补充、团队内部成员之间的彼此默契与合作，使得企业整体的决策和解决问题的能力达到最佳水平，即获得很好的"组织智商"。

所谓的"组织智商"，是指组织调动其智慧用于解决问题的能力，是衡量一个组织聪明的程度。为不断提升企业的"组织智商"，尹衍梁持之以恒地强化内部培训和培养体制，同时，尽可能多地给予伙伴展现其能力的广阔舞台。尹衍梁常说："总裁无才便是德。"一个企业的总裁，如果处处想表现自己，处处都觉得自己的想法是对的，那么，公司中的干部往往成为执行的工具，而无法展现其应有的能力和才华。最终，企业逐渐成为"一言堂"，无力在激烈竞争的环境中生存，其"组织智商"会大大受到损害。尹衍梁拥有多项专长，但是，当有人问他其专长是什么时，他的回答是："并无专长。"企业的总裁，重要的不是自己有多厉害，而是自己的团队有多厉害。为了给团队伙伴更多的展现和历练的机会，总裁可以变得笨点，可以反应慢点，这样，团队伙伴就有更多的机会，就可以更快地成长。这是尹衍梁培养干部的诀窍之一，也是其谦虚的表现，因为领导者最大的本事就是知人善用。

尹衍梁在用人布局上，是依据岗位的需要来寻找与之相匹配的人才。约翰·亨利·霍兰德通过对个性与职业特征的研究，提出了著名的人职匹配理论，开发了用于人职匹配的"霍兰德代码"（Holland Code）。这一理论的基本内容是职业和劳动者之间需找到合适的匹配，劳动者找到适宜的职业岗位，其才能与积极性才会得以很好的发挥。在具体实施上，劳动者划分为六种基本类型：社会型、企业型、常规型、实际型、调研型和艺术型。当劳动者特征与职业特征互相匹配时，便是达到了适应状态，才能获得高效率。尹衍梁认为，帮助企业打天下需要四种人才，分别是：镇山的虎，保护的伞，叼肉的狼，看门的狗。对此，尹衍梁强调说："虎、伞、狼、狗四种人，是企业开疆辟土过程中所需的四种不同类型的人才，各自负责不同的工作岗位。作为领导者，就是要识别不同人才的特征，并把这些人才放到最适合其发挥作用的工作岗位上。"工作岗位和人才特征的匹配很重要，尹衍梁善于观察和识别不同类型的人才。他能从一个人吃饭、穿衣、谈吐、走路的姿势、说话的方式和语调等方面，判断出这个人的特长、品行、韧性和进取心。

尹衍梁喜欢研究历史，并不断从历史中吸取经验教训，提炼出企业管理的指导原则。明朝有个开国将军叫耿炳文，擅长守城。长兴是张士诚的必争之地，耿炳文在此坚守了大概有十年之久，他以寡敌众，大小十几次战争，战无不胜。但耿炳文不善于进攻。燕王朱棣起兵叛乱，建文帝朱允炆任命耿炳文为大将军攻击朱棣军，被朱棣打败。尹衍梁进一步分析认为，在虎、伞、狼、狗这四种角色中，耿炳文是个典型的"看门的狗"，但是，建文帝朱允炆却让他去做"叼肉的狼"，结果，自然一败涂地。尹衍梁认为，这不是耿炳文的问题，

第四讲
卓越的领导力

而是用他的人出了问题。

从历史的发展来反观和思考现实中的管理，尹衍梁深有体悟，他说："团队要找什么特性的人？例如，要成长就要找有成长个性的人、要攻击就要找有攻击个性的人，但老板要什么个性的人都可以接受。"所以，企业的领导者，除了能够识别不同特征的人才之外，还需具有包容力，能包容不同特征和个性的人才。对此，尹衍梁说："我到现在还没有不可以配合的人，刚烈、优柔的人我都可以，配合只问应不应该，而不是喜不喜欢。"一般的领导者，大多喜欢被领导者去适应自己的领导方式和风格。尹衍梁则反其道而行之，自己去适应合作伙伴的做事风格，包容不同个性的人才，积极为其提供发挥所长的舞台。这是一种具有仁爱之心的领导方式，与其说是领导，还不如说是互相欣赏和互助。这种关系，更有利于充分调动事业伙伴的积极性和创造力，为企业的发展提供充足的推动力。

一个优秀的组织，在人事布局上，不会以统帅的主观好恶以及亲疏远近关系来决定，而是由客观需要来决定。管理学上有个德尼摩定律，即凡事都应有一个可安置的所在，一切都应在它该在的地方。这说明任何人、事、物都有其安身立命之所，优秀的领导者能识别不同类型的伙伴并能知人善用，帮助其发挥出个人最大的战斗力和潜能。尹衍梁认为："当老板的都有自己喜欢或不喜欢的员工类型，但不能因为自己的喜好而有所偏爱，否则难以达到和谐互补的团队战斗力。"在润泰集团中，既有毕业于美国名校的博士，也有从基层一步一步做起来的高管，大家各司其职，在各自的岗位上发挥自己最大的作用。这些事业伙伴的背景和成长路径有所不同，但进入集团之后，能互为补充、彼此配合，形成高效率的团队，屡屡制造出业界的奇迹。作为集团的总裁，尹衍梁以身作则，以团队成员的身份共同研讨企业发展中的问题。当这种团队式的战略思考被传递给集团各个层面上的管理与作业团队时，通过团队学习的复制和共享，让每个人的智力资源得到开发和利用。同时，经过企业实践和跨团队合作，不断进行调整和完善，最终实现集团内部多层次、跨边界的"大脑联网"，使知识在集团中充分地流动与共享。

二、伯乐与千里马

随着高等教育的普及，越来越多的年轻人获得了良好的教育。但是，企业依然发现，好的人才很难找到。对此，尹衍梁指出："你要找到好的千里马，就要建立团队。"这句话，深刻地点出了千里马和团队之间的关系。若没有好的团队，即便找到了一匹千里马，也会成为卧槽马，在企业中施展不开拳脚，因此对于企业而言，也是无济于事。出现这种局面，责任不能都由千里马来承担，领导者首先需要反思。尹衍梁喜欢人才，也积极寻找人才，他说："我每时每刻都在看人。"尹衍梁对于人才的渴求，溢于言表，他说："企业最宝贵的资源就是人，拿掉人，就什么都没了，剩下破大楼、破计算机和车子而已嘛！"但是，在引进人才的过程中，尹衍梁是从团队建设的角度来思考问题的。团队缺少哪类人才，那么，这类人才就是当前最需要引进的人才。通过这种方式引进的人才，就能发挥其作用，千里马才能真正地跑起来，成为带动团队前进的重要力量。因此，千里马的引进与团队建设和优化，是同步进行的。

团队的效率取决于内部的分工与人员素质的搭配。每个人都有不同的特长和素质，因此，在团队中发挥的作用也有所不同。高效的团队需要根据任务以及个人素质进行合理的配置，使得团队内部的人员素质和技能配置达到最优化。德国哲学家爱德华·斯普朗格在1928年出版过一本书，即《人的类型》，分析了不同人的类型与特征，强调应根据人的不同类型采取不同管理手段的基本思想。这说明，在团队人员配备上，需要分析成员的个人特征，特别是其首要特质和中心特质。尹衍梁说："一个人是狼的个性还是狗的个性，三个月就可以看出来。你问我怎么看？狼的个性有侵略性，如果他伪装，我一看业绩就知道。例如会顶撞我，这也是一种侵略性，他有自己的想法，这种人我欣赏。从眼神也能看出来，侵略性的眼神，很像鲨鱼闻到一滴血就会兴奋，他的眼神会亮。另外看他做事、吃饭的速度，有侵略性的人，吃饭通常狼吞虎咽、速度很快，鲜少会细嚼慢咽。吃饭旁若无人，汤端起来就喝掉、大口扒肉，这种都是'狼'。所以我会花时间跟同事吃饭，吃的时候没闲着，就是观察人。"

美国心理学家高尔顿·威拉德·奥尔波特终身都在研究人格特征，提出了特征理论（Trait Theory）。他把个人特质视为一种组织结构，并区分了三种不同的个人特质：首要特质是指最能代表一个人特点的、处于主导性地位的人格特质；中心特质是指能代表一个人性格的核心成分；次要特质是指一个人的某种具体的偏好或反应倾向。尹衍梁强调的"虎、伞、狼、狗"，其实就是不同类型人格特征的标签。在一个团队中，要有统帅地位的领导者、沟通通畅的协调者、锐意进取的开拓者和尽忠守职的守护者。这样的团队，才进可攻、退可守，能左右逢源而不断前进。意大利著名的戏剧作家卢西亚诺·德·克雷申佐有一句名言："我们都是只有一双翅膀的天使，唯有彼此拥抱才能翱翔。"这句话点出了"互补"在团队建设中所扮演的重要角色。

尹衍梁从团队运作的视角来强调"虎、伞、狼、狗"不同角色的管理，因此，这是一种团队平衡式管理，是一种整体性立体管理模式。这种整体性立体管理模式，往往是决胜千里的重要利器。所谓"镇山的虎"，是指能够坐镇总部、安定人心、支援前线、总体调度的人。这样的人在团队中的作用及运作，就如《孙子兵法》所描述的"不动如山"，泰山崩于前而不变色。当团队面临危机时，这类人的作用尤为明显。所谓"保护的伞"，是指从外围制造各种有利因素，为团队运作提供外部支持。这样的人在团队中的作用及运作，就如《孙子兵法》所描述的"其徐如林"，通过"润物细无声"的方式来整合社会资源，为团队运作提供有利的社会支持。所谓"叼肉的狼"，是指通过果断的出击为团队获取战果。这样的人在团队中的作用及运作,就如《孙子兵法》所描述的"侵掠如火",专注于目标并以不屈不挠的精神去达成。尹衍梁认为:"这样的人是商场上最具代表性的厉害角色,他们耐得住性子等待,群体进攻时又毫不留余地,最适合开发未来不明的新领域。"所谓"看门的狗",是指通过周密的记账与审核为团队各个环节的成本与收益进行及时核算并提供准确信息以利于团队的长期发展。这样的人在团队中的作用及运作,就如《孙子兵法》所描述的"其疾如风",对于团队每时每刻运作的信息和数据都要进行及时排查与监测,确保团队运行的高效率。这种整体性管理,强调了团队的均衡与步调一致。

尹衍梁强调:"狼缺了狗也不行,狗缺了狼也不行。"实际上,他是在强调团队合作的互相依赖性。杰弗里·菲佛和杰勒尔德·萨兰基克在1978年出版的《组织的外部控制》一书中指出,相互依赖是团队运作的基础。对具体的角色分工,尹衍梁有如下表述:"我在机构中扮演的就是镇山的虎和保护的伞,我们有很多很会经商的狼,而做审计、行政的人,就像看门的狗。各种功能的人都要有。保护的伞可以是内部的,也可以是外部的,例如很好的亲戚、政商关系,它可以提供保护伞或者专利、商标权;镇山的虎负责在内部统筹;看门的狗要以管理功能取胜,叼肉的狼要以经营功能取胜。管理的人好找,经营的人难找,因为经营者要提供方向,让我们赚钱、扩张。"从这段表述中不难看出,作为企业的最高领导者,尹衍梁并非是高高在上、超越于团队之外的,而是团队中的一员,肩负着具体的工作责任和任务。他需要扮演好"镇山的虎"和"保护的伞"这两种角色,为团队其他成员提供稳定大局和经营外部关系方面的支持。同时,团队中还有两个重要角色,就是"看门的狗"和"叼肉的狼"。这两种角色互相配合,前者更加注重管理,后者更加注重经营。尹衍梁区分了管理和经营的不同,认为管理主要是处理好内部事务,而经营除了处理内部事务之外,还要眼睛向外看,去寻找新的机会和成长点,领导团队走向新的高度。若想要获得高效的团队，所有这些角色，都缺一不可。

三、以诚相待很重要

无论采用何种领导风格，以诚相待都是人与人之间互动与合作的基础。尹衍梁强调说："我们最基本的是要真诚和忠实，假的就没意思了。"人与人之间，合作的关键在于彼此信任。虚假的做法，不仅破坏团队的合作机制，还可能让信任毁于一旦。尹衍梁进一步指出："如果一开始骗人，谎话就会一个接一个地圆下去，最后哪一句是真哪一句是假就分不清楚了。"任何事情，都要实事求是，客观地来说明，不能弄虚作假。一个人喜欢讲假话，那么，就会出现《狼来了》故事中所描述的情形。当真正遭遇到困难时，就会因为得不到他人的信任而无人前来帮忙。这样的团队，一定是失败的团队。尹衍梁补充说："你一旦讲了假话，我就会对你的话有些迟疑，不知哪一句是真的。所以我们都要用真面目示人，错的可以改，不要讲假话，讲一句假话要用一百句假话去掩饰，多累！"因此，作为企业的最高领导者，尹衍梁明白无误地告诫每位同仁："在我们机构里，你撒谎（包括善意的谎言）或作假，就是犯了天条。"企业的领导者，具有重要的导向作用。在领导过程中，需要明确无误地告诉大家，哪些是企业所鼓励的，哪些是企业所禁止的。如此，广大员工才能明白企业运作的理念，不去触碰底线，而是朝着企业鼓励的方向去努力。

尹衍梁看重诚实的品质，认为这是企业成功的重要基石，也是铸就企业诚信的重要途径。美国第一任总统乔治·华盛顿在其告别演说中强调"诚实是最好的策略"（Honesty is the best policy）。在企业和团队运作过程中，诚实是根本。团队成员如果不诚实，不仅会误导其他伙伴，而且会制造缺乏信任的氛围，直接影响和削弱团队合作意愿及能力。团队的伙伴必须如实面对挑战和问题，不需要用谎言来掩盖问题。当成员习惯于用谎言来做挡箭牌时，就会对于现实世界中的问题视而不见，导致失去解决问题最好的时机。这是一种消极的做法，不是一种有效团队的运作。尹衍梁说："不忠诚不可能在这个组织中发展，是否忠诚我会去观察他。金钱是最好的观察点，看他账务上清不清楚。"团队的成员，如果出现账目不清的情况，里面必定有隐情。通过这些观察，尹衍梁就可以判断其诚实程度。

  尹衍梁爱惜人才，轻易不辞退员工。但是，如果是员工的诚信出了问题，他绝不会护短和手软。尹衍梁介绍道："我有这样的例子，账务上不清楚，即便他能力再强我也会请他走，偷工减料、撒谎，就是开除。我开除的副总经理、总经理很多，差不多也有一打左右。"尹衍梁很强调诚实和团队运作的透明度。在团队内部，强调信息的充分共享，实行无秘密政策，确保每个成员都充分了解所有信息并坦诚沟通，无须做任何保留。他总是鼓励大家要彼此信任，如果有人说谎，那便是在破坏自己在对方心目中的信任感。一旦无法相信对方，自然也就难以继续合作下去，只能离开。尹衍梁说："只有具备良好操守的人，才能赢得别人的信赖与尊重。"在职场中，首先强调的是要做人。具有良好品格的人，掌握了工作技能，就能很好地开展工作。通过实施无秘密政策，不仅能够激发团队成员同舟共济的责任感，而且能够培养个人的操守和品格。这种方式有利于培养人才，使其具备良好的职业素养，能够在职业表现上获得更大的成就。这样的团队，活力自然就强，效率自然就高。当然，尹衍梁也亲自带头、身先士卒做好表率。有什么事情，他都及时和团队中的成员商议，倾听伙伴的建议和想法。他不喜欢团队中的伙伴故意逢迎他的观点。正是在这样的鼓励下，团队成员之间都坦诚相见，面对问题直接沟通。

  对外，尹衍梁强调诚信，坚持企业的对外透明性。尹衍梁盖楼时，都会有专门用来展示大楼建设过程中内部结构的房间，让潜在的消费者都来参观，了解整个大楼的内部结构、工法、用料以及各种隐蔽工程可能存在的问题，逐一向消费者透明公开，确保消费者在做出购买决策前已经掌握大楼的建设情况。为了教买房者识别房子可能出现的问题，尹衍梁还专门写了一本书：《寻找梦想的家园》。通过这种方式,他提醒民众,购房的三大关键是价格、品质、地段,有多少钱做多少事,用有限的金钱换取最好的品质,才是购房的第一要点。看房时则一定要注意防水、抗震、隔音、防火等十大关键问题。此外,尹衍梁还出版了《殊道共筑——尹衍梁土木文集》,把他建楼的专利、工法都毫无保留地呈现出来,供业界分享。这些做法,都是企业透明化的重要举措,体现了他的社会责任感和经营理念。正如托马斯·科蒂茨所指出的:"领导者设定了团队的道德基调。如果一个领导者是不诚实的,那么,其雇员彼此之间也是不诚实的。"作为企业的总裁,尹衍梁致力于推进企业和团队的透明化,确保产品和服务的高质量。在他的领导和表率下,形成了诚实和诚信的企业文化。

尹衍梁在培养团队合作上,具有独到的见解。他认为团队内部需要学会察言观色,就是"识相"。禅宗有个关于"良马见鞭影而驰"的故事。一个高效的团队,就是能在团队内部成员之间达到心领神会有默契的团队。尹衍梁强调的"识相",就是要努力培养团队内部的默契,团队内部的每个成员都如同第一等良马,可以与伙伴达到"心有灵犀"的程度。彼得·圣吉希望通过第五项修炼来造就的组织就是这种心领神会有默契的团队。这类组织或团队,内部沟通非常有效,能表现出强大的战斗力和内部凝聚力。

第三节　激励的艺术

企业领导者都会面临一个难题,就是如何激励才有效?传统的做法就是"胡萝卜加大棒"的激励政策。但是,当企业越来越大,且外部的竞争越来越激烈时,传统的激励办法效果往往不明显。因此,需要设计出更为细腻的激励办法，在凝聚人心的同时，激发员工的潜力，鼓励员工朝更高的目标去努力。尹衍梁认为，除了物质激励之外，很重要的是要让外部激励内在化，激发员工内在的自我激励。这种内在的自我激励，才是促使员工成长的重要内在动力。因此，在激励制度的设计上，重点是要激发出员工内在的进取心。

一、分享，不要滥赏

团队是现代企业的重要运作单位。诺贝尔经济学奖得主爱德华·拉泽尔发现，随着时间的推移，企业中采用团队作业模式的比例在不断上升。团队作业具有天然的优势，能有效克服科层式结构的弊端，所以，越来越多的公司采用团队作业模式，鼓励团队成员自我管理，鼓励创造性地开展工作。尹衍梁认为，团队运作的效率取决于过程与成果的共同分享，他说："带人先带心，要分享责任、经验、希望、利润，甚至痛苦的经验，不分享带不住心。"尹衍梁所强调的分享，不仅仅是分享经济利益，还包括其他无形的方面，比如希望、经验等。这说明，在激励团队成员的过程中，要从物质与非物质、有形与无形多个方面来进行综合考虑和设计，才能带住团队成员的心。俗话说：攻城容易，攻心难。激励的效果，取决于能在多大程度上带住团队成员的心。企业领导者若不能带住员工的心，那么，不但员工的工作绩效无法得到保障，而且员工的流失率也会相对比较高。尹衍梁领导人的目的，是希望能做到人心所向，如此，企业经营就能众志成城，企业的发展就能锐不可当。

要确保团队的效率，相应的激励是不可或缺的。尹衍梁说："如果单纯帮你做，他没有份，他不会尽力。"换言之，团队无论采用何种激励法，归根到底都要与团队成员分享才能有效。尹衍梁强调企业经营过程中需充分地分享，和团队成员分享一切可分享的东西，包括责任、经验、希望、利润，甚至痛苦的经验。能够这样做的团队，就是同甘苦、共患难的团队，具有强有力的归属感和凝聚力，效率自然就很高。要组建一个团队比较容易，但是，要把一个团队带好，使得团队内部齐心协力，却是很难的。尹衍梁经常举火腿蛋三明治的例子：出钱的股东好比是蛋，鸡下蛋对鸡的损失比较小；但是，伙伴是要奉献生命的，就如同猪要变成火腿要先贡献生命一样。而蛋和火腿合起来，才能做出美味可口的火腿蛋三明治。其中，奉献生命与心血的伙伴比出钱的股东更重要。这就是尹衍梁的"火腿蛋三明治"管理哲学，把合作伙伴的重要性提到一个很高的高度，充分体现了对团队中的合作伙伴的尊重。在管理实践中，他也是这样实施的。每当获悉有伙伴甚至其家属患病，他都亲自过问，自己出钱，帮忙联系医院进行救治。这样的事情，他从来不嫌烦，而是尽可能去积极帮助伙伴。在他看来，企业是个家，员工一旦进入企业，他就有责任照顾好这些伙伴。在这种企业经营理念的指导下，企业内部彼此尊重，大家都互相分享。

尹衍梁提醒道："分享但不滥赏，才能带住心做强。"美国杰出的领导理论大师沃伦·本尼斯指出："产生信任是领导者的重要特质，领导者必须正确地传达他们所关心的事物，他们必须被认为是值得信任的人。"他进一步强调，信任是"把下属与领导黏合在一起的情感胶水"，信任是所有组织的根本。早在两千多年前，孔子就说过"无粮无兵国可生，而民无信则不立"的道理。尹衍梁向来重视团队和组织内部的信任建设，鼓励团队成员之间的互信和互助。在团队激励上，尹衍梁通过分享来彼此信任，他说："最重要的是分享，说破嘴也没用。"因为分享，所以信任。这一点，可以从一个小例子中看出来。过海关时，旅客都需要进行安全检查。若查出携带有违禁品，轻者没收，重者问罪。因此，大家一般不愿意帮他人携带东西过海关。假设帮人携带的是毒品，问罪的是携带者而非教唆者。但是，只要是尹衍梁让带的东西，伙伴们从不问具体是什么东西，都愿意带着过海关。道理很简单，因为大家都信任尹衍梁。古希腊著名学者亚里士多德曾说过："我信任你，风险在我身上。"但是，伙伴们觉得信任尹衍梁没错，不会有任何风险，这就是信任的力量。对于领导者来说，信任表现在目的的一致性和他们对同事及其他人的关系的处理上。下属即使有时候不同意领导的意见，但领导者在其心目中的形象也会始终如一。

尹衍梁强调分享，他说："非分享、敬重、信赖不行。没有这三个东西，他不会死心塌地对你，他帮自己，也是帮你。"但是，分享与信任不意味着领导就是和事佬。相反，奖惩制度要明确，奖罚要分明而公正。如此，才能确保团队成员都能够被公平对待，不会因为亲疏远近的关系而受到不公平对待。尹衍梁指出："但不要滥赏，要和绩效结合在一起；不要随便重赏，要合理适时。没有目的、没有动机的重赏，重赏后，无以为继。天天重赏也不行。"该奖励的不奖励，不该奖励的反而获得奖励，这样的奖励，就会失去人心，领导者的信任也会被消耗殆尽。韩非子说："人情者，有好恶，故赏罚可用；赏罚可用，则禁令可立而治道具矣。"对于任何组织而言，公正的奖惩制度都是确保组织效率的重要因素。在这方面，尹衍梁强调奖惩有据、奖惩有度、奖惩分明。如此一来，获得奖励者觉得自己的努力获得了认可和回报，而没有获得奖励者也会心服口服，并以获得奖励者为榜样去更加努力地工作，进而能够获得更大的认可。这是一种良性循环的奖惩制度，鼓励先进者，鞭笞和激励后进者。如此，团队作为一个整体，就可以不断前进，去获得更大的成绩。

在安排赏罚上，尹衍梁强调"三分赏、一分罚"的原则。对于做出业绩者，尹衍梁从不吝啬，总是及时给予奖励。他说："只要你努力，你肯定会得到你该有的。薪水只占其中的一部分，我们的分红比率是税后利润的35%，不然我的管理团队中怎么能够包括35个博士、400个硕士呢。"奖励，是对先进者的一种自然回报，是一种肯定。当然，在奖励上，也是依据贡献的大小而有差异。对此，尹衍梁说："不同的种类，分享也会不同。例如狼，承担更重的责任、付出更多的心血、工时更长，承担经营责任，他们分享的比例更大。"这样的奖励，充分体现了公平性。对于做得不好者，比如违反了企业的制度和规定，则需要根据相关制度来进行惩处。惩罚的目的不是打击个人，而是为了起到警示作用，不仅提醒当事人，而且还给全体员工敲响警钟，提醒大家不要再有类似的行为和错误。因为有恰当的惩罚，企业的制度才有权威性，才能为广大员工所认同和接纳，才能发挥出规范行为的管理功能。因此，合理安排赏罚的比例，往往能够让赏罚更有效力。

二、领导贵自知

尹衍梁不断自省，他说："一个老板有自知之明是很重要的！"企业领导者若无自知之明，那么，就很容易头脑发热，把企业带入一条不归之路。这样的企业领导者，往往狂妄自负，听不进去建议，刚愎自用从而遭受事业上的挫折。尹衍梁自我检讨说："我无能，所以要提供条件和舞台，跟有才能的人合作。"这样的领悟，是尹衍梁从自己的失败中总结出来的。尹衍梁说："我一生自以为聪明的时候都是失败的时候。"当时，尹衍梁头顶着名校 MBA 的光环，还顺利考上博士，可谓志得意满，结果眼高于顶，很是自负。尹衍梁后来反省说："因为那时候觉得自己最聪明，就不能包容别人。"当时他的这种领导风格直接导致了合作伙伴的纷纷离去，尹衍梁自己形容"是事业最低潮的时候"。痛定思痛，尹衍梁开始检讨自己，思改变之道。

彼得·德鲁克 1985 年曾经在《哈佛商业评论》上发表了一篇文章，叫做《把事情做好：如何让人做决策》。在文章中，他指出："企业领导者多多少少会做出不好的晋升或雇佣决策。总体而言，这些决策的平均成功率不会超过 0.333：三分之一的决策是对的；三分之一的决策只有很小的效果；剩下三分之一的决策是彻底失败的。在管理的其他领域，我们是不会容忍这样糟糕的表现的。"结果是，自负的领导者往往属于最糟糕的这三分之一的行列。尹衍梁读到这篇文章时，产生了极大的共鸣。他发现自己自负的时候，决策的质量都很低。他自我检讨说："我做错过很多事情，第一次和第二次事业都失败了。"于是，他开始改变自己，让自己谦虚地去面对所有人，去认真地倾听众人的意见。结果，事业开始好转。

莎士比亚说:"傲慢乃是最大的无知。"尹衍梁认识到,在企业经营过程中,往往是傲慢行事毁了企业。于是,他的身段变得特别柔软,姿态变得特别低。尹衍梁描述说:"我善于求人,在家求妻子、孩子;在公司求客户、同仁。""求人"是克服傲慢的好方法。傲慢的领导者往往居高临下、盛气凌人。这种姿态,使得伙伴与员工不知道如何与之进行沟通。久而久之,傲慢的领导者就与伙伴和员工日趋疏远,就越来越不了解真实的管理现实。结果,等问题已经很严重了才发现,却又为时已晚,需付出很大的代价才能弥补。尹衍梁则时时刻刻反省和警觉,不让傲慢成为阻碍其管理洞见的魔鬼。他反复强调,领导者的身段要柔软,要能弯腰和伙伴们打成一片,成为团队中的普通一员。这样,团队中不仅能够沟通顺畅,更能够激发伙伴们的归属感和创造力,团队协作的效率自然就会高,团队绩效自然就会好。傲慢往往与偏见连在一起。傲慢的领导者往往听不进去别人的意见,过于自负,导致对于现况的判断不切实际,结果往往出现严重的误判和决策错误,造成企业经营的失败。尹衍梁有过这样的失败,但他从中汲取了难得的经验教训。

尹衍梁不仅喜欢求人,而且求人时还会面带微笑、心存感激。在一个组织中,领导者能表现出自己的脆弱,本身就是对团队伙伴的信任和尊重。在传统的科层式组织结构中,上级和下属之间的界限是很清楚的,彼此的权限和角色都被严格限定。在这种组织结构中,领导者会尽可能地隐藏他们的感情和担心,避免向他们的下属暴露自己的弱点。通过这种方式来维持所谓的"权力距离"。在扁平化的团队结构中,要能灵活适应瞬息万变的环境带来的挑战,要求团队内部成员之间尽可能缩小甚至消除彼此之间的"权力距离"。这样的团队需要能够承认自身缺点并能从失败中学习的领导者,他能够创建一种他人可以感同身受的环境,能够让团队伙伴真切地感受到一个真实的领导者的内心世界。尹衍梁经常提及自己创业初期的失败经历,一方面希望伙伴们能从中吸取经验和教训,另一方面也借此向伙伴们展示一个人的力量是有限的，众人合作才是减少失败的力量。在这个快速变化的世界，需要有这样愿意显示脆弱的领导者创造一种谦虚亲和的团队环境。正如《脆弱的力量》的作者布琳·布朗博士所指出的那样："事实上，如果缺乏谦虚的态度和表达脆弱的意愿，你不可能成为真正的变革性领导者。"身段柔软的尹衍梁，却是位大破大立的创业家和改革者，是谦虚给了他强大的力量。

三、因信任而分享

尹衍梁讲解管理之道，从来都不枯燥。他善于用各种例子、故事，来启发大家的思考。美国的软件工程师埃里克·斯蒂芬·雷蒙撰写过一本软件工程方法论的书——《大教堂与市集》。尹衍梁读了这本书之后，对里面的林纳斯定律（Linus' Law）很有感触，即"足够多的眼睛，就可让所有问题浮现"（Given enough eyeballs, all bugs are shallow）。该定理以 Linux 创始人林纳斯·托瓦兹的名字来命名，强调的是在软件系统开发过程中，只要团队中的每一分子都能够认真注意和检查，就能很快发现问题并予以解决。尹衍梁认为，这是高绩效团队运作的一个普遍规律，说明团队的效率取决于每个成员的努力和投入。中国有句俗语，"三个臭皮匠，顶得上一个诸葛亮"，说的也是同样的道理。尹衍梁强调说："三个臭皮匠加起来有六双眼睛，如果都关注一个问题，那么，势必能够看出更多的名堂来，更能够及时发现问题，并通过群策群力的方式找出解决问题的最佳途径。"尹衍梁认为，无论是林纳斯定律，还是中国的俗语，都说明一点，即共享是团队运作的基础，也是团队效率的源泉。

尹衍梁会用鲶鱼效应（Catfish Effect）来做例子，阐述团队效率的来源。在沙丁鱼群中放入鲶鱼，结果沙丁鱼都存活了下来。这种做法就是使沙丁鱼的鱼槽与鲶鱼共享，使得沙丁鱼和鲶鱼之间存在良性的竞争关系，从而共同确保了整个团队的活力。因此，共享对于团队而言，如同不断注入新鲜信息、能量，使得团队一直能够处于高效率的活跃状态，团队绩效自然就会高。马

达观天下
——跟尹衍梁学管理

克·费尔德曼与迈克尔·斯特拉特写了一本很有趣的书——《5只青蛙排排坐》。在该书中，他们发现，缺乏安全感的领导者往往喜欢雇用用比自己弱的人，结果导致团队总体较弱。善于分享的领导者往往愿意雇用比自己强的人，而自己则为团队成员提供支持，给予他们认可，帮助他们提高。结果，整个团队和组织变得更加强大。尹衍梁经常强调说："兵熊熊一个，将熊熊一窝。"兵与将最大的差别在于为将者能够将自己的理念、技能与团队成员共同分享，进而组成一支强有力的队伍，这就是分享的力量。通过分享让团队成员变得更加强大，自己自然是强大的，整个团队肯定也是强大的。

尹衍梁还强调分享对于团队建设的重要性。既然是团队，就必须建立在彼此信任与分享的基础上。若团队内部缺乏信任机制，那么，这样的团队就无法成为真正意义上有战斗力的团队，而是乌合之众。信任是激发团队的组织公民行为的重要诱因之一。组织行为专家丹尼斯·欧根发现，在优秀的组织内部，其成员总会自发性地去做超越其职责内容的工作，这些行为为组织的整体绩效产生了正面作用。尹衍梁强调分享，在集团内部积极推广"捞过界"的做法。有些工作往往不包括在正式规范的职务内容之中，而是团队成员自觉、自发地去通过"捞过界"来主动帮助伙伴。在西方，把这种施以援手的做法称为"好撒马利亚人所伸出的助人的手"（the helping hand of the good Samaritan）。尹衍梁要求团队成员之间都能彼此信任并及时施以援手，不仅分享成功的喜悦，还要分享面对问题时的挑战以及群策群力克服问题的艰辛。如此，才能打造风雨同舟、同甘共苦的具有强大生命力和战斗力的团队。

在建立团队信任上，尹衍梁以身作则、以诚相待，他说："有话直接讲，不要揣摩我的意思，直接说就好了。讨论是最有效的方法，如果你不能跟我讨论，就不是我的伙伴，只能是我的朋友、客户。"既然是团队，彼此交流和沟通就没有必要拐弯抹角，而是应该实事求是、坦诚相见，这才是彼此信任对方的自然表现。在谈到信任的重要性时，尹衍梁就会以自己过去失败的经历作为反面教材来教育和提醒大家，他说："那时候自以为聪明，站上第一线，用鞭策的方法去管别人，现在我用团队，强化信任和分享，这样我才能获得别人智慧的加持，大家才能同心同德。"尹衍梁突破个人自负的束缚，用信任来代替命令，结果，事业获得了新的转机。对此，尹衍梁谦虚地说："所以我的专长是合作，我是没有其他专长的人。"他把事业成功的功劳归于团队的伙伴，认为自己是因为学会了信任与合作，是因为有了优秀的事业伙伴，才有了今天的局面。

　　彼此信任与分享，才是事业长久的王道。尹衍梁说："我们要对合作伙伴有贡献、合作伙伴要对我们有贡献，这就是互相协助的长期关系。"短期关系，可以通过市场的交易来完成。长期合作关系，需要建立在彼此信任的基础上。尹衍梁选择事业上的合作伙伴，都是从长期来进行考虑的，不会因为自己短期的利益而去损害合作伙伴，也不会选择急功近利的人作为自己的合作伙伴。在他看来，选对人比任何事情都来得重要。为了选对人，尹衍梁精通各种识人的方法，他说："我势必要学会察言观色，比任何人都会。"一个人说话时，往往会有不同的微表情，这些微表情能够将一个人真实的内心暴露无遗。1872年，达尔文出版了著名的《人类和动物的表情》，人类对面部表情的系统研究从此拉开了序幕。尹衍梁解释说，正常的表情一般持续在1/2秒到5秒之间，而微表情的与众不同在于持续时间较短，一般只有1/25秒至1/5秒。尹衍梁认为，在这么短的时间内，人是很难隐藏自己的内心的，所以，微表情里面蕴含了真实的信息。对微表情的识别，就体现出一个人的洞察力。

第五讲

精准的投资力

2009年,已经80岁高龄的乔治·索罗斯在布达佩斯中欧大学做了一系列金融投资讲座,后集结成书,即为《超越金融》。在这本书中,他说:"金融市场是检验我的抽象理念的一个极好的实验室。"他进一步指出,金融领域事物的发展过程比其他大多数领域都更容易观察。许多事实是定量的,数据也得到很好的记录和保存。任何一位投资家,其在金融投资上的表现,最终都需要经得起金融市场的检验。这是一种客观的检验,不以个人的主观意志而改变。在这种客观检验中,投资者的投资哲学是否能够站得住脚,就得看其在金融市场中的表现。当然,对于金融市场的把握,绝非易事。杰里·古德曼在《超级金钱》一书中说:"市场就如一个漂亮的女人,无限迷人,无限复杂,总是不停地改变,也总是那么神秘。"这样的市场,不知已经令多少投资者的财富付之一炬,令多少人扼腕叹息。

作为一位投资家,尹衍梁孜孜不倦地去把握市场的脉动,找准投资机会而果断出手。在过去的40年间,精准而果断的投资让他领导的企业的资产增值了近400倍,即平均年增值高达10倍之多。他的这套投资哲学、理念以及操作手法,被总结为"鹰式投资法",成为业界纷纷学习和效仿的对象。花旗集团前首席执行官查克·普林斯说:"只要还有音乐,就要起来跳舞。我们还在继续跳。"尹衍梁在投资上之所以能够取得如此傲人的成绩，与他永无止境地去追求和投资于社会进步是分不开的。在他看来，只要社会在进步，就会有好的投资机会，这就是他"投资于社会进步"的核心思想。因为始终投资于社会进步，尹衍梁不仅确保了资产的保值，而且还获得了傲人的增值。

第一节　鹰式投资法

曾任美国金融学会主席的约翰·坎贝尔教授不仅是哈佛大学严谨的金融学家，而且是金融市场的实践者，还是多家金融机构的合伙人。在哈佛大学期间，我曾和约翰·坎贝尔教授一起讨论投资哲学与投资实践之间的关系，他感叹说："投资不仅仅是一种行为，更是一种带有哲学意味的东西！"在他看来，真正的投资家，都是哲学家。他们的金融投资活动，带有明显的哲学气息，体现了这些投资家对于世界上的人、事、物的一种具有总体性的认知和判断。

一、眼光最重要

尹衍梁讲课，古今中外的典故，信手拈来，运用自如。讲到投资哲学，他推崇古希腊著名哲学家泰勒斯（Thales）。泰勒斯生于公元前620年，是古希腊第一位公认的哲学家，同时也是西方哲学的创始人。希罗多德在《历史》中记载，公元前585年泰勒斯准确地预言了一次日食，当时米提亚人和吕底亚人之间正在进行一场战争。亚里士多德则从另外一个角度，记载了泰勒斯独到的投资眼光。亚里士多德的《政治学》记载，泰勒斯因为精通天象，有一年冬天发现来年橄榄要丰收，就低价租入许多榨橄榄油的榨油器。来年到了收获的时节，突然间市场对榨油器的需求大增，泰勒斯便高价租出，结果赚了一大笔钱，"泰勒斯眼光"也因此而名垂青史。中国春秋末年有个叫范蠡的人，被后人尊称为"商圣"。史学家司马迁称："范蠡三迁皆有荣名。"范蠡的成功，与其所具有的战略性眼光是分不开的。眼光就是对周围人、事、物变化的洞见。在商业投资上，范蠡提出了"夏则资皮，冬则资絺，旱则资舟，水则资车，以待乏也"的投资思想，成为历代商人投资的重要原则。尹衍梁说："别人发烧时，我在睡觉；别人退缩时，我勇往直前。"其中所蕴含的投资道理，与范蠡的投资思想极为相似。在投资上，尹衍梁强调需要用哲学的思维和辨证的视角来看待投资机会，这样才能看到现象背后的本质。

  在尹衍梁看来，无论是泰勒斯还是范蠡，在投资上都有一个共同点，就是眼光独到。区分投机者和投资者的一个重要标准，就是看其是否具有投资远见和洞察力。投资者是有远见的战略家，能根据周围人、事、物变迁的规律来制订周密的计划和投资策略，并且审时度势地进行必要的调整。一旦时机成熟，就果断出手进而获得可观的投资利得。当然，这种投资眼光不是天生的，而取决于个人的后天学习和努力。无论是泰勒斯还是范蠡，都是知识渊博的人，因此，在思考和研判投资机会时，他们可以看到一般人看不到的机会。可见，一个成功的有远见的投资家，一定是个勤奋的学习者。尹衍梁经常用这些先贤的例子来鼓励自己和伙伴，要独具慧眼，就需要不断学习。尹衍梁在投资机会的把握上，强调整体性，从全局的角度来研判，而非从局部角度来分析。若从局部的角度来分析，得出的结论可能具有片面性，容易出现局部获利却牺牲整体利益的情况。尹衍梁喜欢从整体战略的角度来分析投资机会。这样的投资机会一旦把握住，不仅能够产生可持续的经济收益，而且能为产业的发展及社会的进步带来积极正面的社会效应。

  当然，要获得这种投资境界，需要有高瞻远瞩的眼光。尹衍梁的小名是"大鹏"，因为出生前，他的奶奶梦见家里来了只大鸟。1965 年，毛泽东在《念奴娇·鸟儿问答》中写道:"鲲鹏展翅,九万里,翻动扶摇羊角。背负青天朝下看,都是人间城郭。"因为大鹏飞得高,所以可以获得"背负青天朝下看"的视野上的优势,人间城郭才能因此一览无余。大鹏鸟是佛教"天龙八部"的神物之一,现实世界中并不存在。尹衍梁认为,大鹏鸟就是老鹰。在他的办公室里,到处可见他收藏的鹰的造型的作品。办公桌后面还有三幅意境深远的画,细看就会发现,每幅画中都藏着一只老鹰。老鹰一般都是在高空中盘旋,一旦锁定目标之后,就会以迅雷不及掩耳之势,俯冲下来,极其精准地捕获猎物。在投资上,尹衍梁的手法与老鹰猎食的手法有相似之处。在投资之前,尹衍梁会仔细地研判局势和发展走向,一旦确定目标,就会迅捷出手,一锤定音。

尹衍梁的这种投资风格,被誉为"鹰式投资法",其具有三个主要特点:快、狠、准。尹衍梁在投资上出手极快,屡屡出奇制胜,赢得众人喝彩。投资要具有良好的心理素质,重大的投资决策往往是特别考验投资者的意志力的。尹衍梁认为,真正到了顶尖高手的水平,专业技能方面大家都是差不多的,关键就是心理上的博弈了。美国能源投资大亨、亿万富翁布恩·皮肯斯曾这样形容投资决策前的犹豫不决者:"大多数人都只是说,准备,瞄准,瞄准,……但他们永远不会开枪。"尹衍梁则是先通过大量的研究、分析和调研,瞄准可能投资的领域,一旦时机成熟,他就会毫不迟疑地出手。在投资上,他反对"散弹打鸟"式的投资模式,强调先要做好全面的研究工作,认真研究可能投资的领域,确定重点关注的行业和项目。一旦确定这些目标,就需开展深入细致的研究,把相关情况研究透彻。一旦时机成熟,他就会果断出手。1996年,他宣布进军大陆的零售业。当外界都还在质疑、观望的时候,他很快就拿到了上海市最后一张从业许可证,成立了上海大润发有限公司,第二年在上海就开出了第一家大润发超市。速度之快,令外界瞠目结舌。

在投资上,尹衍梁是个十足的狠角色。尹衍梁在投资上的狠,首先体现在项目的营利性上。无论经济是处于景气还是低谷,他投资的项目都在挣钱。这样的投资项目,都是能突破经济周期性波动起伏的狠角色。尹衍梁在投资上的狠,其次体现在"逆势操作"上。即使在经济低迷时,尹衍梁也从来不惧,且多次采用"危机入市"的方式,追加投资。当大家都退却或者止步不前时,尹衍梁往往勇往直前。一旦决定投资,尹衍梁就会不顾一切地去实施。2005年尹衍梁就突破台湾的锁岛路线,通过凯雷投资,毅然投资了大陆第三大保险公司太平洋人寿,持有15.39%的股权。尹衍梁在投资上的狠,最后体现在一锤定音的气魄和能量上。无论面对多么有实力的竞争对手,都不会动摇信心。2011年1月12日,尹衍梁控制的润成公司与美国国际集团(AIG)签约,宣布以21.6亿美元收购AIG旗下的南山人寿保险。为这次投资,尹衍梁不惜采用贷款的高杠杆模式。

  尹衍梁的投资出奇的准,这一点为业界所津津乐道。巴菲特说:"我宁要模糊的正确,也不要精确的错误。"这强调的是成功投资最本质的特征,即良好的回报率。1986年台湾地区开放外商保险公司设立许可,安泰人寿拿到第一张执照。尹衍梁以9亿新台币购入安泰台湾分公司20%以及香港子公司39%的股权,后以146亿新台币卖给荷兰ING集团,11年间投资报酬率超过10倍。在长期投资中,最难预测的就是投资的升值空间。投资的时间越长,未来不可测因素就越多,预测就越难。这种长线投资,尤其考验投资者的眼光和智慧。诺贝尔文学奖得主托马斯·斯特尔那斯·艾略特说:"现在和过去对将来而言,两者都可能存在,而将来则包含在过去之中。"从投资的角度来看,当下的价值都是过去投资的产物。要确保将来的高回报率,那么,当前的投资决策就尤为关键。深谙投资之道的尹衍梁喜欢研究哲学,他常说:"现在是过去与未来的对话,把握现在才能赢得未来。"看似很普通的一句话,所有投资的学问,却都在里面了。

二、趋势，趋势，再趋势

尹衍梁在投资上屡屡成功，被誉为"鹰式投资者"。他能从很高的高度来纵观天下形势的变化，分析其中的脉络和趋势，从中找出发展轨迹和规律，进而予以果断投资。他的投资都是面向未来的投资，即所投资的这些产业都是未来的明星产业、未来将成为大势所趋的产业。一旦看准了，他就大胆投入资金，全心经营。在他看来，未来的明星产业往往不是当下最热门流行的产业。他向来都不是最后接棒的投资者，而是在一个潜在明星产业刚刚抬头的阶段就果断投资的领先者。例如，在台湾，电子产业曾经是最风光的产业，投资者蜂拥而至，产品也是五花八门，令消费者眼花缭乱，被视为流行风潮。对此，尹衍梁采取的策略是"冷眼旁观"。在电子产业最热闹的时期，他居然大胆预言，未来卖酱油的会比卖芯片的赚钱。他看出了那时被忽略的零售业的巨大潜力。在仔细研究了中国与印度人口的发展趋势，以及未来的消费模式后，他发现无论是电子产品还是食品、纺织品等，最终都需要通过零售渠道来销售，因此，零售渠道将是未来的王者。后来的事实印证了他的判断，电子产业的恶性竞争导致其产品价格大幅度下跌，而他投资的大润发则成了耀眼的"现金牛"。

尹衍梁拥有一套体系独立、自成一脉的投资哲学，他喜欢在投资前脚踏实地地观察，独立思考和分析，判断产业未来的发展趋势。在台湾，生物技术产业是个很有前景的产业，但是，投资于这个产业的项目大多以失败告终。投资上的败多胜少，让这个产业成为名副其实的高风险产业，也让很多投资者望而却步。但尹衍梁却反其道而行之，他说："生物技术产业是一门好生意，既可以帮助人少生病、健康快乐，又几乎没有受害者，这样的事业一定可以长久。"为了更好地了解这个产业，他逐个拜访这个领域中的教授朋友，请他们开出书单。他前后花了一年多的时间仔细研读了二十多本艰涩难懂的专业书籍，并通过各种渠道学习与生物技术相关的知识。通过深入学习，尹衍梁终于做到对这个产业了然于心。

尹衍梁善于把握大趋势，获得了好的投资回报。1975年，25岁的尹衍梁从父亲手里接过纺织企业，当时的资产不过600万新台币；目前已扩展到建筑、零售、金融、医疗、教育、养老等多个领域，企业资产更是超过2.2兆新台币，成为一个规模庞大、竞争力超强的企业集团。尹衍梁在投资上眼光独到，所投资的产业，都是趋势型产业。当这个产业刚刚出现成长的苗头时，尹衍梁就快人一步先下注，占得先机，卡住位置。当整个产业蓬勃向上发展时，尹衍梁已赚得盆满钵满了。任何产业都会有生命周期，发展到鼎盛阶段，就要走下坡路。《易经》中说，亢龙有悔。中医有本经典叫做《类经》，尹衍梁能背诵里面的句子，例如在讲述如何把握瞬息万变的投资机会时，他会引用说："故当其成也，败实倚之，当其败也，成实伏之，此成败倚伏游行于变化之中者也。"当发现大家还不是很懂时，他会进一步解释说，一个事情做成的时候，就开始溃败了，这是事物发展的规律。因此，不能有松懈的心理，而是需要马上思考下一个机会在哪里。尹衍梁在投资上，不仅进场的时机把握得很好，而且抽身的时机也是绝佳。他往往能够在最佳的时间点，获利了结，赚钱赚得干净利落，充满了美感。这里面的投资学问，可能就在他经常背诵的《类经》里面。

面对投资上的傲人成绩，尹衍梁只是轻描淡写地说："我只是站在海边，仔细观察潮起潮落而已。"看似轻描淡写的言语，却道出了投资最本质之所在。尹衍梁的投资学，洋溢着浓厚的东方哲学中禅宗的深邃和广博。面对投资，需要有一颗平常心。唯有以平常和平静的心态才能把商业投资、产业变迁、社会系统和个人生命完整而和谐地融入到自然之中。坐看潮起潮落，笑对云卷云舒，商业投资与人文关怀才能和谐地结合在一起。作为南怀瑾的学生，他懂得要做成功的投资者，首先要参透禅道。他每一分钟都会带着"内心的平静"进行价值分析与投资，深谙其中的内在力量。平日里，他坚持打坐修行。通过这种平静的内心修炼，他掌握了洞察周围人、事、物变化趋势和规律的本事，投资自然就很精准了。尹衍梁的投资学，还有一个特征，就是永远保持初心。佛陀说："禅修的心是一颗初心。"尹衍梁始终坚持投资的社会回报率，而不仅仅是经济回报率。这是他开展每项投资的"初心"，也是他投资成功的关键。例如，他花巨资去支持并不被看好的生物技术产业，考虑的主要是对于人类社会的巨大作用。他反复强调说："对于生物技术产业，不能以一般产业看待，不能有追求快速有效且报酬率高的期待，必须转换心态，以不同的逻辑思维来看待生物技术产业，得明白这是需要耗费漫长时间与庞大资金的投资，但只要未来真能研发出对人类健康有益的新药，那一切的付出都将值得。"所以，在他看来，回报社会既是投资的出发点和归宿，也是投资的意义与价值所在。

市场趋势和潮流不断在变化，要能够准确把握市场潮流的变化规律，并不是一件很容易的事情。尹衍梁的"观潮学"具有深刻的内涵和强大的能量，能够在最佳的时机果断出手投资，而在产业抵达巅峰时期就将其售出，进而获得丰厚的投资回报。尹衍梁的"观潮学"是一种投资哲学，体现了投资的一种境界，是其投资思想的高度凝结。这套独到的投资哲学，是他经过长期大量的实战检验之后，在反复地总结、学习与深思中形成的对人、事、物变迁以及市场变化的高度认知。正如著名投资家理查德·德里豪斯指出的那样：拥有一套核心哲学是长期交易成功的根本要素。尹衍梁用其独到的投资哲学指导其投资实战，并在实战中不断加以充实完善，成为其投资的巨大利器，接连取得投资的佳绩。从他过去三十多年的投资经验来看，无论是他投入的产业还是投资方向，尹衍梁都能做到"获利了结，满载出场"。如此高的投资成功率，在业界非常少见。若没有一套独到的投资哲学和思想，很难获得这样的佳绩。

三、失败铸就起成功

尹衍梁并非天生的投资天才，而是在不断的挫败中学习成长的投资家。被

第五讲
精准的投资力

誉为全球投资之父、史上最成功基金经理的约翰·邓普顿有15条重要的投资原则，第二条就是要从错误中学习。尹衍梁说："我的一生，都是从自己所犯的错误中吸取教训和不断学习的。我犯过很多错误，所以，我也学到了很多东西。"对一般人而言，犯错往往是个耻辱，最好每一步都成功。但对尹衍梁来说，犯了错误不要紧，因为错误和成功都是结伴而行的，关键是要能及时认识到错误的根源所在，并能避免重蹈覆辙。在他刚出道时，因为年轻气盛，导致了两次投资的重大失败。在遭遇失败之后，他没有泄气，反而更加用心反思和努力，进而不断获得事业上的攀升。在现实中，尹衍梁具有比别人能更敏锐地意识到错误的才能和勇于承认错误的魄力。他从不讳言失败，也从不试图掩饰失败。当发现预期设想与实际的运作有出入时，他不会坐以待毙，而会进行彻底盘查以期及早发现错误所在。一旦他发现错误的根源，就会第一时间进行修正以图东山再起。正是因为尹衍梁的这一宝贵的品质，他才始终能在动荡的市场环境中不断地从失败中汲取力量，能找出更好的投资机会来提升实力。他感谢每一次失败和跌倒，每一次他都会发动反击，也正因为这样他才能进一步走向成功。

面对曾经的失败，尹衍梁不但没有畏惧，反而愈挫愈勇。他表示，自己在念MBA之前是个谨慎小心的人，处处评估风险，最后却变得什么都不敢做了；后来想通了"没有冒险就没有利润"的道理，才开始勇于尝试与冒险。而促使他领悟到这一层次的重要原因是他所经历的失败以及在失败以后的勇往直前。乔治·索罗斯认为，一个投资者所能犯的最大错误并不是过于大胆鲁莽，而是过于小心翼翼。经历的挫折不但没有使尹衍梁消沉，反而练就了他超人的胆略和投资时的勇气。对此，尹衍梁自我总结说："促使我进步的，全是挫折。"他不仅不畏惧挫折和失败，反而主动去挑战可能的失败，在投资上有一种"明知山有虎，偏向虎山行"的勇气和魄力。例如生物技术产业，向来是投资大、周期长、风险高的产业，是一个典型的"失败多过成功"的产业。但是，尹衍梁却秉持"不怕一万次失败，只要万一能成功"的乐观心态，投入巨资来发展这个产业。

尹衍梁不仅能坦然面对自己的失败和挫折，还鼓励研发团队不要害怕失败，不要因为怕失败而背上心理包袱从而束手束脚，应大胆尝试和试验，直到找到解决和突破的方案为止。对于研发团队而言，他是一位很能接受"失败"的投资者。生物技术的研发充满了各种不确定性因素，研发失败的概率要明显高于其他的产业。尹衍梁投入巨资支持这个产业，对于研发过程中出现的失败，不仅不会给予苛责与批评，反而总是给予鼓励和表扬，带头塑造乐观的气氛，让研发人员更加有信心去大胆试验和积极研发，并最终获得突破。这样的投资者，对于研发团队而言，不仅提供了巨资来支持研发，还提供了专业的智力来参与研发的讨论和对话，更提供了面对失败和挫折的勇气。尹衍梁认为创新和投资过程中的失败在所难免，相反，短暂的成功不见得就能代表"价值"；在这个过程中遭遇的失败反而更加难能可贵，背后所能给予的价值可能更高。在他看来，万事万物不可能达到完美，但从失败中萃取出最终的成功，就能最接近完美。这不仅是一种投资的境界，也是人生很高的境界。

不惧失败还有一个重要原因就是，尹衍梁具有把错误转化为经验的神奇本领。有些投资项目，尹衍梁投资进去之后，发现情况并非如预期那样好，甚至出现严重亏损。面对这种情况，不少投资者会心生怯意，会采用断臂求生的策略来及早撤退。尹衍梁则采用逆流而上的策略，不是想着如何撤退，而是想着如何突破困局获得新的成长点，最终赢得投资的胜利。尹衍梁曾经形象地把这种投资策略描述为"先打靶，再画上靶心"。尹衍梁一旦出手投资进去，有时候看似业绩不理想，好像是打偏了目标，没有获得预期的投资业绩，但是，由于方向是对的，因此，他坚信自己的判断，会从具体的项目中进一步深挖下去，从中挖掘出常人所无法获得的金矿。这个时候，尹衍梁就会在这个产业及具体项目上画上靶心，明确投资的最终目标。这种异于常人的投资哲学和策略，让尹衍梁出手就是目标，出手就能获得丰厚的投资回报。

这套"先打靶，再画上靶心"的投资哲学，看似简单，其实里面大有学问。当有人向尹衍梁请教其中的窍门时，他都毫无保留地传授出去。在他看来，"赠人以言"是很快乐的事情。为了把里面的道理讲透彻，尹衍梁往往会通过举例的方式，来启发众人。他说，要在一万多米深的海底进行石油勘探，传统的做法就是采用定向钻井作业法，让钻头"直"达大海深处的目的层。但是，由于深海的海底情况多变，一个钻头钻下去，不一定就能够在目标层中找到石油。结果，需要在目标区域反复钻探，成本就会很高。因此，科学家想出了一个更为节省成本和提高效率的办法，采用旋转导向系统，钻头打下去，若没有发现石油，还可以"横向"移动作业，这样更容易找到地下油藏的"靶心"。尹衍梁用这个例子来说明他"先打靶，再画上靶心"的投资哲学和策略，让更多的人更容易理解，进而能帮助更多的人获得投资上的成功。

第二节　投资的是"人"

法国十七世纪的科学家、思想家布莱兹·帕斯卡尔 1670 年出版了散文集《思想录》，他在书中写道："人只不过是一根芦苇，是自然界最脆弱的东西；但他是一根能思想的芦苇。"人是能思考的动物，因为能思考，就懂得去追求价值。亚里士多德说："凡是可欲的皆是值得追求的，凡是值得追求的皆是有价值的。"但是，每个人对价值的认知和追求价值的方式各有不同。从投资学来看，成功的投资就是要找出这些追求高附加价值的人，并投资在其身上。只要投对了人，往往就能确保高额的回报。这是投资的不二法则，也是世界各地的投资家彼此竞争的最关键的要素。

一、人才是投资的关键

尹衍梁的投资理念是，投资的是人而非项目。生物技术产业是个高投入、周期长和高风险的产业，不少投资者在这个领域铩羽而归。尹衍梁在2004年开始积极投资这个领域，近几年来，陆续开花结果。随着他所投资的生物技术公司的成功上市，他赚得了丰厚的利润。当人们问他为什么投资可以如此精准时，他的回答是，"因为我投资的是人，而不是技术"。在他看来，投资成功的关键要素是人。他反复强调说："最关键的是人。"作为业界竞相模仿的投资人，他每天要收到大量的推荐不同领域的潜在投资项目的项目计划书。在筛选这些项目计划书的过程中，他有自己独到的判断。他说："任何一份业务计划书、财务计划书越是假的，看起来就越像真的。"那么，如何从那么多真假难辨的潜在投资项目中，慧眼识珠，找出最具潜力的投资项目呢？尹衍梁的回答是："未来总是无法事先探究，所以要找对的人来做对的事。通常如果人是对的，把时间拉长就会做对，时间不能太短，要有长期的心理准备，我会找到好的人才来长期相处、信任。"为什么需要长期相处呢？这就是尹衍梁的识人术，也可称之为读心术。尹衍梁对人才的要求和标准都是很高的。他所挑选的投资合作伙伴都是顶尖人才。但并非所有顶尖人才都能获得他的青睐，合作伙伴的人品优劣是他所特别在意的。他考察目标的首要条件是诚实，这需要花很长时间才能知道，因此，需要在长期共处的过程中慢慢辨别。

尹衍梁在衡量要不要与人合作之前，先会观察对方的人品，也会调查其过去的工作经历，在会面时更会谨慎地与其互动，仔细聆听对方的承诺和想法，观察其视野。尹衍梁具有一种独到的慧眼识珠的眼光和能力，甚至在考察对象本人都还没有意识到未来成功的可能性时，尹衍梁已经看到了其未来的价值，并且会予以投资，支持其发展。这种超前的眼光和能力，是顶级投资家的一种共同特征。通过考察潜在投资对象的人品和过去的经历，再辅以直接互动与观

第五讲
精准的投资力

察,尹衍梁往往能基本判断其未来的发展趋势及可能创造的价值,因而可决定是否投资、如何投资。尹衍梁通过观察一些细节来了解一个人的修为、眼界和未来的成长空间。例如,在一起吃饭时,他会观察对方吃饭的举止言行、表情、眼神,等等,据此判断此人的综合情况。他也曾语重心长地教育我说:"吃饭穿衣,都是学问。"尤其是,他能把极其复杂的投资决策与生活中的细节结合起来,说明他博大精深的投资思想已达到了运用自如的境界。

尹衍梁在投资上的成功,让其他投资者难以模仿的,除了庞大的资金投入之外,还在于他品人能力上的高超程度。尹衍梁能通过观察人的外在形态来体察其内在的精气神,从而由表及里地洞悉其心地、品格和志趣。除了观察一个人的外部特征和举止之外,他更善于在日常生活和直接互动过程中"听其言量其心志,观其行测其力,析其作辨其才华,闻其誉察其品格"。对投资失败率很高的生物技术产业,尹衍梁之所以能屡屡满载而归,他自己的总结还是在于找对了人。他说:"一家生物技术公司要成功,从投资、科学、临床、管理到领导,都要是最棒的人。不是念个博士学位就可以。要找有成功经验的人,经过社会认证的,就比较容易被信赖与成功。"在选择投资对象和合作伙伴上,尹衍梁是非常挑剔的,宁缺毋滥。尹衍梁在总结生物技术产业中的成功经验时说:"我很幸运,都找到很好的人,才能让我成就现在的生物技术版图。"

要获得投资上的重大成功,还有一个重要诀窍,就是交心,这是尹衍梁重要的投资心得。除了专业领域知识的彼此沟通之外,尹衍梁还担任了合作团队的"心理导师"角色,鼓励研发团队不要怕失败,不要怕因为资金短缺而半途而废。在生物技术产业投入巨资之后,尹衍梁并不把自己仅仅视为投资者,而是会细心地关心团队的进展,给予合作团队更多的鼓励。他发现合作伙伴的进步,都会及时给予真诚的赞扬与肯定,鼓励其不断去追求进步、成长与卓越。由于他的关心,每个合作伙伴都感觉自己是个"大人物"了。当然,技术研发以及创新活动,都不可避免会出现失败。每当遭遇失败时,尹衍梁总是与伙伴们分享自己过去失败的感受和收获，鼓励大家积极从失败中汲取教训和宝贵的经验，不但不能气馁，反而应该庆幸在目前的阶段能遭遇失败，因为这是为下个阶段更好的成功奠定基础。他能切身理解合作伙伴的难处，并且主动去关心，提供尽可能的支持和帮助。当合作伙伴没有达成预期目标时，他不会去斥责，而是会尽可能地去了解原因，并且和合作伙伴一起去分析解决问题的出路所在，提供自己的看法和建议。由于他对合作伙伴是那么关心，以至于合作伙伴都很难把他当成投资者了。一些合作伙伴在社会上受到了委屈，需要找人哭诉时，首先找的就是尹衍梁——他们的投资者。

二、早起的鸟儿有虫吃

尹衍梁傲人的投资成绩背后，是不为人所知的勤奋。事物的发展往往是从量变到质变，而要从复杂的人、事、物变迁中找出规律，是需要很强的洞察力的。洞察周围人、事、物变迁的能力，不是天生的，也不是一朝一夕能立即获得的，而是需长时间持续地努力，需要大量地阅读。尹衍梁阅读书籍的数目惊人，领域广泛，天文、地理、人文无所不包，仰观天文、俯察地理、中观人事，形成了其完整的个人知识体系。例如，对于宇宙起源与黑洞学说，他如数家珍；对于地质年代表，他倒背如流；对于很多经典古籍，如《论语》《尚书》等，他都出口成章。有了这些知识的积累，他才能做到"仰以观于天文，俯以察于地理"，对于周围人、事、物的变迁规律的掌握才能够"近取诸身，远取诸物"。作为企业的最高领导者，他需要处理的事务很多，很难确保有完整的阅读时间。为此，他就利用零碎的时间来学习，通过点点滴滴的积累，来学习系统性的知识。尹衍梁有自己独到的时间管理哲学，他从小就跟着父亲到自家的纺织厂去，因此，对布匹与纺织了如指掌。本杰明·富兰克林说："我把整段时间称为'整匹布'，把点滴时间称为'零星布'，做衣服有整料固然好，整料不够就尽量把零星的布料用起来，天天二三十分钟，加起来，就能由短变

第五讲
精准的投资力

长,派上大用场。"尹衍梁发现本杰明·富兰克林用布匹来比喻时间的利用很贴近自己的情况,因此,他常引用本杰明·富兰克林的名句来提醒自己利用好零碎的时间。

大量的阅读,成为尹衍梁独立思考和独立判断的重要基础。这种独立思考对于投资而言,尤为重要。在投资领域有个专业术语,叫羊群行为(Herd Behavior),指的是追随大众的想法及行为,缺乏自己的个性和主见的投资心理与行为。这本质上就是一种从众心理,人们会追随大众的意见,自己并不会思考事件的意义。具有从众心理的投资者往往缺乏主见,易受暗示,容易不加分析地接受别人的意见并跟着别人的脚步去投资。但是,尹衍梁的投资学中没有"羊群行为"这个词,他往往特立独行,却取得了傲人的投资成就。2008年全球金融风暴,台湾地区也受到殃及,很多产业中箭落马,企业纷纷减员,甚至宣告破产来躲避金融风暴。但是,尹衍梁则逆势操作,反而认为这是积极投资的绝佳时机,趁势大举购入土地、厂房、设备。结果,当金融风暴逐渐消退时,这些投资水涨船高,获得了不菲的回报。

除了广泛的阅读之外,在投资的调研上,尹衍梁也是下足了功夫。为系统了解一个行业,他会全面收集各种相关资料,关注相关公司的年报、新闻、介绍,同时还会关注其竞争对手的相关情况和动向。一有机会,他就会找相关领域的专家进行沟通,仔细聆听专家们的意见和想法。尹衍梁对投资机会的研究,不仅仅停留在表面文章上,更重要的是,每投资一个领域,他就深入钻研进去,让自己沉浸其中,掌握里面的关键核心知识,成为这个领域的行家里手。为了真正掌握一个行业的核心知识,他经常四处奔走,通过各种方式与途径去不停地打听有关情况。在他看来,投资若想成功,就需要扎扎实实地做好调查研究。多辛苦一点,通过深入的钻研和仔细的分析,则更容易把握住绝佳的投资机会,进而得到丰厚的投资报酬。

美国思想家拉尔夫·瓦尔多·爱默生曾说:"一个机构就是一个人影响力

的延伸。"作为集团总裁的尹衍梁都那么拼了,其他人自然就会向总裁学习,不甘落于人后。几乎每个与尹衍梁接触过的人,都会认为他有某种特殊的气场。尹衍梁气场的背后,是一种基于勤奋学习和努力拼搏的实力,这种实力能形成一股强大的影响力,对周围的人产生正面影响。这种气场的背后,更是一种底气。因为尹衍梁比集团中的所有人都要用功、都要努力,所以,知道的东西自然就更多,看事情的深度和广度都异于常人。这种不甘落后的劲头,在集团内部随处可见。举个简单的例子,我曾经和尹衍梁及其团队一起去吃饭,因为餐馆离集团办公楼不远,所以,所有人都走着过去。一路上,尹衍梁大步流星地走在前头,其他人都是跑步紧跟,唯恐被落下。这是一个很小的细节,但能很清晰地体现出企业领导者的风格对员工的影响。在投资上,也是一样。当员工看到总裁的投资眼光是如此的精准时,就想着自己如何才能提高投资的水平。于是,纷纷向总裁学习,大量阅读和深入细致地做好投资前的调研工作,尽可能地把行业了解透彻,再建议总裁去投资这些领域。如此,投资团队的整体水平就能大大获得提升,投资的成功率就能显著提高。

  长期的工作,使尹衍梁养成了良好的习惯。他每天早睡早起,早晨六点十五分就进办公室开始工作,每天的工作时间长达十二个小时以上,是个十足的工作狂。在企业中,为了能跟上尹衍梁的节奏,其他伙伴也是马不停蹄地奋斗在各个岗位上。金融市场,瞬息万变。为了不输给时间,尹衍梁会随时召集核心投资团队的成员,就最新的市场行情进行会商,提出应对措施。只要他一声号令,干部们就得迅速集结,这些干部的司机就得马上把相关人员送抵会场。司机总是急匆匆地将车开往集团办公楼的地下车库停车,因为总是匆忙停车而造成坐驾前方底盘经常磨损。久而久之,集团内部就流行了一种说法,只要看其坐驾前方底盘的受损程度,就可判断出这位主管在尹衍梁投资决策中的重要性。商场如战场,商情如军情,刻不容缓。尹衍梁不怒自威,核心投资团队伙伴在敬重他的同时,也会感到很大的压力。因为尹衍梁懂得太多,所以,和他共事压力很大,但也很过瘾。在尹衍梁的带领下,当一个接一个重大投资获得成功时,核心团队的第一件事就是去换一个底盘更为坚固的坐驾。

三、投资于团队

尹衍梁是学历史出身的,因此,平日里很喜欢研究历史。英国历史学家爱德华·霍列特·卡尔著有《历史是什么?》一书,堪称经典之作。在这本书中,他指出,历史不属于过去,而是属于现在,历史学家的作用既不是热爱过去,也不是使自己从过往中解脱出来,而是作为理解现在的关键来把握过去、体验过去。尹衍梁很喜欢读这本书,他认为,过去、现在和未来是连在一起的,他说:"当下是过去和未来的对话,我们往往以当下的眼光去看待过去,去解释和理解过去。所以,历史的存在取决于我们当下的观察视角。"在这种思想指导下,尹衍梁开始了系统研究当代金融投资的历史演变和基本特征的工作。与其说是研究工作,还不如说是个人兴趣的自然驱使,因为尹衍梁对于未知的领域具有极强的好奇心。他每天都在跟金融投资打交道,做出各种投资决策,因此,他想了解自己的这些工作究竟有哪些历史脉络。在他看来,自己当下所做出的任何投资决策,马上就变成了历史,且对于未来会有影响。因此,对于金融投资历史的研究,就是对于当下投资决策的研究。

尹衍梁发现,要研究当代的金融投资发展史,硅谷的崛起是逾越不过去的。要研究硅谷,有个人是无法被忽略的,他就是被誉为"晶体管之父"的威廉·肖克利——一位美国的物理学家和发明家,因发明了晶体管与其他两位物理学家共同获得1956年的诺贝尔物理学奖。在尹衍梁看来,绝顶聪明的威廉·肖克利,最终与史诗般的投资成功擦肩而过,实在是可惜至极。威廉·肖克利本来完全可以成为开启一个新产业的一代宗师,巨额财富也会随之而来。但是,由于他是个"个人英雄式"的人物,不晓得团队运作,忽略了团队的集体力量。结果,与巨大的成功失之交臂。从这个案例中,尹衍梁不仅吸取了经验，强调"不要英雄，要军队"的管理思想和理念，而且还把团队能力作为判断一个事业能否成功、一个项目是否值得投资的重要依据之一。

作为一位有眼光的投资家，尹衍梁看中的是团队的力量，而不是英雄主义式的个体。尹衍梁投资项目的一个重要前提是，其管理运作团队一定要优秀。他反复强调，每笔投资初看起来，投资的是产业中的具体企业，其实更重要的是人，即这家公司的管理与运作团队，而不仅仅是其中某个英雄人物。在其他条件相同的情况下，一家公司的管理与运作团队是否足够优秀，是他是否要投资该公司所考虑的决定因素之一。为能更好地了解目标团队的具体情况，他经常通过近距离观察和互动方式，来亲自考察目标团队各个方面的表现，做到了然于心。在他看来，管理及运作团队的效率和质量，是该公司的长期竞争优势和内在价值所在。若这方面出现问题，那么，投资的内在价值就无法得到保证，投资也就很可能会打水漂。尹衍梁对优秀公司管理及运作团队的衡量标准主要有三点：高尚的品德、出众的能力和高效率的团队。

尹衍梁在处理人事议题上特别细腻，一旦他决定投资某个团队，那么，他就会绝对信任原本的经营团队，而不会安插"国王的人马"。台湾地区"中央研究院"翁启惠院长回忆自己几次与尹衍梁讨论规模庞大的投资项目时说，尹衍梁每次都能在短时间内做出决定，并鼓励大家要勇于尝试，不要害怕失败。甚至当他们举棋不定、无法决定该不该做时，尹衍梁也会直接说："只要谈怎么做就好了，不要再讨论要不要做了！"一旦投资，他就积极授权，充分放权，鼓励合作团队放开手脚来干，不要束手束脚。他也不会动辄就要求合作团队来企业总部汇报业绩和进展，而是主动去关心合作团队是否遇到了困难。若遇到了挫折和失败，他会第一时间给予鼓励。作为投资者，他却能够大力鼓励合作团队不怕犯错、勇于冒险。这种态度让合作团队和研发专家们受到激励，更愿意大胆提出创新构想，提高研发的成功率。他这样做的道理其实很简单：当初正是这个团队创造了好的业绩，才吸引了他的投资。他前来投资不是给这个团队带上"紧箍咒",而是要给这个团队更大的舞台和机会,使其去创造更大的社会价值。因此,最好的投资办法就是让这个团队继续去勇攀高峰。

第三节　投资组合与风险管控

任何一项投资,都会有风险。一般而言,投资风险与投资收益成正比:风险越大,报酬越高;风险越小,报酬越低。1995年,巴林银行——这家全球最古老的银行,曾经是英国贵族最为信赖的金融机构,历史显赫的英国老牌贵族银行,有着200多年优异的经营历史的传奇式银行——居然被一个普通的证券交易员在短时间内给弄得破产倒闭了。这位交易员在狱中,还撰写了《我如何弄垮巴林银行》一书,后来还被拍成了电影。巴林银行的例子,再次说明了风险管控的重要性。巴林银行因为内部风险控制有致命漏洞,结果,给人以可乘之机,最终酿成不可挽回的大祸。这样的教训,其实时时都在上演。当面对巨额收益的诱惑时,一般的投资者很难保持清醒的头脑,做好风险管控的工作。即便是老道的投资家,也有失手的时候。因此,如何处理风险和收益之间的关系,是每一位投资者都需要面对的问题。

一、大局研判定风险

尹衍梁的投资,强调把握大势、精准布局、稳健运营。作为一个优秀的投资家,必须把握大势。所谓大势,就是大局的趋势。尹衍梁是位具有大局观的投资家,强调大局研判的重要性。他经常引用宋代的陈亮在《上孝宗皇帝第三书》中的名句:"天下大势之所趋,非人力之所能移也",来提醒自己和伙伴,要时时刻刻去研究大局的变化,抓住其中的发展规律,进而做出符合大势的投资决定。因为能及早研判出大局的走势，所以，尹衍梁往往能占得先机，获得投资上的先动优势。业界评价尹衍梁时，一般都认为他是个很精明的投资者，知道什么有前景、能赚钱，就闻鸡起舞，早早布局与投入。等到这个行业起来时，尹衍梁已赚得盆满钵满了。他的这些投资成绩，得益于其孜孜不倦地对大局走势的研究和判断。在尹衍梁看来，要做大生意，就必须看准大趋势；否则，最多做点小生意而已。

　　古今中外，凡成大事者，无不善于把握大势；而大势又往往是最需要把握却又最难把握的。能否把握大势，考验的是投资者的战略思维、战略远见和战略定力。尹衍梁清楚地知道想要在商场上出奇制胜，便要在浪头尚未崛起且日后有机会形成巨浪之前，先下手投入巨资抢得先机，一旦来日成功踩上涨点，未来就有机会攀上高点，成为行业的领头羊。他之所以能把握得那么准，在产业刚刚露出成长的端倪时，就投入巨资进行卡位，是基于他对大局的准确判断。哈佛大学的雷蒙德·弗农教授曾经提出产业生命周期理论，认为产业发展历程与生命相似，有一个从出生、成长到成熟、衰老的过程。尹衍梁在产业投资上，往往能在一个产业刚刚起步成长时就及时捕捉住，并予以投资。当这个产业到了成熟阶段，开始走下坡路时，他就果断出售。对于投资，他比喻说自己有如在海边看潮起潮落。潮起潮落是自然规律，也是大势所趋。对投资家而言，关键是如何才能判断在何时会潮起、何时会潮落。尹衍梁常说，"登泰山而小天下"，就是强调投资须把握大势。胸怀大局，把握大势，并贯穿从宏观思考到微观决策的全过程，才能对大局了然于胸、对大势洞幽烛微，才能因势而谋、应势而动、顺势而为，把投资工作做得更好。

　　除了判断大势之外，尹衍梁还强调细致而精准投资布局的重要性。尹衍梁在投资上，强调"不谋全局者不足谋一域，不谋万世者不足谋一时"。尹衍梁的投资眼光不在当下，而在长远。他在生物技术产业上的投资，追求的不是"本益比"，而是"本梦比"，他希望通过改造和研发新的生物技术来实现改善

социальной大众的健康的梦想。因此，尹衍梁投资这个产业，是"谋万世"，而非"谋一时"。他要通过在这个领域上的投资，帮助人类摆脱疾病束缚、减少生命耗损，使人的生命可以更长。他这种宏伟的投资布局，不仅牢牢把握住了投资的核心，而且也获得了不菲的投资回报。他所投资的生物技术产业的企业，陆续都有研发上面的突破，形成了高附加价值的产品。随着这些企业的陆续上市，尹衍梁所投资的价值也成倍地上升。因为他用长远的眼光来布局当下的投资，使得这些投资项目都能不断升值，成为集团重要的"现金牛"。这种长远的布局，充分体现了投资者的预见能力，是一名优秀投资者必备的素质。所以，尹衍梁反而不强调眼前的利益，不会通过追涨杀跌去追逐短期利益。

尹衍梁产业投资的另一个特点就是稳健运营。一旦他投资一家企业，就会好好经营这家企业，使其有更好的成长机会。他投入巨资入主美国国际集团下属的南山人寿公司，一开始就承诺过五件要事：股权十年不会移转；现金增资没有问题；队伍不会有太大的改变；在交易完成后至少两年内将维持南山员工工作薪资与福利等聘雇条件；业务同仁的组织与奖金制度不变。尹衍梁的投资理论其实很简单且实用，其精髓在于挑选优良及具有潜在价值的企业投入巨资，然后长期持有。在这个长期持有的过程中，通过稳健的经营使得企业价值不断获得攀升。他一旦选定投资目标，就不会随便因市场波动而轻易卖出，而是确保管理层稳定，不断提高该公司业绩，直到使其价值达到最大化。在投资上，他也遵循稳健的原则。他强调说："不论任何投资都必须设立止损点，得衡量自己所能承受的最大损失，得让自己即使失败了，还能保有东山再起的老本。"

二、优化投资组合

在具体的投资管理上，尹衍梁采用以"数字为纲、绩效为纪"的管理方式，强调投资组合的重要性，以打组合拳的方式进行投资。例如，在生物技术

达观天下
——跟尹衍梁学管理

领域内，尹衍梁涉足的项目就有二十多项，其中有不少项目已经上市。尹衍梁在这些项目上的投资，是整体性的布局和一揽子投资计划，而非单一的投资。所谓一揽子投资计划，就是在这个产业中以投资组合的方式对于多个项目进行投资和布局，形成在这个领域中绵密的投资网，从而能够捕获里面的"大鱼"。生物技术产业是个成长型的产业，但是，也是投资风险很大的产业。单一的投资，如同单一地下注，成功的可能性会比较小。但是，通过投资组合的方式来布局这个产业，那么，只要有几个项目成功，其余的投资项目即便是亏损，也可以收回本钱。如此，投资的风险就可降低。在投资上，这种组合投资的方式，就是降低投资风险的重要途径。当然，并非所有的投资组合都是有效的投资组合。在投资家眼里，关键的问题是如何优化投资组合，使其在确保一定的投资回报的同时，能够把风险控制在可承受的范围内。这与其说是投资，其实更接近于艺术。

伟大的投资家在于能很好地把握投资多元化和集中化之间的度，处理好多元化、平衡性和风险管控之间的关系。尹衍梁的投资分布在不同的行业，这些行业之间相对独立，彼此之间并没有直接关联。如此，可以起到分散和规避系统性风险的作用。这属于行业投资的多元化，体现了他宽广的投资视野和良好的多元化产业的驾驭能力及不同产业之间的平衡能力。在特定行业内部，他会精心布局，集中优势资金和资源去牢牢掌控这个行业，成为行业的领头羊。在尹衍梁尚未涉足生物技术产业时，业界普遍认为他不会进入这个产业。但没想到尹衍梁真的砸了那么多钱，如今已没有人会怀疑他的企图心了。他不仅在这个风险遍布的产业投资，而且一发不可收拾，连续出手，投资的项目越来越多，显然不是点到为止，而是要在这个产业中深耕。生物技术产业对于尹衍梁而言，是典型的跨界投资。他认为不管是成熟股市、新兴市场还是受利率政策改变起伏的债券市场，都瞬息万变。面对不断变化的市场，投资人需要一种新的方法，才能有效紧跟市场脉动；一方面把握全球投资机会，另一方面适度管理波动风险、降低投资组合的大起大落，并兼顾成长和收益的机会。跨界投资可视为因应目前市场快速变化的新方法，而尹衍梁显然是跨界投资的高手。

对于跨界投资，尹衍梁有自己独到的想法。他说："跨界投资绝对是冒险，需要做很多功课，花时间来研究产业与前景，更需要伙伴和资金投入其中，风险虽大，然而一旦成功，成就感绝非他人能想象，不但自己因此获利，伙伴得到该有的报酬，连消费者都共享其利，让生活变得更加美好。"在他看来，通过跨界投资项目来实现投资的优化组合，已超越了要不要"放进一个篮子"的争论，而是把最好的投资项目装进脑袋里，进而把丰厚的投资回报放进口袋里。简而言之，就是要通过不断丰富个人知识，来尽可能找出一切可能的上等投资机会，然后果断投入巨资并全力经营使其达到最大价值。如此一来，投资者获得了丰厚的投资回报，消费者和社会也获得了相应的利益。这样的投资项目，就要尽可能装进投资家的脑袋里。为了实现这个目的，投资者须有长远的眼光以及精准预见时机的能力，而且要足够勇敢和果断，要比别人快一步。尹衍梁在生物技术产业上的投资，如今回报已相当丰厚。若只计算尹衍梁投资的五家生物技术上市公司，当初的投资金额大约不到50亿新台币，但目前的市值已超过千亿新台币，尹衍梁个人的获利在10倍左右，确实很惊人。

三、成长，成长，再成长

2011年新加坡马拉松赛事主办方发给每位选手一个纪念品——个小小的塑料条幅。很特别之处是，条幅上面刻着如下的文字：如果你奔跑，你永远不会遭遇堵塞（You will never be stuck in a jam if you run）。这句话用在投资上，也是非常恰当的。任何财富管理的最终目标，都是确保财富的不断增值。这就要求投资者不能满足于现状，而是需要永不停歇地去发现更多的投资机会，确

达观天下
——跟尹衍梁学管理

保资金的流动和增值。尹衍梁25岁时接下他父亲的纺织企业，当时总资产也不过600万新台币。37年后的今天，该企业已经成为资产高达2.2兆新台币的庞大集团。这个过程中，财富的增值是非常耀眼的。尹衍梁认为："经营公司如果只是把钱放着，什么都不做，这个公司有什么用？"公司之所以有用，就在于能够在确保资金的流动性的过程中，使得财富获得源源不断的增值。英国著名哲学家培根曾这样指出，"不要吝惜小钱，钱财是有翅膀的，有时它自己会飞走的，有时你也必须放它飞，只有这样才可能招来更多的钱财"。所以，需要不断通过找出新的投资机会，果断地去放飞手中的资金，进而能够去招来更多的财富。当然，这个过程中投资风险也是不可避免的。对此，尹衍梁认为，正确的观念应该是要评估并规避风险，如同制造船只是为了要下海，创业经营是要为股东、同仁、供应商谋取最大利益，两者是同样的道理。就是说，在合理评估投资风险并做好规避措施后，应积极通过投资来确保财富的增值。

尽管已把企业做得很大了，但尹衍梁并不强调守成，而是喜欢继续开拓。俗话说："有钱不置半年闲。"尹衍梁曾经也有过守成的想法，但是，后来他的想法发生了转变。他强调说："有风险，才有利润！"他表示，自己想通了这一点之后，就彻底改变了过去什么都不敢做的心态，把守成的消极想法扭转为积极进取的冒险精神。在经营上，他力求合理利用和配置资金，尽可能加快资金的周转速度，提高资金的流动能力，使得商品利润最大化。一旦获得富余的资金，就通过投资好的项目来进一步加快增值的速度。这就是公认的最会挣钱的犹太民族的"滚雪球"生意经，即：随时想到用活手中的钱，并使其不断升值。当然，这种滚雪球式的投资增值方式，具有一定的前提，其中之一就是要善于控制风险。在投资上，尹衍梁从不故步自封，而是勇往直前，从而屡屡获得高倍的投资回报。在对投资风险的把握上，他有自己的经验和原则。尹衍梁说："追求利润要冒适当的风险，但是不要冒不可测的风险。"投资的风险可谓无处不在，因此，与其害怕风险，还不如直面风险并积极谋求驾驭风险之道。这是

第五讲
精准的投资力

一种更为积极的投资理念。

股神巴菲特说:"人生就像滚雪球。最重要之事是发现湿雪和长长的山坡。"巴菲特的"滚雪球"理论,对于处理常规的投资增值过程,显然是有启示性的。但对于如何处理和应对具有跨越性的投资机会,他显然没有太多的见解。当雪球滚过长长的山坡后,投资者发现前面是深不可测的悬崖时,应当如何应对?巴菲特并没有给出答案。对于一般的投资者,这个时候往往是知难而退,或者想方设法绕过去。对此,尹衍梁有自己独到的见解,他说:"如同来到非下不可的悬崖边,先得评估如何保障自己的生命安全,用跳的方式下去必定惨烈牺牲,但若有梯子或安全绳索,就可以大胆向悬崖发起挑战。"在他看来,这种悬崖式的投资机会,往往蕴藏了巨大的投资能量。一旦越过去,就可以出现一个崭新的投资局面。三国时期魏国大将邓艾率军攀登小道偷袭蜀国,走到马阁山,遭遇悬崖,道路断绝。邓艾身先士卒,用毛毡裹身滚下山坡,奇迹般地率军一举攻破成都,以微弱的兵力居然成功逼迫蜀国投降。这个例子说明,一旦突破悬崖,往往就可以获得丰厚的回报。尹衍梁面对这样的投资机会时,显然不会退缩和放弃,而是会不断地寻找各种方法和途径,安全地突破悬崖峭壁的阻隔,进而成功获得难得的投资机会。在这方面,他显然比巴菲特更有眼光和魄力,且更有经验。

一旦看到绝佳的投资机会,接下去就看速度和准度了。尹衍梁的"鹰式投资法"以"快、狠、准"著称。但是,"鹰式投资法"不仅是一种投资方法和策略,更是一种投资艺术,体现了尹衍梁内心独到的投资理念。精通多种学问的尹衍梁把投资变成了一种可以驾驭的艺术,他的投资手法体现出一种天人合一、博大精深的气势,他探索出了不同经济环境下产业发展规律中的奥秘,也使得他在产业调整与升级的每一个转折关头,都能准确把握产业的脉搏,精准地投入巨资。一旦产业走高,那么,前期的投资就会获得成倍的回报。大道至简,衍化至繁,是尹衍梁朴素的投资哲学的体现。在进行具体的投资决策时,他会自

达观天下
——跟尹衍梁学管理

觉地将自上而下和自下而上两者结合。自上而下强调的是分析大环境、大局面和大趋势，进而确定投资方向和投资策略。自下而上就是要精选出最有潜力和发展前途的项目，并从中找出最优的投资方法。尹衍梁认为，投资者应当敏锐分析和把握、研判事物发展变化的趋势，这样才能做到因势而谋、应势而动、顺势而为。一旦发现投资条件和时机已经成熟，就必然如高山滚木一般果断出手，才能势不可当，从而占据先机。

没有风险的投资是不存在的。投资者既不能做一触就跳的莽将军，也不能成为谨小慎微的怯将军。尹衍梁说："风险就像船会漏水一样，没有不漏水的船，越大的船就漏得越厉害。"对此，他进一步强调说，漏水并不可怕，只要排水的速度比漏水的速度快，就能安全无虞地平安行驶于海上。谨慎投资又不放过任何有利商机，大胆投入又及时评估与控制风险，尹衍梁精确把握住了商业投资中错综复杂的内在关系，通过成功掌握方向、速度、人才等众多因素，来确保风险在可控范围之内。在这个前提下，他能牢牢掌控住复杂局势的变化，灵活驾驭具体的投资项目去获得丰厚的回报。当然，这不是一件很容易的事情。要达到投资如有神助，既要能够导演出一幕幕扣人心弦的投资剧，又要能够在产业高潮点位满舱而出，对于投资者而言，绝对是个巨大的挑战和考验。但是，尹衍梁的个性中，就喜欢接受挑战。他说："我喜欢冒险犯难，太容易的事也不好，设定比自己能力高一点的目标，完成之后才有成就感。"显然，尹衍梁不仅在享受投资的丰厚回报，更是在享受投资的乐趣。

在做出重大投资之前，尹衍梁有个习惯，喜欢一个人静静地思考，让自己的整个身心都沉浸在安静之中。这个时候，他会离开台北闹市，一路南下，来到台湾最南部的垦丁去观潮。垦丁东临太平洋，西靠台湾海峡，南望巴士海峡，海平面开阔，是个观潮的好地点。尹衍梁看着海浪拍打着礁石，内心也开始变得澎湃起来。这种壮观，犹如毛泽东 1957 年 9 月 11 日到盐官观潮时写的诗句所描述的那样："千里波涛滚滚来，雪花飞向钓鱼台。"面对大自然雄伟的景观，尹衍梁静静地看着潮起潮落，眼观鼻，鼻观心，心观自然，顺应自然，感觉自己已经和大自然完全融合，颇有天人合一的感觉。潮起潮落，似生命最美的起伏跌宕。赏潮起潮落，听波涛声声，观云卷云舒，叹风云变幻，追逐着水涨船高的故事，尹衍梁更愿意把自己定义为观潮者，而非投资家。现实中的他，更是站在风口浪尖、勇于挑战巨浪的弄潮儿。

第六讲

旺盛的创新力

创新是企业保持活力的主要源泉。在激烈的市场竞争中，没有创新的企业，就如同一潭死水，迟早会被淘汰出局。彼得·德鲁克早在1968年就在《不连续的时代》这本著作中指出，未来将大大不同于过去，一个不连续、断裂的时代将会到来。将近半个世纪过去了，即使是在今天，再来看他的预言，也是很有启发性的。在一个非线性发展的世界中，企业要想生存与发展，就必须通过持续的创新来获得竞争力，这样才能引领时代潮流，成为永续经营的企业。不少曾经非常风光的科技型领导企业，如诺基亚、黑莓、摩托罗拉、朗讯等科技巨头先后遭遇失败。同时，一些创新力十足的企业也不断涌现出来。南宋大学问家朱熹在《观书有感》中的一句话，"问渠哪得清如许，为有源头活水来"，一语道破天机。只有持续不断地创新，企业才能获得活力，才能在激烈的竞争中保持优势。

尹衍梁从小就喜欢搞发明创造，好奇心十足。他看到墙上的闹钟，觉得很神奇，就想弄明白里面究竟装了什么东西，能如此精准地报时。于是，他就从墙上摘下闹钟，拆开来看里面的部件构造和运行原理。对发明创造的兴趣，一直保持到现在。到目前为止，他已有四百多项发明专利，还被台湾大学聘为土木工程学系的教授。2008年，由于他在建筑工法上的突出贡献，被选为俄罗斯工程院的院士。同年，俄罗斯工程院授予尹衍梁一等勋章奖，这是俄罗斯工程院的最高荣誉勋章，而尹衍梁是第一位非建筑工程专业出身的一等勋章得主，也是当时全球第八位该勋章得主。2011年，尹衍梁还被选为俄罗斯国际工程院第一副院长。这项荣誉，从一个侧面体现出尹衍梁发明创造的能力和影响力。渗透在他身上的创新细胞，也感染了他所领导的企业，使得企业具有十足的创新力，成为业界的创新标杆。

第一节 永无止境的创新

罗伯特·兰格教授是国际生物医学工程领域的权威，集美国科学院、美国工程院、美国医学院三大院士于一身。当我走进他的办公室时，发现几面墙壁上挂满了他这些年获得的各种奖项。他发明的专利有1 000多项，发表的学术论文超过1 200篇。更难能可贵的是，他还亲自创业，拥有和参与了几十家科技型企业，取得了很好的业绩。我在和他探讨创新的活动时，发现他对企业的创新有自己独到的见解。他认为拥有创新力的企业，本质上是要搭建一种高效的创新平台，能通过应用核心技术，开发出不同的系列产品，这样的平台就能构成一个竞争力强的创新公司。

一、创新团队领导造

尹衍梁认为，企业要有创新力，其最高领导者是责无旁贷的。对团队和组织来说，创新型领导者的日常行为和亲自参与创新就是最强有力的信号。尹衍梁认为，在这种领导者的亲自参与下，创新团队会勇往直前，不断获得突破。不少人以为创新是高科技产业的专用词汇，但是，在传统产业中的创新往往尤

第六讲
旺盛的创新力

其重要,因为,不创新的传统产业往往会走下坡路从而为时代所淘汰。尹衍梁说:"如果还把建筑企业当成传统企业来经营,这条路肯定走不下去。"在他看来,过去建筑企业就是因为缺乏创新,才会被人家瞧不起。在新的竞争环境下,建筑行业面临着新的发展形势。建筑市场投资领域的新变化、生产方式的新转变、资源环境和生产要素的制约以及用工荒等问题的出现,都呼吁传统建筑业转变发展方式,进一步转型升级。而要实现传统建筑行业的转化和升级,创新是其必经之路。尹衍梁认为,建筑行业作为一个传统行业,不同建筑公司之间已经出现很大的趋同,不通过创新来实现差异化,就无法在这个传统行业中获得竞争优势。当时,尹衍梁旗下的建筑公司,也确实面临严峻的挑战,连续的亏损让他明白了唯有通过创新才能翻身的道理。

一旦想清楚之后,尹衍梁就毫不犹豫地跳出来,亲自领导建筑公司的创新活动。起初,大家以为这是领导者出来做个姿态,表明他重视创新的立场。所以,大家预期不久之后,尹衍梁就会去忙别的事情,不会在建筑公司的创新活动中待太久。但是,出人意料的是,尹衍梁不仅亲自担任创新研发小组的研发长,而且把创新活动制度化。为了提升建筑行业的创新能力,作为集团的总裁,每周四下午,尹衍梁都会亲自带着集团近二十位电机、土木、机械等相关专业的博士,召开至少三个小时的"创新研发会议"。在"创新研发会议"上,他强调开放、坦诚、建设性冲突、不分彼此。尽管他是集团的总裁,但是,他表示,会上每个人只要有想法,就要大胆表达,不要畏首畏尾。如此,通过"头脑风暴"的办法,不断激发具有创新意义的想法和做法,最终通过创新来实现突破和跨越。在这个会议上,他会与每一位参会人员保持开放、坦诚、不分彼此的关系,进行面对面的沟通,鼓励大家拥有表达反对意见的自信,将事实摆上桌面进行讨论。

在公司最高领导者直接参与和领导研发的这些创新活动中,创新型领导者能展现出卓越的战略眼光。尹衍梁说:"成功者绝对不是复制人家的路。"在他看来，创新就是要不断走出属于自己特色的新路来。随着台湾经济的发展，诞生了一批建筑企业，它们争相在住宅市场进行竞争。对此，尹衍梁认为，住宅市场的竞争已非常激烈了，而精密制造业需要高科技厂房，这部分市场在未来具有举足轻重的地位。于是，他召集研发团队，商讨如何进军高科技厂房市场。他还亲自率队到芬兰与日本取经，引进和吸收速度更快、更省人力的建筑新技术。最终，成功实现重心转移，成为深受科技业青睐的合作伙伴。从宏碁位于龙潭的电子化资料中心、奇美电子南科四厂无尘室、华映杨梅二厂无尘室到美商 3M 南科厂等，都可看到润泰建筑团队的踪迹。约翰·洛克菲勒指出，如果你要成功，就应朝新的道路前进，不要跟随被踩烂了的成功之路。在创新团队中，高效的创新型领导者能生动描述团队的未来愿景。尹衍梁擅长给出关于创新最终目标的清晰描述，如同创新团队中的掌舵者，能清楚地说明创新的方向，使得创新团队更能找到实现它的方法。所以，创新并非是杂乱无序的，而是在方向指引下的高效合作，走的是一条新路。

创新型领导者能为创新和创意营造出相互信任的氛围。创新总会面对一定程度的风险，并非所有的创新点子都能够实现。尹衍梁喜欢参加各种创新会议和活动，与大家建立起了和谐的合作关系。他平易近人，易于沟通。他表示，每周的创新研发会议，他总是抱着分享和学习的愉快心情前去。在会议全过程中，他扮演的不是总裁的角色，反而像是位指导老师。听听"学生"的报告和看法，给予自己的意见或提示方向，这正是他所喜欢的。所以，在创新会议上，他不是指手画脚地命令大家去做，而是仔细倾听大家的汇报和想法，激励大家积极思考、畅所欲言。对大家的报告和想法，他会从自己的经验和知识的角度，给出想法和建议，和大家共同探讨可行性。这种探讨，完全是平等的探讨，并不存在上级与下级的区分。当然，创新必然会有挫折和失败，因为不少创新成果都是不断试错的结果。就像 3M 公司里面的警句："为了发现王子，你必须和无数只青蛙接吻。"尹衍梁鼓励大家，要敢于尝试、勇于突破，不要

第六讲
旺盛的创新力

怕失败。他还经常列举自己创业初期失败的经历,认为是不断失败之后更勇敢地站起来造就了自己现在的格局。因此,大家都没有心理顾虑,都知道即便事情出了错,尹衍梁也不会和自己划清界限,而是会努力补救,绝不会有人因为无心之过而被处罚。有了这种氛围,创新成果便不断涌现。

高效的创新型领导者,在领导创新活动时能将鼓舞与激励付诸行动。尹衍梁指出,要使创新存在,你必须感到你是受鼓舞而这样做的,而这种感觉来源于工作的目的及众人的肯定。尹衍梁在主持创新会议时,不时要与会者向报告、提案者给予掌声奖励。当掌声响起来的时候,对创新者而言,再多的辛苦也是值得的。不只如此,每次会议他还会颁发创新研发奖金给提案的人或团队并记功,给予实质性的奖励。奖金是依照这些提案对公司在成本降低或是工期改善等上的贡献程度来制定的,最少3 000新台币,最多可达30万新台币,且尹衍梁一定亲自颁奖。在这种激励制度下,很多有创意的想法和提案涌现出来。一些看似简单的提案,却意义重大,不仅为公司节省了成本,还减少了工时及人力。每次当尹衍梁把奖金交到创新者手里时,都能明显感觉到创新者内心的满足感,这并不是金钱可以衡量的,更是一份骄傲。通过这些创新,公司不断改善工作方法、缩短工期和降低成本,在业界获得了良好的口碑。

二、创新让老店有新春

在人们心目中,建筑业是个传统行业,守旧、缺乏生机的印象根深蒂固,在创新方面一直乏善可陈。尹衍梁坦言:"这行已经有200年没进步了,一定有更方便的做法。"传统的建筑公司,循规蹈矩,而不是追求真正具有突破性的成果,导致创新力低下。尹衍梁认为:"只要敢于创新,老店也能有新春。"为了确保建筑公司有足够的创新力,尹衍梁每年投入5%的营业收入作为研发经费,鼓励企业上下积极开展各类创新活动,从各个角度来思考如何降低成本、缩短工期、提高质量。如此,公司保持了旺盛的创新力,已在全世界拿下

达观天下
——跟尹衍梁学管理

数百项技术核心专利，居台湾地区建筑业之首。在尹衍梁看来，重视创新的老板不应将手指向别人，而应指向自己。老板自己必须了解创新是怎么回事，增强自己的探索技能，提高培养别人创新的能力。他不仅亲自主持创新研发会议，而且关注创新全流程，在核心环节还亲自参与进去，和团队一起并肩作战。因此，即使在传统行业，尹衍梁领导的建筑团队，依然能有耀眼的创新成果。尹衍梁这样做，有其道理，因为他看到在全球最具创新能力的公司中，苹果的乔布斯、亚马逊的贝索斯、宝洁的雷富礼等企业最高领导人都不是将创新工作委托给他人，而是始终亲自参与创新流程。可见，具有创新力的优秀企业，在这一点上具有一定的相通性。

罗伯特·斯腾伯格认为，高创造力者应当具有五种关键的人格特征：忍受模糊的能力、克服障碍的意愿、成长的意愿、敢冒风险、自信。尹衍梁从小酷爱钻研工艺技术，纵然挨骂被打，还是继续钻研，从不放弃。他从小就对机械特别感兴趣，尤其喜欢拆解闹钟研究其内部结构，观察齿轮如何运作，每拆解一个，就更进一步了解了闹钟运作的原理。但是他的父亲不了解他的想法，只当他是调皮捣蛋爱破坏物品。结果，尹衍梁每拆解一次闹钟，就换来一顿皮鞭伺候。即便如此，尹衍梁也没有因此而停止钻研其中的工艺。这种不怕困难而专注于研究其中规律的特征，是创新者的共同特征。尹衍梁12岁那年，他终于凭本事将一个被拆解的闹钟又给拼回去了。这是因为他终于找出了其中的规律，他说："拆的时候只要记得顺序、记得角度就可以了。"

一旦弄明白了其中的缘由，尹衍梁就再也不拆解闹钟了。但是，好奇和探索并未因此而终止。他把这种永不知疲倦的钻研兴趣，投射到了自己所经营的事业上。在土木工程领域，他投入了大量的时间和精力，亲自参与各项研发创新工作。在这个领域，到目前为止，他个人发明的专利就达400多项。他在这个领域的成就获得了国际上的认可，被选为俄罗斯国际工程院院士、俄罗斯国际工程院副院长，并赢得了美国土木工程师学会颁发的产业研发成就奖。他没有工程学历,却靠着多年对于实务的钻研,于 2004 年经台湾大学土木工程学系、工学院、校方的层层审核,当上了台湾大学土木工程学系的教授。他一个人的科学引文索引(Science Citation Index,SCI)论文篇数,就占了台湾大学土木工程学系的 1/3 以上。在研究发明上,他总爱追根究底,研究到最极致。他更喜欢企业同仁叫他工程师,而不是总裁。他将每个建筑案子都视为艺术创作,不喜欢的项目不接,与企业主理念不合的也不接。对自己认同的建筑项目,一旦承接下来,他都会全力以赴,即使赔钱也要做到尽善尽美。在尹衍梁的带领下,其建筑团队成为一支创新力十足的团队。团队中的每个成员都勇于开发新产品、新工艺、新工具和新技术,从各个角度去挖掘降低成本、缩短工期和提高质量的创新方法,获得了业界的称赞。建筑公司也一举扭亏为盈,成为业界纷纷效仿的标兵。

2000 年,台湾地区的建筑业跌入谷底。受到大环境的影响,润泰集团的建筑事业出现亏损。润泰建筑的每股盈余跌到了负值,另一家建筑公司润弘连续亏损 7 年,资本额已亏了一半。关键时刻,尹衍梁亲自出马,领导建筑团队,力挽狂澜,在 2002 年把润泰建设改名为"润泰创新"。金伟灿与勒妮·莫博涅所著的《蓝海战略》一书,认为市场环境已经发生了巨大变化,竞争日趋同质化、市场日益拥挤,红海战略已不足以帮助企业取得良好的业绩,维持上乘表现。企业必须超越竞争,开创蓝海,在红海和蓝海之间创造一种新的平衡。尹衍梁说:"我的竞争战略的第一条,就是要与众不同。"当同业企业依旧依靠传统建筑方法在红海中削价厮杀时,尹衍梁执意以技术研发创新为突破口,为企业另辟蹊径。尹衍梁亲自担任研发创新的研发长,激发工程师们一起动脑筋、搞创新。平时,他隔三岔五就跑去工地突击检查,除了检验创新的成果之外,还给予工程师们一定的压力,使创新能真正落地。他训练工程师的方式也很特别。在会议室的后方,放着一堆由乐高玩具组成的机械人。这是尹衍梁买来要员工进行组装比赛用的,他自己也跟着玩。尹衍梁介绍说:"工程就是点、线、面、体积，这个是有帮助的。"创新获得的回报是显而易见的。润泰集团的建筑公司 2005 年合并营业收入是 146 亿新台币，首度登上台湾地区建筑业的龙头位置。尹衍梁更是勇夺个人创作金牌奖，润泰集团成为台湾地区唯一一家拿下最高等级建筑执照的建筑公司。

三、追求进步，好还要更好

在尹衍梁看来，无论是熊彼特的"创造性的破坏"，还是通过小发明来改进现有的流程或工艺，关键在于要持之以恒地去追求进步。尹衍梁每天六点十五分到公司，下午三点读书思考，并劝干部读书思考。他说："我的目的就是推翻昨天的我，我今天发明的东西，明天就可以把它推翻，推新的出来。"在他看来，任何发明创造，都是通向更加完善的途径和步骤。完美是永无止境的，因此发明和创造也是永无止境的。无论是通过否定过去，还是通过改进的方式，在尹衍梁的眼中，都是社会不断向前发展所需要的创新活动。在发明创造上，尹衍梁从不甘心落于人后，他说："我可以饶人，但不可以让人。"他可以容忍创新团队中的成员出现创新的失败，因为，创新活动本身就是从失败中累积经验最终才获得成功的。但是，作为一位创新上的老将，尹衍梁从来不消极等待，而是主动提出各种创新性的想法和建议。他甚至热情地欢迎大家对他的想法提出挑战。尹衍梁有时也有孤独感，他说："因为我没有人可以推翻，所以我推翻我自己。"

过去，润泰集团的建设公司只盖豪宅，在住宅建筑市场上已有良好的声誉。但是，尹衍梁并不满足于现状，而是领先一步，进军高科技厂房。高科技厂房的建筑要求和规格与民用住宅相比，要高得多、复杂得多。例如，制造芯片集成电路（Integrated Circuit，IC）的厂房需要是"无粉尘的厂房"。因为电晶体非常微小，如 8 寸的芯片其表电晶体闸极的长度是 0.25 微米，而 IC 就是在芯片厂里的洁净室制造的。因为电晶体是如此微小，一个掉在 IC 上的微尘

第六讲
旺盛的创新力

就可以损害该 IC，因此，要确保 IC 的质量，就必须保持洁净室里的微尘数量很少。例如，洁净度为 0.5 微米，是指一立方英尺的空间里，直径超过 0.5 微米的微尘不到 1 个。这样的建筑规格和要求，对从事民用住宅建造的建筑公司而言，是个巨大的挑战。尹衍梁是个喜欢接受挑战的人，他领导团队开辟建筑市场的"蓝海"，进军高科技厂房市场。除了亲自带领团队进行技术研发与攻关之外，他还远赴芬兰与日本取经，引进新技术，并在这些技术上进行大胆创新和突破，形成一系列建设高科技厂房的独到技术。现在尹衍梁会很自豪地说："润泰不只会盖豪宅，精密复杂的高科技厂房，我们也一样拿手。"

熊彼特强调勇于创新的企业家精神，他甚至用诗一般的语言讴歌这种企业家精神："他有一种梦想和意志，去打开一片天地；他有一种征服的欲望，证明自己比别人优越的冲动。"尹衍梁致力于建筑业数十年，总有人问他，最满意哪一栋建筑的建造，他的回答是："下一栋的建筑最好"，因为他坚持"推翻今日的做法，引领明日的做法"的信念，永远超前于同业，不以现状为满足。要勇于推翻自己，就不能有所保留。尹衍梁将 21 项钢筋自动化专利毫无保留地开放给全球无偿使用，国际社会因此而感到惊讶。建筑企业通过尹衍梁的"尹式工法"可以节省钢筋用料一至四成，总建筑成本可以节省至少 5%。对此，尹衍梁说："把专利开放出来，就是不怕竞争，也不代表结束；对企业来说，反而是另一个开始。"他进一步表示，创新是企业前进的原动力，传统建筑业长久以来就是缺乏这股创新研发的原动力。尹衍梁开放专利的举措，具有重大的鲶鱼效应，为业界注入了新的创新激情，促进更多的同业者在此基础上进行进一步的创新和发展，有助于提高建筑业整体的创新力和竞争力。

古典管理理论的主要代表人之一、过程管理学派的创始人亨利·法约尔指出："除了领导者的首创性外，还要加上全体人员的首创性，并在必要时去补充前者，应尽可能地鼓励和发展这种能力。一个能发挥下属人员首创精神的领导者要比一个不能这样做的领导者高明得多。"尹衍梁不仅自己喜欢搞研发，还鼓励大家积极进行发明创造。尹衍梁清楚要在传统建筑业中另辟蹊径,就必须在技术上能创新研发。向来对工程很有兴趣的他亲自担任研发长,带领研发团队进行创新。他随时都有很好的创新点子,但是要激发工程师们一起动脑筋,却是困难重重。学工程的人脑筋比较死,要他们走出"理所当然"的思维非常困难。因此,一开始大家态度消极,每次尹衍梁的突发奇想,大家想都不想就回答"不可能"。看到这种情景,尹衍梁并不气馁。一方面,由建筑公司的总经理在尹衍梁不在时开小会,解释他的想法并追踪研发进度;另一方面,设立专门的奖金,奖励工程师的创新成果。如此一年下来,情况就开始改变了。工程师们都主动和尹衍梁探讨新技术,提出自己新的想法和见解,尹衍梁反而成了听众。每次研发会议上,尹衍梁面前总是放着一叠白纸和七种颜色的荧光笔,一边听工程师们解释,一边不时拿起笔来,在纸上画出自己的想法。与会议室外一墙之隔的就是工厂,可以作为户外的实验室。上午会议中的新点子,下午工程师们就能做出雏形来。通过这种方式,工程师们的首创精神和热情被极大地激发了出来,新的工法不断被提出来,成为业界竞相效仿的榜样。

第二节 工具创新论

尹衍梁向来强调工具的重要性,他指出,单个的个人有多种限制,其中一个限制就是工具上的限制。为了让大家能够明白其中的道理,尹衍梁还用螃蟹来做比较,说:"很多工作我做不了,如果加上合适的工具,就可以解决,其实我们比不上螃蟹,它随身带着大钳子,可以钳住东西,而我们人则必须使用工具,才能达成。"企业是一个组织,以分工与合作的方式来汇集众人的力量,去完成单个个人所无法完成的任务。当工具获得改进时,企业的效率就可

第六讲
旺盛的创新力

以获得提升，团队的力量就可以进一步增强。因此，尹衍梁重视对工具的创新与发明，通过新工具的引入和应用，来提升企业的竞争力。

一、工欲善其事，必先利其器

尹衍梁是位特立独行的企业家，他钻研和探索管理学问的方式也是五花八门。他对事物充满了好奇，兴趣包罗万象，而且大量阅读和学习，使得他的知识非常广博。有一次，他在研读达尔文的《物种起源》一书时，对蜜蜂产生了浓厚的兴趣。他发现蜜蜂是天然的高级工程师，蜜蜂所建的巢穴，是由众多正六角形的蜂蜡巢穴所组成的。这种六角形排列而成的结构叫做蜂窝结构。蜂巢内外面的巢穴（叫做巢房）刚好一半相互错开，组成六角形的边，而交叉的点是内侧六角形的中心。这种构造，是为了提高强度，防止巢房底破裂。当尹衍梁进一步查阅相关资料时发现，这种蜂窝结构非常坚固，被应用于飞机的羽翼及人造卫星的机壁。这时，他突然一拍脑袋，说："有答案了！"于是，他马上通知所有工程师，第二天上午召开创新研发会议。会议上，他大胆提出模仿蜂巢来设计"格子梁"的想法，认为模仿蜂巢结构来设计的"格子梁"能实现大跨距，不需支撑又能维持一定的强度。在经过反复论证和充分讨论之后，这个想法获得了工程师们的认可。很快，雏形就做出来了。通过实地反复测试和检验，最终发现这种结构的"格子梁"的确有其不可替代的特点，能突破传统工法的局限。

在企业经营过程中，尹衍梁强调工具改进和创新的重要性。他说："我们在这上面的投资，永远比竞争者多。"通过不断强化对于工具的研发与创新，尹衍梁领导的企业能够具有持续的竞争力。当台湾很多建筑公司都在努力转向 AutoDesk Revit 工具时，尹衍梁已为其工程师配备了更为先进的 Bentley 3D 建模工具。在润泰建筑团队内部有两组人马，一组人马专门用 Bentley 3D 建模，另一组人马专门画 2D，而且这两组人马还互相支援。在兴建复杂工程时

达观天下
——跟尹衍梁学管理

通过这种技术能进行反复模拟、测试、预演和检验，进而获得建筑上的创新和突破。台湾是个地震频发的地区，因此，对建筑的抗震能力有更高的要求。尹衍梁在研究如何通过创新来提高建筑的抗震能力上，投入了大量的时间和精力。在传统的筏式基础做法以外，润泰建筑团队通过3D技术研发出来，将连续墙和柱底桩基深入到承力层，将大楼的重量和地震力均匀有效地传递至承力层中；并考虑利用桩基外表的摩擦力抵抗土壤上浮力，使得最终的效果不但耐震、抗浮且能减少不均匀沉陷，从而使抗震效果更好。日本著名企业家松下幸之助在《事在人为：松下幸之助谈经营》中指出："只有努力创新的商店或生产公司，才会有前途。墨守成规或一味模仿他人，到最后一定会失败。"对尹衍梁而言，创新是其经营企业的重要使命，他经常问自己："我们不做，谁来做？"在被认为创新力低下、循规守旧的建筑行业，尹衍梁不断通过创新来提升其整体高科技含金量。

在彼得·德鲁克看来，那些凤毛麟角的企业之所以杰出，不仅在于它们能够创造出划时代的产品，更重要的是它们能够凭借自身的努力创造出顾客和市场。高层建筑一旦出现大火等险情，抢险救人时会面临由于楼层高、功能复杂、设备繁多、可燃物多而引发的救援难度大等诸多难题。对此，尹衍梁亲自带队，组成研发攻关小组，研究如何最大可能地保护高层建筑住家的安全。后来，终于获得了突破，在高层建筑物内的每个单元引入"人体保险箱"的概念，即"黄金救援安全密室"，并建成了台湾第一座带有"人体保险箱"的建筑。密室中的每一项特殊设备，从防火、防烟到防震、防暴等，都以维持住家最高安全为基本出发点，从而保证在任何正常状况及意外时刻，都已备妥一套很周全的保护设备随时待命，让住户的生命在最紧急的时刻仍有最后保命生存的避难空间。为达到"黄金救援安全密室"的效果，尹衍梁带领的建筑研发团队从建筑结构、机电设备、智能化等多方面做了改进，使用了很多专利在里面。由于该"黄金救援安全密室"的作用，建筑物可保证在意外发生（比如处于烈火燃烧中）的关键两个小时内，住户有充裕的时间得到最佳的紧急救援。这样的建筑一经推出，即获得市场的欢迎，不用打广告就已销售一空。对保守的建筑业界而言，尹衍梁是个"跳脱规范"和"创造新规范"的先行者。在尹衍梁看来，颠覆性创新首先是不走老路，与传统做法应该有很大的不同。

英国著名学者李约瑟发现了一个奇怪的现象：尽管中国古代对人类科技发展做出了很多重要贡献，但为什么科学和工业革命没有在近代的中国发生？这就是著名的"李约瑟之谜"。对此，一种观点认为中国文化缺乏创新精神。尹衍梁不认同这种说法，认为中国文化虽古，却历来强调"新"。他进一步指出，商王朝的开国之君成汤，是古人推崇的千古明君。商汤王在自己的洗澡盆上刻上了这样一句话："苟日新，日日新，又日新。"可见，即便在那个时候，领导者也时时刻刻在强调创新的重要性，而且还把创新刻在自己每天都要用的洗澡盆上，提醒和鞭策自己。尹衍梁认为，中国文化中的创新意识，不仅如商汤王这样的最高领导者有，在民间也是广泛存在，例如春秋战国时期的墨家，就特别擅长搞发明与创造。中国的"四大发明"，也对世界的发展做出了卓越的贡献。因为有这种历史纵深感，尹衍梁视创新为自己的使命，并把创新作为自己追求进步和追求完美的寄托。

二、有创新，才有新工具

尹衍梁认为大脑的潜力是无穷的，所以，创新是永无止境的。他认为，人与人之间，不同的是大脑的开发程度。美国的心理学家威廉·詹姆斯在《人的能量》一书中写道："我们现在仅运用了智力和身体的一小部分。"人类对其大脑的开发还没有超过10%，即还有九成的大脑处于闲置状态。尹衍梁进一步强调说："头顶上的东西不重要，头皮下的东西才重要。"头皮下的东西，就是大脑。人类大约有几百亿个脑细胞，每个脑细胞大约有几百条脑神经，每条神经上大约有几百个突触，每个突触都有丰富的蛋白质。只要能够把大脑的创新能力充分调动起来，就能不断发明出更好的工具，帮助人类更好地解决所面临的问题和挑战。

尹衍梁是北京大学的兼职教授、博士生导师。有一次，他到北京大学光华管理学院给博士生们讲课，讲的是托马斯·库恩的《科学革命的结构》这本书。他强调说："创造力是一个人的核心竞争力，也是促进社会发展最有效的能力。人的创造力是所有的工具都无法替代的，有了这种创造力，新的更好用的工具还会不断被发明出来，应用于生产与生活之中。现实生活中，具有创新力的人往往能从生活中获得灵感和启发。尹衍梁认为："两百年没人改变这一行（建筑业）的技术，只要稍微用点心，就很不一样！"所谓"稍微用点心"，就是要多思考、多观察，往往能够产生灵感进行发明与改进，从而改变建筑业传统工法的局限性，提高建筑的工艺与质量。在台湾，建筑公司都面临劳工不足的问题，台湾建筑行业最缺的是钢筋工人与混凝土工人，每年以一万人的速度在减少。人一少，大家就争相抢人。于是，尹衍梁就开始思考，如何既能够节省人力、节省钢材，又能够提高质量。

尹衍梁喜欢驾驶帆船去远航，而要驾驭好帆船，绳子的有效使用在其中发挥着举足轻重的作用。尹衍梁说："海上风浪瞬息万变，而帆船靠的是自然风力，要用绳子控制帆船，就必须学会快速打结，这样才能掌握风帆的松紧。"打绳结是驾驭帆船的基本工作，在实际操作的过程中，绳结也分不同的种类，以适应帆船在升帆和停靠岸时的不同情况。有一次，尹衍梁又要准备出航。他熟练地将前帆控帆索系到前帆、后帆角上，将绳子穿过滑道滑轮拉到后甲板位置，并在绳头打结，做好升前帆的准备。在打绳结时，他突然想到了改进箍筋的办法。于是，第二天召集工程师紧急开会研究。结果，在传统的"一笔箍"的基础上，加以改良，发明了"柱箍筋"。整根柱子的主筋就像一根直立的大弹簧，在其四边缠上四根小弹簧当箍筋，箍筋材料只需原来的一半。在制作过程中，通过机械办法只要把小弹簧对准大弹簧的间隔串进去即可，不需要人工进行绑筋，这样节省的工资支出高达 95%。这样的"柱箍筋"，其断面比传统的耐垂直力高 50%、抗摇晃性强 20%。以一个工地需要 60 根大柱来算，光成本就可以节省 20%。

尹衍梁的很多发明创造，都是基于他对生活的细致观察和深入思考。尹衍梁很强调求异思维，着力于发掘客观事物之间的差异，对习以为常的现象敢于提出质疑。他不走寻常路，一定要标新立异。在台湾大学土木工程学系的教师网页上，尹衍梁身着迷彩劲装，头顶大帆船帽，霸气地坐在哈雷摩托车上，一身荒野镖客的造型，彻底颠覆了教授的传统形象。这体现了他不走寻常路的个性和思维逻辑。此外，他还具有敏锐的洞察力，不断地将观察到的事物与已知的事物联系起来，探求其相似性、特异性，发现其内在联系和本质特征。再加上他创造性的想象和活跃的灵感，往往能够在长时间苦思后，豁然开朗，顿然醒悟，获得解决问题的新思路、新方法。

尹衍梁创新成功的关键，除了他对知识的永不满足，更重要的是，他有魔鬼般的意志力。最初，他要用创新研发重新改造公司时，公司里的人都说他是"疯子"，但是，公司的业绩证明他的做法是对的。屈原在《离骚》中写道："路漫漫其修远兮，吾将上下而求索。"尹衍梁很推崇《离骚》中的"求索"精神。在现实中，他也是百折不挠、不遗余力地去追求和探索，并乐此不疲，纵然众人都反对，他也不会退却，直到达到满意的结果。尹衍梁分享经验时说："研究并不难，我就是不停地问为什么，know-how 很容易，要问 know-why，问为什么要这样，问背后的道理。如此，一切分为二，二切分为四，定义就出来了。"善于钻研的尹衍梁进一步解释说："我为什么有这么多专利？就是因为那个道理不通嘛，不通不合理的地方就有一个缺口，就可以发明东西、改善它。"驾驶飞机已数十年的尹衍梁，曾经因飞机的油箱设计不良，差点发生危险。他发挥"求索"精神，在这架飞机里反复研究问题到底出在哪里。最终，他发现问题出在该飞机出油口位置太高，导致油还没有用完，油管就已经吸不到油了。发现这个"致命错误"后,尹衍梁立刻写信给设计这家飞机的捷克公司,告诉他们如何改进。尹衍梁这种追根究底的求索精神,让这家公司惊讶不已,并因此免费赠送他一架新飞机,以示歉意和谢意。

三、制度创新也是新利器

尹衍梁认为,制度其实也是一种管理工具。在企业制度创新上,尹衍梁坚持从有利于客户的角度来开展各项制度和流程创新。凡事他都以客户为先,力求成为"客户利益的代言人"。为让客户了解开发商一切为了顾客着想的良苦用心,尹衍梁的建筑公司在建筑过程中,特别兴建了对客户开放的"样板房"。但是,他的"样板房"与传统的"样板房"有明显的不同。传统意义上的"样板房",主要展示的是房屋完工后的装饰情况,间或有房间的参考布局和设备配置情况。但尹衍梁的"样板房"则是在此常规做法的基础之上,增加了房屋建造过程的展示,既包括钢结构梁柱节点、楼板配筋、预铸外墙、防水、装修构造的不同层次等,也包括诸如"人体保险箱"在内的特色创新点展示。因此,这不只是一个简单的样板房,简直就是一个全面体现房屋建造过程的"博物馆"。此外,尹衍梁的每个建筑项目,都会举办"施工说明会""结构说明会""装修说明会"和"完工说明会",且还在制高点及特别位置上架设视频监控,让购屋者可通过视频,看到施工的整个过程。尹衍梁的这些创举,一下子抓住了客户的心理,使得客户对设计、建材、结构、房屋状况等有了充分的了解。由于能如此透明地向客户开放建筑过程中的所有细节,本身就说明了建筑公司的自信,因而获得了客户的充分信赖,房子也因此大受欢迎。

尹衍梁有一次去吃法国料理,发现其主厨会走出厨房,近距离和客人打成一片。这个过程中,主厨因为看到自己辛勤努力的成果为客人所肯定和欣赏而倍感自豪、备受激励,客人则因为与主厨近距离的沟通和交流而更加喜欢这些食物。这种互动,让两方都从中获益。突然,有个新的想法出现在他的脑海中。建筑工地的工人挥汗如雨,为什么不能让工人和客户直接互动呢?于是,"玻璃式经营"的创举就此产生。尹衍梁要求工地在确保安全的前提下,向客户开放所有环节,实现施工过程全透明。这种公开和透明,建立在对员工信任、对建筑质量的自信和对客户认真负责的基础之上。建筑工地上的所有状况和环节,全都向客户开放,像玻璃一般清澈透明,不加任何掩饰。这种玻璃式经营法的实质是开发商与客户之间坦诚相待、互相信任。让购房者走进工地的做法无异于餐馆把厨房开放给客人参观。但是,真金不怕火炼,购房者超高的满意度大大增强了尹衍梁的信心。这一看似普通的举措背后,对外传递出的却是尹衍梁发自内心的诚信和责任。

彼得·德鲁克指出:"管理者必须抛弃过去,丢弃已经存在和为人所知已过时的东西,他必须创造未来。"十多年前的台湾地区,建筑业普遍遭遇劳工短缺的问题。而为了解决缺工的危机,尹衍梁远赴芬兰和日本取经,引进"预铸工法"。传统上盖房子,都是把钢筋、水泥运到工地后,再由工人现场实施捆扎、灌浆等流程。如此一来,现场便需要大量的工人,且易受到天气及工班不易控管等因素的影响。但预铸工法让房子的构造变成一个个零件,先在工厂里提前制作好,然后像乐高玩具一样,在工地现场层层堆叠组装。预铸工法对当时的台湾建筑业来说是全新的技术,从业者和建筑师都还不习惯这种建筑方式。不过,在尹衍梁看来,做有难度的事情恰恰是有意义的。当不少建筑业者被预铸技术难倒而纷纷退却时,他却迎难而上,排除各种阻力坚持引入了最先进的预铸工法,开创了台湾建筑业的新纪元,为客户提供经济、快速且具有高品质的预铸工程。

引进预铸工法对尹衍梁而言,才仅仅是创新的开始。1995 年,尹衍梁在杨梅建立预制工厂,就是混凝土预制构件加工厂,其资本额为 4.39 亿新台币,员工 140 人,面积 48 000 平方米,产能 100 000 立方米 / 年。有了这个大基地,尹衍梁就可充分施展拳脚,以提高预制构件质量为突破口,将所有在工厂预制的混凝土构件按照机械加工件的要求来实施，这被称为精密工程。在这个理念的推动下，建筑团队以科技为手段，以精密为标准，以预铸工法为载体，通过同步工程以缩短工期。在预制工厂里，处处体现了尹衍梁独到的创新力。

撇开企业家繁重工作的那一面，尹衍梁有他的快意人生。他喜欢骑着自行车出行，在马路边的菜馆吃饭。有一次，他看到小菜馆厨师精湛的炒菜技艺，像突然领悟到了什么似的，急忙往预制工厂跑。他告诉工程师们，要把混凝土浇制养护区建成手艺高明的厨师的炒菜锅那样，把备好的料（例如钢筋、水泥等）在模具的组合下变成梁柱，就如同厨师在炒菜锅中把所有原料结合在一起，成为一道美味佳肴。在这个创意的启发下，工程师们最终试验成功，而且共设计了三组这样的混凝土浇制养护区，可同时作业，不仅效率高，而且质量好。

第三节　创新无极限

1958年，波兰数学家斯塔尼斯拉夫·马尔钦·乌拉姆和约翰·冯·诺伊曼有一次对话，他们共同意识到了人类技术的发展速度在不断加快。之后，实际上的技术发展比他们那时所能想象的还要快。不少曾经是技术领导的明星企业，一旦放慢技术创新的步伐，就会渐渐地沦落到破产或者被收购的境地。在技术更新不断加速的今天，即使是处于技术领导地位的企业，也不敢有丝毫的松懈。因为，高速发展的技术变革，给所有企业都会带来巨大的压力。唯有持之以恒地创新，才能跟得上技术发展的潮流，才能确保长期拥有竞争上的优势。

一、不只卖房子，更卖幸福

尹衍梁认为，创新就是要用大脑来竞争，他强调说："中国三千年前有士大夫阶级时，就有了知识经济，我们将来的发展，一定是透过创新、透过改革、透过专利方法的保护，'去卖脑汁而不是卖机器'，去卖管理而不是卖劳力，去卖经营而不是卖简单的管理，这样才能永续经营。"在建筑行业中，激烈的竞争使得生存都很难。在这种格局中，若去拼价格，很容易导致互相恶意杀价，结果对整个产业的发展也是不利的。尹衍梁认为，与其去拼价格，不如去拼价值，要用更好的技术、管理来向消费者提供更多的附加价值，进而获得竞争优势。在他看来，这种基于创新的竞争力，无论是对于同业者而言，还是对于消费者而言，都具有正面的积极效应，因而是更为持久的竞争力。因此，尹衍梁强调"去卖脑汁而不是卖机器"。"卖脑汁"就是要用创新的办法来提高技术和管理，提供更多具有附加价值的产品和服务。

当然，尹衍梁认为，"卖脑汁"也是有学问的，就是要绞尽脑汁以提升消费者的幸福感为创新的方向，这样才能使得创新成果转化为消费者能感知的附加价值。不仅是在盖房子时要为客户创造"幸福"的感觉，就连在投标各项工程前，尹衍梁都时时在想，如何为业主创造"幸福"的感觉。这种"幸福"的感觉又分为有形的及无形的：有形的就是让购房者买到称心如意的房子，能在这样的房子里面幸福地生活；无形的则是建筑公司要处处为购房者着想，用心服务好业主。当别的建筑公司还在沿用老的套路，砸下大笔经费去做广告时，尹衍梁却努力将宣传经费节省下来设立"客户服务部"，除了接听顾客电话之外，还主动去电询问顾客的感受。从基层到高层，每个人都要打电话去倾听顾客心声。尹衍梁表示，客户服务部代表的就是客户权益，要替客户着想，站在他们的立场向施工部门争取品质保证。尹衍梁时常在说，唯有为业主创造更多的附加价值，才会是赢家。当每个人轮流给顾客打电话时，不仅仅主动询问房屋情况及可能存在的问题，还了解顾客的期望和建议，为日后不断改进建筑质量提供依据。汤姆·彼得斯和罗伯特·沃特曼在《追求卓越》中指出："能提供超乎消费者预期的惊喜，才是新赢家！"在尹衍梁看来，要让消费者感受到预期之外的惊喜，不能通过设计各种花哨的东西来吸引消费者，而是需要真心诚意、设身处地站在消费者的立场上来思考问题。

要实现让顾客"幸福"，需要甘愿服务客户的员工。在企业的墙上，刻着总裁尹衍梁的一段话：为股东及员工创造"幸福"的感觉。台湾建设业的快速发展给建筑企业带来了机遇，也暴露出了创新人才匮乏的问题。尹衍梁不遗余力地去培养创新性人才，挖掘员工的潜力，给予员工充分展示其才华的平台和舞台。曾经有位主管带着停薪留职、计划进修的员工跟尹衍梁辞行，他二话没说就拉开抽屉，拿出装有数十万现金的信封给这位员工当差旅费。事后，尹衍梁还训诫这位主管，说："公司应该鼓励上进的同仁，不是停薪留职而是留职留薪才对啊。"尹衍梁注重人情味和感情投入，给予广大员工家庭式的情感抚慰。企业与广大员工结成的不仅是物质利益的共同体，更是情感上的共同体。在此基础上，尹衍梁反复提醒伙伴，在欢庆丰收、士气提振的当下，要用爱心与道德把幸福感传递给客户。因为尹衍梁明白，要让客户感觉到幸福，关键在于确立"顾客至上"的理念和思维，选择有爱心且愿意服务他人的"志趣相同"的员工，通过鼓励创新把幸福感准确无误地传递给客户。

尹衍梁在如何用心让客户满意上，有自己的切身体会。台湾的南投埔里有座地母庙，是宏碁（Acer）创办人施振荣的母亲、有"宏碁阿嬷"之称的陈秀莲最大的精神支柱，但"9·21"大地震毁了这座地母庙，庙方重建工程十分缓慢，让阿嬷相当焦急，最后，尹衍梁亲自出马，承接重建工程，仅收工本费。尹衍梁为了这个小工程，还特地南下11次，亲自勘察地形、制订施工方案、核查施工质量和进度。由于施工具有相当的难度，尹衍梁特别动用了三个小组进行研究，采用不同的工法进行突破。尹衍梁也是亲自到场，现场指挥研

第六讲
旺盛的创新力

究小组进行创新与试验，最终成功突破关键点。对此，施振荣感觉到很幸福，每次提起此事，都会笑着说："（尹衍梁）比我自己去的次数还多。"尹衍梁对工程如此上心，让施振荣相当感激，就放心地把宏碁龙潭渴望园区的全东南亚规模最大的网络资料中心（E-enabling Data Center，EDC）建筑工程交给了他。作为一个"数据仓库"，对电源的连续性和稳定性都有较高的要求，为此尹衍梁亲自带队，通过不断地攻关和采取一系列的新措施，最终从设计、设备配置及选型和施工等诸多方面保证了供电的可靠度达到99.999%。完工之后，桃园地区多次停水、断电，但丝毫没有影响到EDC的正常运作。"原本我们预估要18个月才可以完工，但没想到这么难的案子，我们还可以超前"，每天都去工地查看的尹衍梁笑着说，"还好之前发展出预铸工法。"

在科技业市场竞争异常激烈的情况下，新科技产品的入市时间成为重要的竞争环节。科技厂房重时效，早一天运作，新技术产品就可以早一天进入市场，获利就会增加很多。因此，鸿海集团迫切希望其子公司沛鑫半导体的厂房能够早日投产。尹衍梁接到这个项目后，从规划设计、施工到完成启用居然不到三个半月，创下了百日建厂的纪录，让郭台铭钦佩不已。看到新建的厂房迅速形成生产力，所生产的产品源源不断地进入市场，郭台铭感到很幸福。百日建厂近乎神话的成就背后，是创新研发团队孜孜不倦的努力和探索。尹衍梁领导的创新研发团队，能大胆突破条条框框的限制，在传统产业中大胆导入非传统、创新思维，在方法上赢过了竞争对手，形成巨大的差异化优势。尹衍梁曾经这样评价自己："土木是我的工作，也是最爱。"引进预铸工法后，尹衍梁带领团队进一步创新与研发，更在一年之内取得24项专利，将预铸工法每个有可能被对手切入的环节紧紧扣住。为了缩短工期，还研发出计算机中模块化工具，包括估价、制图、施工在内。通过把80%到90%的经验值放进计算机中做出模块，每个工程只要照模块做5%到10%的修改就可以完成，既快又准且大大节省了人力。有了这些创新成果后，尹衍梁如虎添翼，不断创造建筑业的奇迹。每个项目结束，都让客户幸福得不得了，新项目也就源源不断而来。

二、勇于驾驭 ERP 这匹烈马

俗话说：不是关云长，就骑不了赤兔马。管理的实践，错综复杂。若没有英雄骑烈马的本事，很容易失败。企业资源计划（Enterprise Resource Planning，ERP）开始来到中国，是在二十世纪七十年代末。其后，一些企业对 ERP 的探讨与实践一直没有停止过，但结果惨烈：种种 ERP 实践，成功的却比较少。尹衍梁喜欢面对各种挑战，他喜欢驾驶小型飞机去挑战蓝天、驾驶帆船去挑战惊涛骇浪、驾驶重型摩托车飞驰在山岭之间。越是难以驾驭的挑战，他越是喜欢和痴迷。尹衍梁花费巨资导入 ERP 系统，他的公司成为台湾岛内第一家导入 ERP 系统的建筑公司。像所有导入 ERP 的公司一样，在导入过程中，充满了各种阻力和挑战。通过 ERP 系统把公司内部从销售、财务、物料到供应商管理等的各个流程，通过信息化全部整合到一个平台上。这个整合过程，对任何一家企业而言，都是伤筋动骨的事情。处理不好，会使得企业元气大伤，甚至破产。美国加州伯克利大学的博士赖士勋亲历了整个整合过程，曾这样描述其中的艰难和阻力，他说："这个过程没死也只剩下半条命。"面对汹涌而来的阻力和挑战，尹衍梁却狠下心来，强势要求大家改变习惯，学习和接受 ERP 这种新的管理工具。当有人以离职来要挟时，尹衍梁毫不客气地下达命令："不配合者一律开除。"正是在这种强势和铁腕领导下，ERP 导入工作才得以破除重重阻力而得到有效的落实和实施，整个公司才在真正意义上实现了脱胎换骨。

身处信息化的时代，尹衍梁清楚地意识到，必须驾驭"信息化"这匹烈马，才能在信息化时代保持竞争优势。在信息设备的精进与扩充上，尹衍梁永远指示要比别的企业做得更好、更精良，要让公司员工无后顾之忧地全力冲刺，如此才能在竞争的商场上稳操胜券、脱颖而出。尹衍梁曾经让主管们思考一个问题：为什么经历过 8 年两伊战争的磨炼，装备有大量苏制现代化武器的伊拉克军队会被美国人如刺刀穿透黄油般轻易击溃？当众人沉默思考，一时给不出很好的回答时，尹衍梁就会解释说："若敌我两军的将领、士兵、战法等条件都相差无几，那么何者拥有的武器设备较为精良进步，便成了左右战局的关键。"同样的道理，在商业竞争上，当其他条件都差别不大时，先进的设备和工具就能发挥出关键性作用。在尹衍梁看来，率先导入 ERP，不仅是要实现流程再造和系统自动化，而且是要让公司脱胎换骨，成为信息化时代具有超强战斗力的信息化企业。通过信息化设备来武装广大员工，使其成为更有战斗力系统中的一员，那么，在信息化商战中就能够领先一步，获得竞争优势。所以，无论多大的成本和代价，尹衍梁都要赶在潮流之前导入 ERP 系统。

很多公司在导入 ERP 的过程中，出现了各种阻力和问题，结果都失败了。尹衍梁很清楚导入 ERP 过程中的诸多风险，并且有意识地予以掌控，尽可能降低导入过程中的风险，实现有效整合。喜欢钻研的他，即使骑自行车也能从中琢磨出过程控制的道理。他以"重抬、轻踏、平移、后拉"八字口诀，掌握了轻松骑车的原理，一分钟可以踏 72 下，22 公里一般人需要骑 2 个多小时，他只需要 40 分钟。在导入复杂的 ERP 系统时，他根据导入流程进行细分。在新系统导入之初，他强调"重抬"，通过自己在企业中的权威，从上而下来推动 ERP 的导入。在这个阶段，他亲自主持 ERP 导入工作，并颁布严厉的执行制度和措施，强势推进 ERP 导入工作，出手重，力道猛。接着，需要实现 ERP 系统与各个部门的衔接。这时，尹衍梁会采用"轻踏"的做法，用周密的制度、精细的执行等方式，推动 ERP 与各部门的无缝对接。一旦这部分工作完成，就已积累了 ERP 导入过程中的具体经验，于是，就可采用"平移"的策略，使 ERP 与所有上下游供应商和合作企业实现整合，强调全系统的整合与全模块的整合。在实施过程中，难免会出现问题，产生一定的后坐力与后遗症，这时，尹衍梁会根据实际情况进行修复和完善，即采用"后拉"的策略，使得 ERP 能和企业运营实践更好地、有机地结合在一起。通过这种方式，即使是 ERP 这样难以驯服的管理工具，在尹衍梁的掌控下，也能体现出柔顺的一面，成为企业竞争力的重要利器。这八字策略，也使得尹衍梁能果断避开 ERP 导入过程中的种种陷阱，进而确保 ERP 系统能发挥出最强战斗力。

尹衍梁的很多管理思想，并非来自教科书，而是源自生活。他善于从生活中找出规律，并能够从中领悟出对企业管理的启示，应用到企业管理实践中，获得良好的效果。在他看来，无论多么小的事情，只要善于学习，都能从中学到东西。尹衍梁利用从骑自行车中提炼出来的规律，来思考企业管理的提升之道，发现日常生活和企业管理之间存在着相通之处，进而用这一规律来指导 ERP 导入企业的管理实践，获得了成功。尹衍梁喜欢读书，但是，当别人问他读书的方法时，他会引用《孟子·尽心下》中孟子的话，告诉对方"尽信书，则不如无书"。当对方继续追问时，他会引用弗兰西斯·培根在《谈读书》中的名句："书并不以用处告人，用书之智不在书中，而在书外，全凭观察得之。"尹衍梁认为，这两位先贤年代差将近 1 800 年，但是，后者对读书的理解如同是在与前者对话，是对前者观点的进一步阐述。"全凭观察得之"，一语道出了尹衍梁管理学问的来源。在他看来，书本上的知识要和生活与管理实践互动，才能实现佛家所说的"转识成智"。

三、有创新就无天花板

尹衍梁被誉为"没有天花板的企业家"，主要源自其个人和其领导团队的旺盛创新力。尹衍梁从小就喜欢动手和动脑，通过拆解闹钟、摩托车等，来了解这些机械运作的原理，分析和找出其中的规律，并思考进一步改进的可能。这种从小养成的习惯，很自然地就体现在他带领团队进行创新的实践活动中。在杨梅的现代化预铸工厂，不像是建筑公司的厂房，而像是自动化精密机械厂，里面是一部部大型机器正不停地运转。令人惊讶的是，里面不少工法是

第六讲
旺盛的创新力

尹衍梁自己创新和设计出来的。例如，工人们通过一台大机器把坚硬的钢筋卷成螺旋状，这种工法叫"螺旋箍钢筋笼"，是尹衍梁发明的。另一台机器正在把一条钢筋卷成独特的螺旋筋，这种工法也是尹衍梁首创的。这种"一笔箍"机器，可以把一条钢筋弯折成所设计的大小，减少在现场箍筋绑扎的问题。在施工现场，有大型的格子版吊装车，用于把重达千金的预铸格子版吊到八米高的高度，这也是尹衍梁发明的。可以说，这里的机器和工法全都是尹衍梁的发明与专利，它们像是尹衍梁的大玩具。这些大玩具不断被发明出来，尹衍梁更乐此不疲，就像他小时候迷恋于拆解闹钟、摩托车那样。这种迷恋充分体现了他对新情况、新问题、新事物有强烈的探究精神，乐于迎接新的挑战，并且会不知疲倦地去分析事物内在的运行规律，发明出新的工具或者工艺。

对于建筑行业中的这些创新活动，尹衍梁乐此不疲。他说："我是工程起家，一直都没有离开这个行业。我是技术职业学校出身，做木工的，以前做过两年钢铁厂厂长、重机械制造工厂厂长。以前买外国设备要一两亿新台币，但自己做只要七千万新台币，所以我就自己设厂制造，机器都是我去展览场馆拍下来，算出尺寸比例大小，就自己画图自己做，以前的机器比现在复杂百倍。"从技术职业学校出来的他，现在居然成了大学的教授、博士生导师，指导博士做学问、搞研究。他从不满足已有的知识和结论，不陶醉于已成功的产品和服务，喜欢别出心裁、标新立异。不少建筑公司不愿意引进预铸工法，是因为这种工法成本高，所以市场竞争过程中在报价上面就处于劣势。为了降低预铸工法的成本，尹衍梁首先在工具上进行创新和突破，自己去发明新的机器来替代人工，通过机器来实现预铸部件的精密制造。结果，这一举措，一下子把人工费用给大大降低了，而且提高了预铸部件的质量和生产效率，进而缩短了建筑项目的工期。同样的项目，在报价上略微高一些，但是在工期明显缩短，且工程质量有保障的情况下，预铸工法就有了明显的优势，很快就获得了市场的青睐，建筑项目纷纷找上门来。用尹衍梁自己的话说，就是"研发是根，我们努力创新，这完全是新的工法，又好又快，可能贵一点，但很多人喜欢我们，只要被我们服务过的，就像吃了健康的吗啡，一辈子都会找我们"。

贝聿铭说："医生们可以掩埋掉他们的错误，但建筑师不得不和他们的错误生活在一起。"为了确保每一件建筑都是艺术品，尹衍梁对工程的要求极其苛刻。他说："案子都是我设计的，我到现场一看，有没有照图做，一眼就知道了。"尹衍梁时不时地就往工地现场跑，去亲自检查施工情况。有一次，他突然一大早跑到台中一个工地查看，发现工地现场杂乱无章，气得把工地干部就地免职，这让每个工地员工都战战兢兢地。不仅如此，他还到工地厕所去查看大小便漏斗有没有打扫干净。如果没有达到标准，他就卷起袖子，拿起刷子，刷马桶的尿垢，亲自做给大家看，告诉工地的工程师们，这比解微分方程式容易多了，只是愿不愿意做而已。尹衍梁通过蹲下来亲自示范，告诉工地的工程师和员工，建筑业的魔鬼都藏在细节里。尹衍梁对每个细节都要贯彻执行到底，不能有丝毫讨价还价的余地，这种做法很专制，但是，却确保了建筑工地的井然有序和安全，确保了工程的质量。尹衍梁通过这种专制和决心，把安全问题、卫生法规、质量法规注入工地的每一个设计细节、每一个执行细节。正因为有如此严格的纪律，尹衍梁在承接项目时，就有"三不"政策：没有信用的客户不接、不愿意先支付二成的预付款的项目不接、不喜欢的企业家不接。而且润泰的价格比其他建筑商贵，是用成本加15%计算，若是商业住宅则要把售后利润的30%给润泰。尹衍梁自信满满地说："润泰的房子可以比周围房价贵三成以上，那是因为我们的工法好，你要把利润分享给我！"在尹衍梁的团队，没有人敢说不可能。

第七讲

卓越的品质力

早在石器时代，人类的祖先就开始有评价工具好坏的意识，那就是一种品质的意识。考古发现，170万年前的元谋人已能打制出不同粗糙程度的石器，并且努力通过研磨等方式，使得石器尽可能减少粗糙感，更便于使用。这是人类的祖先追求精益求精的自发意识，是追求品质的一种表现。人类历史可以从技术的角度概括为以下几个阶段：石器时代、铜器时代、铁器时代、蒸汽时代、电气时代。在这些不同的时代中，尽管人类所使用的工具有了重大变化，但是，精益求精的品质意识始终贯穿了人类发展的历史。工业的兴起和机器的大量使用，让品质从一种社会意识转变为一种社会需求，成为现代企业获得竞争优势的利器。

尹衍梁在研究国际贸易格局之后，决定把自己事业的重心从制造业转移到服务业上来。但是，与制造业生产的有形的商品相比，服务业提供的是无形的商品，如何确保这种无形商品的质量，就成为尹衍梁要去突破的又一个新难题。哈佛商学院的戴维·加文教授认为，品质是一种直觉的感知，只可意会，不可言传，如同美丽或爱。尹衍梁从企业经营的角度来理解和把握服务品质，他说："当强敌当前时，你要了解顾客，要比谁对客户好。"因此，在尹衍梁看来，企业经营过程中的品质，就体现在比竞争对手对顾客更好上。

这是一种基于顾客的品质观，唯有让顾客满意和感到幸福的产品或服务，才具有良好的品质。

第一节　服务品质是关键

哈佛医学院的行政楼在校园前方正中央的位置，两侧是对称的科研楼和教学楼，中间有一片美丽的草坪。有一天下午，我去哈佛商学院见杰弗里·弗莱尔院长，在路过科研楼走向行政楼的途中，听到从科研楼内传出响亮的铃声。接着，从科研楼内走出很多人，来到草坪中散步或交谈。于是，我带着疑惑询问杰弗里·弗莱尔院长。他说，这是哈佛医学院的例行制度，每到下午特定的时间，铃声就会自动响起，提醒科研楼的人员，要放下手中的活儿，到草坪中去休息一下。这样做的目的，就是要服务好医学院的每位人员，让其身心健康地去工作和学习。当时，我恍然大悟，全球最强的医学院居然是如此贴心地提供服务，难怪会那么强大。

一、客户幸福保卫战

2011年1月，尹衍梁一举拿下美国国际集团旗下的南山人寿保险公司。用他自己的话来形容当时的感受，就是："此刻心情激动、高兴！"不忘初心，方得始终。现实中，追求投保户的权益则是尹衍梁接手南山人寿的"初心"。尹衍梁正式入主南山人寿后，强调保险业就是服务业，要始终把投保户的权益放在优先的位置上，做好保险服务的品质。保险业通过提供保险产品和服务来满足顾客对风险的规避需求，提高投保户的风险抵御能力。保险服务品质的概念来自实体产品品质。爱德华兹·戴明提出了质量连锁反应说，主要内容是制

第七讲
卓越的品质力

造业通过提高产品质量以实现顾客满意度的方式来创造企业利润。制造业生产的是有形的产品,而服务业提供的是无形的服务。尹衍梁造房子、制造纺织产品等,所以,对有形产品的质量是非常了解的。他也曾经指导我研读《转危为安》及《戴明的新经济观》这两本书,认为无论做什么事情,都需追求"品质至上"。尹衍梁后来投资流通业、金融保险业等,很自然地就把制造业的品质观运用到了服务业领域中来,强调服务业要提供品质一流的服务给顾客。

尹衍梁认为,在竞争异常激烈的环境下,服务业中唯有传递真正高品质服务给顾客的企业才能生存和发展。有些保险公司在收取保费时非常勤快,以各种名义催缴。但是,当投保户出事需要理赔时,动作却很慢,甚至想尽办法拖延、在金额上大打折扣甚至拒付。这样做的保险业务员,甚至被公然奖励。尹衍梁对此非常反感:"这种保险公司根本就是欺骗集团,怎么可能长久经营!"尹衍梁要求南山人寿的员工都要以顾客利益为优先。他与南山人寿的员工分享自己的体会时说:"我的使命就是要追求代表消费者的利益,与竞争者比较,谁对客户更好、赢得客户信赖,且永远比客户早一步想到更多可能有的需求,比竞争者带来更快、更好、更有价值的服务。"在这种经营理念的指导下,南山人寿推出了一系列旨在提高顾客满意度的服务创新。南山人寿领先业界率先推出"20分钟快速理赔"服务,只要符合规定的理赔案件,当客户亲自到柜台时,就可在20分钟内完成理赔。这种高效率且专业的理赔服务,让客户的理赔经历成为一种暖心的体验。此外,南山人寿真正做到了尹衍梁提出的"永远比客户早一步"的服务要求,推出了"比客户更早一步的理赔关怀"服务。南山人寿安排专人全天候关注新闻时事,一旦有重大意外事故发生,就立即检索是否有南山人寿的投保户。一旦确认有南山人寿的投保户,就会马上派人到其家里或所住医院慰问客户,并协助家属迅速完成理赔事宜,让关怀更加及时。

尹衍梁认为,成功的保险公司,无不是在服务品质上下大功夫。保险行业的任何服务创新，都要以增进客户的价值为目标。为不断提升服务品质，让客户享受"服务到家"的便捷，南山人寿在进行服务流程研究和创新的基础上，推出了"一通电话，到府理赔"服务。只要客户拨打免费电话，或者通过手机应用软件联系南山人寿，就会有专人在30分钟之内主动联系客户，并且在24小时之内派出专业人士到客户家里进行各项理赔程序，真正实现了"服务到家"。美国哥伦比亚大学商学院教授伯德·施密特认为，服务质量与顾客体验密切相关。在尹衍梁看来，没有让顾客体验到的服务，就很难称得上有品质。"服务到家"的保险服务，能让客户真真切切地体会到坐在家里就能被服务的感觉，这才是高质量的服务。

在服务过程中，尹衍梁强调"将心比心"的重要性。服务中的同理心，就是要能设身处地地从顾客的角度来看事情，所提供的服务就会让客户产生共鸣。尹衍梁则更进一步提出了"关怀理赔"、能"主动找理由"向客户理赔的理念。他认为人寿保险业就是传递关怀与助人的行业，因此，就应主动关心投保户。当投保户申请理赔时，往往处在生病、遭遇意外或需特别关怀的低潮期，因此，南山人寿的理赔服务不只是要快，更重要的是要第一时间传递出温暖与关怀。这种理念，使得南山人寿的员工在精神上获得了莫大的鼓励，在行动上更是同心协力，积极从客户的角度出发，用心聆听顾客的心声和需要，发自内心地服务客户。南山人寿把这种理念通过扎实完整的内部教育培训及多元化的宣传，内化为广大员工内在的信念，进而落实到每一次服务中去，真心服务每一位客户，提供真正令人感动的温暖服务。南山人寿连续十多年获得台湾地区"理赔服务最优奖"，在近些年的申诉率统计中也是台湾地区最低的人寿公司之一。这都说明了南山人寿卓越的服务质量，并且获得了广大投保户的认可和肯定。

尹衍梁在给南山人寿广大员工的信中强调，服务业是服务人的行业，不以销售为目的，而是要为客户谋幸福。他强调说："一张保单短则几年，长则可能维持终身,这样我们必须承诺守护客户的平安健康与幸福,取得客户的信赖,这样他们才可能把性命与奋斗得来的身家长期托付给我们。"要服务好顾客,就必须提供高品质的保险产品与服务。后来,南山人寿正式通过"德国莱茵 TUV-SQS 国际服务品质认证",成为台湾地区第一家获得此服务品质认证的寿险业者。"德国莱茵 TUV-SQS 国际服务品质认证"是世界知名的品质认证,德国人做事的严谨态度众所周知,获得这项认证非常不容易。一旦参加认证,南山人寿就没有退路了,因为半途而废就等于退步。通过认证后,还会持续进行稽查,以维持服务的品质和水准。如此,才能最大限度地提升南山人寿的服务品质。

二、用价值战替代红海战

在尹衍梁看来,以前的南山人寿,在保险合约的规范下,采取了业界通用的做法,即采取了对公司有利的理赔方式。相对而言,这种方式更有可能牺牲或侵害投保户该有的权益。为此,尹衍梁一接手南山人寿,马上着手改革公司的各项制度,扭转经营理念,不但该赔的要赔,而且还要想办法找出对投保户有利的赔偿方式。这样做,会导致公司新增数十亿新台币的赔偿金,但尹衍梁依然坚持这样做,因为这样对投保户有利。尹衍梁反复强调说:"我们一定要替客户、同仁、股东增加价值,用价值战取代红海战。"但这三者的利益可能会存在分歧。例如,给投保户的赔偿金多了,相对而言,公司的利润就会少了。传统的做法是杀鸡取卵,尽可能榨取投保户的利益。尹衍梁则看得更为长远。保险公司充分维护投保户权利的做法,短期来看会让公司少赚钱,但是会受到越来越多投保户和潜在投保户的欢迎,因此,公司未来的投保户规模会不断扩大,公司的利润就会随之不断增长。在尹衍梁看来,这是一种多方共赢的策略和经营模式,能够突破红海的割喉式同业竞争,而在蓝海中打开更加广阔的市场。

达观天下
——跟尹衍梁学管理

尹衍梁的这些改革做法，在南山人寿内部引起了一定的争议，不少人担心这些措施会影响其收入，工会也乘机推波助澜，阻挠相关改革的推进。尹衍梁的大胆构想，再次被一些人视为"疯子的做法"。对此，尹衍梁并未退缩，而是思考如何让变革之曲在南山人寿内部畅响，并且成为南山人寿新的组织基因。尽管尹衍梁一再呼吁，要切实保护投保户的权益，加快理赔的速度。但在改革之初，效果似乎并不明显。于是，南山人寿有意推迟几天发工资。结果，员工群情激昂。这时，公司通过宣导让广大员工明白，投保户索取理赔时往往处于人生低谷、亟须帮助的时候，早一刻把理赔款送到投保户手里就能早一刻把温暖送到，这是多么重要的事情。经过这件事情后，南山人寿上下都明白了其中的道理，理赔速度和服务品质一夕之间突飞猛进，新的理赔服务如"20分钟快速理赔""一通电话，到府理赔""比客户更早一步的理赔服务"等，被不断地推出来，保户的满意度可想而知。

要进行企业改革，踏出第一步是最难的。尹衍梁认为："只要有五六成的可行性，就可以试着推行。"南山人寿在尹衍梁的推动下，沿着"为客户带去幸福"的思路，果断进行了改革，新的服务不断被创新出来。为加快服务速度，南山人寿投入巨资开发了"线上快速投保系统"，推出"行动核保e化服务"。有了这套系统，客户只要将电脑连上网，南山人寿的业务员就可即时为客户量身制作电子建议书，做线上投保，然后不到10秒钟，系统就会回传核保结果。专业的服务和便捷的流程，往往让客户觉得很惊讶，惊叹服务的贴心程度。最重要的是时效的全面提升。一份保单，从客户购买到真正寄送到客户手上，原本大约需要8天以上的时间，但现在只要3天以内就可送到。柜台服务时间，由平均5.6分钟缩短到3.5分钟，缩减了38%。对组织创新与改革，尹衍梁常以定做新衣为例：总是得先把衣服完成，再试穿，这样才能知道哪里出了问题，需进一步地修改。南山人寿在开发和导入这套系统的过程中，充满了挑战，难度超乎想象。最初，该套系统的使用率只有0.2%。创新研发团队痛定思痛，通过不断修正，反复完善细节，提高智能化程度，最终这套系统逐渐为广大业务员所接受，成为他们服务投保户的利器。

尹衍梁认为，南山人寿的服务不仅不能低于顾客期望，反而要高出顾客期望。他强调，南山人寿一定要替客户、同仁、股东增加价值，用"价值战"取代"价格战"，必须不断推出好产品，以信誉保证服务于客户，让南山人寿成为客户从不必担心的依靠，因为南山卖的是幸福。若无法给投保户信任感，就无法让他们拥有幸福感。可见，在尹衍梁的心目中，服务品质不仅仅是要达到客户期望而已，而是要远远超出客户期望。提供这种品质的保险服务，才能为客户提供幸福。通过主动关怀客户，南山人寿积极强化"心占率"而非传统红海战中的核心竞争指标"市占率"。所谓"心占率"是指占据客户内心的能力和程度。唯有设身处地为客户着想，从客户的角度和立场来思考并提供服务，才能抓住顾客的心，才能提高"心占率"。南山人寿从"市占率"到"心占率"的战略挑战，意味着从"价格战"转移到"价值战"，从红海战转移到蓝海战。对此，大破大立的尹衍梁依然不满足，他强调说："即使南山的营收数字不断传出好消息，也请大家还是要以客户端的价值为出发点，来看待这些数据。"

三、用真诚破解道德风险

尹衍梁接手南山人寿以来，提倡"主动找理由"赔偿给客户的理念。不少人担心会加剧"道德风险"，出现投保户舞弊欺诈领取保险金的情况。保险公司传统的做法就是假设每个投保户都有钻空子的投机主义倾向，只要保险公司的制度有漏洞，就会出现"道德风险"的情形，损害保险公司的利益。因此，这些保险公司的做法就是千方百计控制可能的"道德风险"行为的出现。结果，投保户和保险公司之间出现了零和博弈。尹衍梁则从人性的高度看问题，认为人性本善，会这样做（舞弊欺诈领取保险金）的人不是没有，但只是个案，不要因为少数案例而牺牲广大投保户的权益。例如，南山人寿推出的"住院关怀预付保险金服务"，凡是南山人寿的投保户，因受伤住院的，都可通过南山人寿业务员或拨打24小时免费客户服务电话申请，申请通过后即可获得最高5日、上限为5万新台币的住院关怀预付金。如此一来，投保户不需要任何程序，即可预先获得一笔理赔金，可放心在医院里面休养，以便早日康复。这种做法，保险公司与投保户之间不再是零和博弈，而是互相信任的互助。

尹衍梁指出，保费本来就是投保户的钱，因此当投保户发生状况，需要理赔金渡过难关时，南山人寿应该温暖地、高效率地、精准地做出理赔，及时快速地把温暖送到对方手上。汤姆·彼得斯和罗伯特·沃特曼在其《追求卓越》一书中，曾经大声疾呼："能提供超乎消费者预期的惊喜，才是新赢家！"在尹衍梁看来，南山人寿要成为新赢家，就是要超乎客户的预期。南山人寿有个业务员签下了2 200万新台币的大保单，之所以能签下这张保单，背后的原因就是来自客户的信任。原来，该客户只是因为骑车摔伤了，本来嫌麻烦还不想申请理赔。但南山人寿的业务员努力为其"找理由赔偿"，认为这是保险公司应尽的责任，还主动帮这位投保户搜集医院收据和药房发票，很快便向公司申请了一笔6 800新台币的理赔金。当业务员把这笔理赔金送到这位投保户手里时，他大吃一惊，恰好手中有笔定存到期，就用这笔钱向南山人寿买了一张2 200万新台币的保单。类似的案例，在南山人寿屡见不鲜。尹衍梁说："我每天思考，如何比竞争者做得更好。但不是比营收、比获利，因为人追钱，只会越追越远。但若让客户满意，口耳相传为我们打广告，近悦远来，公司的利润与同仁的财富，都可水到渠成。"口碑之所以能一传十，十传百，除了南山人寿积极理赔的作风，依赖的就是一种信任感。

爱德华兹·戴明有一句颇富哲理的名言："质量无须惊人之举。"在激烈竞争的保险业，服务品质体现在点点滴滴之中。台湾高雄煤气爆炸，南山人寿的业务员迅速查核是否有投保户受损。确认后，马上拿着支票前去现场理赔，快到客户还来不及反应,以为是欺诈集团。等投保户知道是南山人寿的理赔时,除了感动就是觉得温暖。尹衍梁强调服务一定要抓住"关键时刻",错过了"关键时刻",再好的服务也会大打折扣。詹·卡尔森在 38 岁时担任巨额亏损的北欧航空公司总裁,一年内居然神奇般地将该公司转为高额盈利,成功的秘密就是抓住了服务的"关键时刻"。尹衍梁认为,在"关键时刻"提供的服务,往往能给客户带来惊喜。通常事件发生后的几个小时,是保险公司提供服务的"黄金时刻",第一时间向投保户提供服务的保险公司,当然就能获得投保户的好评。

"道德风险"是困扰保险市场的一个难题。因为存在"道德风险",保险公司和保户之间往往处于"囚徒困境"的两难选择之中。要走出这种困境,就需要保险业者有大智慧、大想法。对"道德风险"所带来的"囚徒困境",尹衍梁的看法与一般人不一样。他认为保险就像赌博,但却是双方唯一都可以赢的赌局。投保户出钱给保险公司,但却希望保险公司能赢,因为表示自己是平安健康的;而保险公司也希望顾客永远平安无事,因为这样就不用理赔,如此,两者皆达到各自的期望,是为双赢。有了这种想法,尹衍梁就把所谓的"囚徒困境"转化为彼此信赖、互相帮助的合作共赢的新局面。在尹衍梁的强力主导下,南山人寿以客户幸福为使命,改革组织流程,创新出各项新的客户关怀服务,让客户再无后顾之忧,进而成功破解了"道德风险"所带来的困局。

第二节 服务品质在于尊重

服务品质体现在多方面,其中很关键的一点,就是要充分尊重客户。李嘉诚说:"不为五斗米折腰的人,在哪里都有。你千万别伤害别人的尊严,尊严是非常脆弱的，经不起任何的伤害。"尹衍梁认为，尊重顾客不应该仅仅是一句口号，更不是一种感觉，而是一种行动！通过各种体贴入微的服务，让客户感受到实实在在的被尊敬和重视，这才是尊重客户。在他看来，服务的关键不是请调查公司分析顾客对你的忠诚度，而是你自己做了多少尊重顾客的事。

一、只有尊重，没有管理

尹衍梁看到欧美、日本有高龄社区相关产品及其服务，具有很大的发展潜力，就对老人住宅的规划方式产生了深厚的兴趣，自我期许在有生之年一定要盖一个给老年人养老的地方，并开始积极规划和深入研究。在选址兴建老年公寓上，当时在台湾淡水地区有块地，因附近就是大学，所以有人建议尹衍梁用这块地来建设"学生公寓"，肯定会比建设"老年公寓"更挣钱。但尹衍梁坚决不同意这个方案，认为照顾好老人比经济利益更重要。于是，在这块地上建起了专门为银发族打造的"润福社区"，并在1997年正式启用。这是台湾地区第一座专门为退休银发族量身定制的五星级饭店式住宅，通过规划良好的软硬件服务，加上生活服务与真诚关怀，向老年人提供了一个安全、安心、愉快舒适与有尊严的生活社区。为了切实做好服务老年人的工作，在正式启用前的几年内，尹衍梁做了大量的问卷调查，用于掌握老年人的具体需求，进而确保整体服务切合当地老年人的习惯。在整个服务流程的设计和规划上，也是下足了功夫，目的就是让前来入住的老人们能够被照看好，有一个温暖的新家。

润福社区开幕以来，入住率高达100%，还有不少老人在排队，等待入住，而且从没有发生过有未住满两年就退租的情形，就连台塑集团创办人王永庆都亲自前往润福社区参观考察。对此，曾有人好奇地问尹衍梁，为何润福社区能如此成功，他们究竟是如何"管理"老人的？尹衍梁听闻之后，大为不解，难道自己家里的长辈是被管理的吗？他进一步强调说："我们只做一件事，就是孝敬他们、服务他们，就如同对待家里的爷爷奶奶、父亲母亲，找集团里最有爱心的伙伴,加入这个事业。"在尹衍梁心目中,这些老人并不是顾客,更不是被管理的对象,而是被孝敬的长者。尹衍梁认为台湾之所以是"亚洲四小龙"的成员,曾缔造了经济发展的奇迹,全靠这片土地上的人当初努力奋斗、无私奉献。这些曾为台湾发展做出贡献的老人,其子女又大多在外打拼,无法妥善地照顾他们。因此,尹衍梁内心有一份强烈的责任感,认为很有必要设计老年人社区,通过对这些老人的细心关怀与照顾,表达对他们的感恩与答谢。彼得·德鲁克认为,企业生存的目的不是为了利润,不是为了赚钱,而是为了发挥企业的功能,提供解决问题的方法,提供能够让更多的顾客受益的产品或服务。尹衍梁创办润福社区的初心,就是为了照顾好为台湾的发展贡献了自己的青春的那代人。

尹衍梁认为,应把润福社区建设成为老年人人生中的一个大舞台。在这个理念的指导下,润福社区采取了崭新的服务理念。润福社区不仅提供了养老居住的场所,更是为银发族提供了一个展现自己丰富多彩生活的舞台,让他们能安享自己的老年生活,活得更精彩。在服务设计上,润福社区以入住者的生活起居、实际需要为主轴,采用饭店式服务方式,提供体贴、周到、完善的全方位服务。润福社区以17层楼的建筑、各种硬件设施为老人生活起居的大舞台,312户老年人住户为核心演员,广大员工为配角和舞台服务人员,75项具体服务则是演出的剧本。润福社区为老人们提供最好的舞台、灯光和剧务,确保他们能在其中尽情享受演出的快乐和幸福。在这里,老人们是聚光灯下的主角,润福广大的员工则如同东汉时期的黄香,卖力协助就是为了确保老人们能更加开心与快乐。

尹衍梁认为,东汉时期的黄香,在很简陋的设施和条件下,依然能够营造出一个很温馨的氛围,让他的父亲能得到周全的照顾,这是因为他具有一颗孝敬之心。因此,尹衍梁号召润福社区的广大员工,要人人争当"现代的黄香",把对老人的孝心和爱心充分体现在日常的点点滴滴和细致入微的服务上,能实实实在在地服务好每一位老人家。在这种经营理念的指导下，润福社区的员工们，把每位入住的老人当成自己的父母，不是去管理和约束，而是去尊重和服务他们。润福社区真正的主人是这些老人，而广大员工服务的准绳就是老人的偏好。《弟子规》中说："亲所好，力为具；亲所恶，谨为去。"润福社区把这种理念贯彻在整个服务设计和服务提供的过程中，从老人的视野和标准来检讨服务品质，进行取舍和改进，获得了老人们的好评。

二、能"体察温暖"的设施

尹衍梁发现，过去的老年公寓，盖得像病房，硬件设备和设施都不完善，很难让老人们在其中享受生活。这不是尹衍梁想要的，他要把养老社区盖成像五星级饭店那样，提供一流的膳食、医护、安全、休闲和生活起居的全方位软硬件服务。尹衍梁要把老人进入润福社区当作其对自己辛苦一辈子的"犒赏"，让其子女安心、放心地将长辈交给专业的服务团队，让他们在退休后还能抱着积极的人生态度，有尊严地享受一个新的人生。润福社区在兴建过程中，除了积极探索解决老年化这一社会问题之外，还利用设计、施工一体化模式将润福社区自身的优势和使命以及服务特点等都融入到建筑工程实体之中，真正做到以老人为本。为了确保工程的质量，尹衍梁采用与日本"中银建物株式会社"合作的方式，获得日方的专业知识。"中银建物株式会社"是日本中高龄住宅的权威，在日本经营了17栋银发住宅和一栋疗养院，拥有三十多年的经验。尹衍梁采用"拿来主义"，吸取其精华，并加以本土化，形成了自己独到的老年社区建筑理念。

本着"体察温暖"的理念，尹衍梁亲自领导团队，在工程的规划、设计和建设上，从老人的日常起居规律入手，仔细研究和分析每一个细节，把对老人们的爱心体现在每个细节之上。楼宇强化了智能化与可视化的功能，进而确保在每个单元住户内都可监控到炉子上的水烧开后燃气有无及时关闭、是否存

第七讲
卓越的品质力

在燃气泄漏的情况、老人是否外出活动，甚至老人夜里是否起夜等。如果老人没有出去活动或者没有起夜，则保健医生就会上门去看个究竟，以排除是否由于病变原因所致，这就确保了老人能够安全地在此居住。由于采用红外监控，既较好地解决了这些保健方面的监控管理，又使住户的隐私得到了保护，深得老人及家属的信赖。另外，还将医院高级病房的呼叫系统等设施安装到了各个房间，方便入住的老人们与管理部门联系。所有这些，或许从技术上讲并不是很难，但能将其综合地运用到这个项目之中，就起到了意想不到的效果。关键是，以创造愉快的环境、安全的空间和保持健康的身心为设计宗旨，在硬件的每个细节上都下足了功夫，这样，就尽可能地为老人带来便利和安全。例如，所有家具都无锐角，地砖都采用防滑型的，灯具都是高亮度不直射的，等等。这些贴心的细节设计，充分考虑到老人们的生活起居习惯和特征，让他们在润福社区生活得非常安全和快乐。

"体察温暖"体现在润福社区建筑设计的方方面面。尹衍梁很孝敬父母，发现他们年纪大了，喜欢坐在有阳光的地方，沐浴着温暖的阳光，觉得很惬意。于是，他要求在润福社区的建筑中要确保最大可能的采光程度，因为，老人都喜欢阳光。明媚的阳光能让老人更有生机，对生活充满更多的期望。通过实际调查和论证，最后在润福社区每个居住房间内，都装有大片落地窗采光，拉开窗帘，自然的阳光就能直接照进来，让屋子里充满生机。除了每个房间之外，在大厅墙面上更是设计了两层楼高的玻璃窗采光，其他空间的照明也都很充足。在白天，靠着自然光就有很好的光照度。光线充足的空间，让老人更有精神，也增加了空间的安宁感受。除了采光之外，颜色搭配对于老人而言也很重要。润福社区一般环境的色彩搭配采用了白色基调色彩搭配木材原色，而房门则属于深色调。这种色彩安排能够提高老人对色彩的辨识度，可明显防止、减少老人跌倒或者碰撞的概率。

在硬件设施的设计上，尹衍梁强调系统集成性，把润福社区内部的所有服务流程都系统化和集成起来，形成一个统一的整体。整个照顾服务流程，都是通过软件技术来进行联网和集成，包括门禁管理、餐饮管理、健康管理、信息管理，等等，这些系统全都连接到中央控制室，便于实时服务。有了这套智能化系统，老人在社区里的生活就变得更加安全。例如，吃饭时间到了，但老人还未到，或是老人在房间里超过两个小时没有出来活动，系统都会自动提醒服务台，进而可第一时间处理相关情况。这种系统集成的好处是，在系统中的任何一个点出现问题，都可第一时间侦查到，并予以及时排查和排除，从而切实保障入住的老人的安全。硬件设施的设计充分体现了老年人的作息特征，为入住老人的安全、便捷提供了保障和系统性的支持。这些点点滴滴细节上的推敲和安排，无不体现了尹衍梁对于长辈的孝心。

三、无微不至的照顾与服务

对于孝敬和服务老人，尹衍梁反复强调四个字：体察温暖。润福社区的经营不是用于管理老人，而是服务与孝敬老人。因此，他要求润福社区的广大员工努力以"骨肉"情愫为怀，提供燃烧自己、照亮别人的"爱心"服务，这就是"润福心"。同时还要设身处地理解长辈的"心思"，这就是"银发心"。由此可见，尹衍梁强调的体察温暖，是要有"银发心"，要站在老人的角度来思考服务的改进。只是拥有"银发心"还不够，关键是要落实到具体的行动和服务中来，通过改进服务来更好地满足广大老人的"银发心"。润福社区的经营就是要把"银发心"和"润福心"相联结、相匹配，让入住润福社区的老人能够接受如子女般的细心照顾，过上舒心的生活。尹衍梁强调，切不可让老人冷暖自知，而是要主动地去关怀和照顾他们。

在实践中，润福社区为持续提升服务的水准，根据老人的需求进行服务创新和改进，让老人过得更加满意。润福最初的服务内容和流程都是学习日本的做法，比如最初的75项服务。随着住户年龄的逐渐增长，体力和行动上都不如以往,所以,服务项目需随着老人需求的改变而进行及时调整和完善。例如,发现大多数老人都有定时服药的需求,润福社区就增加服药提醒的服务,在医护室为有需要的住户准备好小药盒,将每天必须固定服用的药物分类放置,并在用餐时将药盒交给住户,确保老人能够定时服药。尹衍梁认为:"有时候,一个小制度的改革,可以发挥意想不到的惊人效果。"在服务创新和改进方面,润福社区主要采用了这种渐进式的创新模式,不断在细微处入手,通过不断精益求精的改进来更好地服务广大老年人。例如,在服务上,增加了看诊科别、无线电呼叫器、柜台擦皮鞋与修表、修补衣服以及按摩等。老人喜欢一起活动,就增加了旅游、陶艺训练等。在硬件上,增加了网络宽带与有线电视、卡拉OK器材、健身器材,更新了家具等。这些细致入微的改进,令老人们的生活更加丰富多彩。《弟子规》里面有句话,叫"父母呼,应勿缓"。尹衍梁认为,在长者招呼前就应为长者准备好相应的服务,这才是孝顺。因此,他要求润福社区上下都要主动体察老人们的生活起居和感受,努力创新出各项新的服务,让老人在润福社区中能尽享天伦之乐。

  对于尹衍梁而言,创新是一个需要不断持续、演进的过程。润福社区在服务创新上,自营业以来就从未停顿过,并且认真倾听和了解老人的心声,做到第一时间进行改进,不断创新出新的服务项目。润福社区的整个服务流程最初是从日本引进的know-how,在建设过程中,尹衍梁亲自领导创新研发会议,用5W1H的头脑风暴法对整个服务流程从原因(Why)、对象(What)、地点(Where)、时间(When)、人员(Who)、方法(How)六个方面进行反复推演,不断改进与完善。例如在餐饮口味上,最初引进日本的模式。由于日本饮食偏向清淡,结果员工发现老人们不是很爱吃。于是,在创新会议上这个问题被提了出来。尹衍梁带领创新研发团队亲自试吃,并且不断进行比较和优化,慢慢修正菜色与口味,使其更适合台湾老人的口味和饮食习惯。后来,润福社区的餐饮色香味俱全,合乎老人的口味且营养均衡,受到了他们的欢迎。这些老人喜欢吃润福社区的饭菜，甚至会向前来探望的家属推荐以后也做类似的可口的饭菜。

尹衍梁认为，创新改革不见得非要大刀阔斧，有时候就只是一个小小的创意与调整而已，但结果却让人出乎意料地满意。润福社区在持续创新上，通过大量的"小创新、小创意"，使得服务更趋于完美。例如，在大门口，保安人员最初是壮汉，从安全的角度这是比较可取的，因为壮汉有力量，能处理一些突发事件。但老人们需要的不是这种意义上的安全感，而是要看得顺眼。因此，换用穿旗袍、会撒娇的柔美女性来服务，结果，老人们都很开心。还有，在医疗服务过程中，护士都是穿白大褂，这是医疗行业的通用模式。最初，润福社区也是这样做的。但老人觉得来润福社区不是进医院，不愿意看到穿白大褂的人。因此，润福社区让这些护士用一般的居家服装代替白大褂，这样，护士在服务这些老人时就显得更加亲近，老人也没有思想负担，愿意和她们交流。像这些点点滴滴的小创意、小创新，聚沙成塔，汇集起来就能够确保整体服务品质的大幅度提升。

尹衍梁认为，只有服务的"满意度"还不够，最后还要做到"幸福度"，让老人们在润福社区能找到幸福，找回自己的天空，欢悦地颐养天年。为实现这个目标，最优先的任务，是精选一群"甘愿做"的员工。顾客所感受到的价值取决于顾客的体验，而员工是老人们接受服务时最直接接触的人，因此，员工的服务态度和服务品质直接决定了老人接受服务时的感受。润福社区挑选员工的原则是：爱心第一，专业其次。在润福社区中的所有服务人员，包括清洁工、餐厅人员、医生、管理人员等，一个起码的标准是必须有爱心，要像对待自己的父母那样对待这些老人，使得老人们在这个社区中无忧无虑地生活，安享晚年。除了员工态度之外，还需接受专业的教育与培训。在专业知识、技巧与态度上，润福强调 SECRET，分别是 Smile（面带微笑）、Enthusiasm（服务热诚）、Care（真心关怀）、Response（对需求及时反应）、Ensure satisfaction（确保满意）和 Thanks（对抱怨持感恩心）。这些具有爱心且训练有素的员工，成为润福社区的重要资源。

尹衍梁指出："身为主管，不该永远只坐在办公桌前，看着手头的报表文件决定未来的管理方针，应当适度走出办公室，直接站在第一线员工身边，实际参与，体验基层工作。"在服务领域，这种走动式管理尤为重要。在润福社区，主管都采取走动式管理，不是坐在办公桌前，而是随时在社区内走来走去，与住户打招呼，关心他们。主管甚至连晚上睡觉都穿着运动装，便于在夜间有突发事情时可马上处理。这种走动式管理，提高了住户和广大员工之间的互动，提高了老人们的安全感以及被关怀的温暖度。尹衍梁鼓励润福社区的广大员工多走动、多体察老人们的冷暖和感受，叮嘱广大员工让老人们住得安全、安心、愉快和有尊严；也勉励大家：照顾长者是福气。尹衍梁鼓励润福的员工："润福是润泰的门面，是润泰集团与社会各界结善缘的地方，希望大家做好服务，润福是在服务老人不是管理老人。"1998年，润福社区通过了ISO9002国际品质认证，是台湾地区第一家通过该认证的老年人社区。随着父母的相继老去，在尹衍梁心目中，润福社区的长辈就如同自己的父母。他无论工作有多忙，每隔一段时间，都会去润福社区看望里面的老人，他认为人需要有孝心就如同人需要吃饭一样。

第三节　用心铸就卓越服务品质

尹衍梁喜欢驾驶帆船去航海，与海上的风浪搏斗，如同《白鲸》里面勇敢的老船长。在旁人眼中，航海是一项勇敢者的游戏，需要有迎难而上、不退缩、坚定执着的超强意志力。但是，尹衍梁有自己的看法，他认为驾驶帆船是通过绳子控制风帆,所以,玩帆船就是"玩绳子"。他进一步强调说:"一个合格的帆船手,必须要会打常用的五种结,而且要用直觉就能打好,就像人会走路一样。"同样的道理,在尹衍梁看来,服务的种类和形式很多,但是,关键是看有没有用心去做。用心去做与没用心去做,服务的品质是完全不同的。所以,尹衍梁一贯强调服务一定要用心,不能搞形式,更不能敷衍了事。

一、没有病人,只有客人

尹衍梁以医疗行业为例,展开关于服务品质的系统性研究,并在1983年完成了其硕士论文《就医态度与转院行为关系之研究》。在论文中,尹衍梁提出了影响医院服务品质的因素,认为医院应该为患者提供良好的医疗设备、安静清洁的医院环境、简短省时的取药流程、良好的医护人员服务态度、便利的急诊时间以及医院共同会诊制度,这些都是确保医院服务质量的重要因素。在论文中,尹衍梁从服务质量的角度,探讨了医疗服务质量不足导致无法满足消费者要求的情形,发现就医者对医术的不满意、医院的医生太年轻、收费不合理、急诊服务不方便,等等,都会影响服务品质,导致就医者的不满从而促使其选择到其他医院就诊。这些研究成果,为医院的服务品质管理实践提供了重要的指导和参考。

十年以后,尹衍梁在1993年以父亲尹书田的名字成立了"书田纪念医院",正式对外营业。其父尹书田1941年在上海开办歌珊棉织厂,后在青岛设立润鲁号棉织厂,抗战胜利以后移居台湾,生产棉纱和牛仔布,被誉为"格子布专家""牛仔布大王"。尹书田在工商业界颇具盛名,曾任润泰工业公司、润华染织厂公司董事长,兼任台湾地区棉布印染整理工业工会理事长、台湾地区棉纺工业工会理事、纺织业外销拓展会常务理事等职。1991年和1993年,他捐款230万新台币,资助家乡日照第一中学兴建了可容纳30个班的书田教学楼和书田体育馆。尹衍梁与父亲的感情是非常深的,他曾经动情地说:"父亲的眼泪是我人生的救赎。"为纪念父亲,实现其救人济世的人生理想,尹衍梁就用父亲的名字成立了这家医院。因此,这家医院对尹衍梁而言,具有非常重要的意义。这家医院成为尹衍梁思念父亲、感恩社会的寄托,通过悬壶济世来救危扶困,进而实现回馈社会的目的。

从1983年的论文研究到1993年书田纪念医院的开张,尹衍梁十年磨一剑,将其救人济世的想法成功地落到实处。在论文研究中,他采用了著名的费舍宾模型(Fishbein Model)来探讨医院服务品质,这似乎已预示着十年后他经营医院的基本思路。费舍宾模型说明人的行为在不知不觉中会受到人的情绪的影响。十年后,尹衍梁开办医院,首先强调的并不是利润,而是对病人的关爱。他强调说:"在书田纪念医院里,没有病人,只有客人!""病人"和"客人"只有一字之差,但是含义却相去甚远。"病人",又称病者、患者或病患,是指罹患疾病或身体受到创伤而需要医生和护理人员进行治疗的人。这种称呼不带有情感含义,而是冷冰冰的专业词汇。"客人"是指被邀请受招待的人,带有明显的情感色彩。常言道:来者皆是客,犹如故人归。尹衍梁要求书田纪念医院的每位员工都要以对待客人的方式接待和服务每位前来就医者,对每一位就医者都要抱有感恩之心。星云大师说:"时时心存感恩,人生何其美好。"尹衍梁认为,书田纪念医院的广大医护人员要充分体会到就医者的不安与惶恐,以感恩的心来服务每一位就医者。

尹衍梁认为,建立医患之间的信任是关键。他说:"就医者因为身体不好,才会到医院求助医治,是相信书田医院、信任医师,在心里做出决定后的选择。"他在之前的论文研究中也发现,就医者在选择医生时喜欢能和病人沟通的医生,有爱心的医生,有耐心及能详细诊治病情的医生,医术高明、商业气息低、不收回扣和红包的医生,以及专科医生。具有这些特征的医生,就是就医者信得过的医生。尹衍梁将自己的研究成果,作为选聘医生的主要标准,以信任来突破医患之间信息不对称的局限性,确保就医者能够安心、放心地到医院来得到服务和就治。在这个方针的指导下，很多优秀且具有爱心的医生加入书田纪念医院，医院从最初的泌尿科与耳科起步，后不断壮大，现已发展成为包含肠胃肝胆科、皮肤科、小儿科、精神科、脑神经内科、心脏内科等科室的全方位的综合医院。为了确保医生能用心为就医者服务，而非为追求利益，尹衍梁从不要求核查书田纪念医院的财务数据。书田纪念医院开张以来，六年后才盈亏平衡，之前至少亏损了五亿多新台币。但尹衍梁对医院的亏损不以为然，因为他办医院就不是为了挣钱，而是为了服务更多有需要的人。

彼得·德鲁克认为，非营利组织必须有明确的使命，这是有效管理的基础。尹衍梁把书田纪念医院的使命定义为救人济世。为实现这个使命，医生和其他工作人员都要以感恩心、同理心来对待客人。在与就医者进行互动的过程中，要面带微笑，语气放松，让就医者在轻松愉快的环境和氛围中得到良好的医治。在书田纪念医院中，医护人员要做到视病如亲，如同自己的亲人一般对待和服务前来就医者。到了书田纪念医院，就医者感觉不到一般医院中那种冷冰冰的严肃气氛，而是医护人员的嘘寒问暖和专业服务，令他们心情愉快。除了照顾好就医者之外，书田纪念医院还细心关怀陪同就医的亲属。尹衍梁曾陪同父亲到医院治病，体会到在医院不但病人的身体饱受病痛，内心沮丧无助，陪同看病的家属更是不好受。为了消除就医者及其家属在医院中的焦虑与不安，书田纪念医院不仅打造温馨的看病环境，而且每天都在固定的时间安排工作人员送上点心、茶水，希望能让就医者及其家属放下不安和焦虑，以平稳舒适的心情面对病情。这种如同服务亲人般的接待，让前来就医者感到很温暖，真正做到了"来者皆是客，去时一家亲"的程度。前来书田纪念医院上门求医者日渐增多，开张三年之内，每日的门诊量便超过了一千四百多人，相当可观。

尹衍梁对医院管理层强调："若有人在医院外面因为缺钱而无法入内就治，医院应该马上接进来进行救护，救护所花费的全部费用我来出。"因为，在尹衍梁看来，救死扶伤是医生的本分和天职。即使不在医院，当他看到可以救助的人，也会毫不迟疑地帮忙。有一次，尹衍梁驾驶帆船返港，前往经常用餐的饭店吃饭，见到年岁已高的老板娘，开口便说，"你的脊椎有问题，我介绍一位医生给你，你一定要去看看，健康很重要。"那位老板娘只说太忙了，没有空去。没想到几天后，尹衍梁派了司机要将老板娘载往医院，吓得她不知所措。这种精神和使命感，如同灯塔一般激励着书田纪念医院的每位成员，让医护人员主动自觉地放弃高高在上的精英心态，把病人当客人，把医疗救治当服务照顾，打造出医疗服务领域里面的五星级服务，书田纪念医院也因此在1997年取得了ISO9001国际品质认证，且在2000年成为亚洲第一家获得ISO14001国际环保认证的机构。

二、创新提升服务品质

在2001年大年初六的新春团拜会上，尹衍梁向公司所有一级主管宣布："今年，我们将有一个重大的事业要开创，未来将由简沧圳带队到上海开设便利商店，我们给他鼓掌！"很快，没有任何零售业经验的简沧圳去上海成立"喜士多"便利连锁店，开启了在大陆的便利连锁事业。这完全是从零开始的冒险，但尹衍梁有自己独到的判断。尹衍梁常去大陆考察，并不都是由豪华专车接送。有时，他会自己一个人坐上出租车回住处。他发现，随便坐上一辆出租车，虽然会听到司机抱怨，但大部分还是觉得明天可以赚更多的钱。在深入民间调查之后，他觉得大陆的老百姓对政府有信心，对未来有信心。前国家总理温家宝曾经说："信心比黄金和货币都重要！"亲身感受到了这种信心，尹衍梁就果断出手，在大陆开启新的事业。

被尹衍梁任命为喜士多总经理的简沧圳，之前是负责润德设计工程公司的业务，从无零售流通业的经验。接到调令之后，简沧圳二话不说就奔赴上海了。他靠着自己的双脚考察了上海的每一条街道，在短短五年之内开出了240家喜士多便利连锁店，每年的营业额增长率超过10%。尹衍梁认为："先打靶，

达观天下
——跟尹衍梁学管理

再画上靶心,出手就是目标。"这种管理哲学是先定结论,过程再慢慢研究,因为事在人为。到大陆设立喜士多便利店这个决策的过程和动机,都出自尹衍梁过人的整体商业趋势判断能力及对于集团整体布局的具体规划。尹衍梁认为:"大陆成长的速度要比我们想象得要快,所以只要跟上大陆,就等于跟上了世界。"因为有这个大趋势上的判断,尹衍梁决定调整其整体战略布局,从1997年开始就到大陆开设大润发,投身流通业。尹衍梁坚信,流通业作为整合生产交易供应链的"最后一里","谁能控制通路,谁就是未来产业的霸主"。随着大润发在大陆的深耕与发展,尹衍梁不失时机地到大陆发展喜士多便利店,称之为"小润发"。

经过第一个五年的发展,喜士多在大陆已经建成240多家店面。尹衍梁觉得通过这个阶段的努力,喜士多已建立起牢固的滩头阵地。于是,在2007年,他又做出了调整,委派原台湾大润发总经理魏正元接过喜士多总经理的职务,标志着喜士多进入发展的第二个阶段。魏正元上任后,第一件事情就是看服务品质。他到了上海之后,以自己做实验,要求自己每天吃当地食物,不论是又油又咸的盒饭还是硬面包,通通吞下肚子,结果足足拉了半年肚子。从中他体会出上海食物在口味等方面与台湾的不同,感觉有很大的提升余地。为提升服务品质与鲜食产品质量,他重金从台湾挖来食品师傅到上海整顿鲜食厂,一下子把喜士多的鲜食质量提高到一个新高度。经过持续不断的努力,喜士多的品质获得了消费者的青睐。有消费者在网上留言说,"喜士多对我和男朋友来说,有深深的回忆。想起喜士多那辣辣的关东煮和每天中午都会有的现做盒饭,里面的卤鸡块,让我们度过了整个不愿意做饭的夏天。味道非常好,甚至于想要喝掉关东煮的最后一点汤。"

喜士多一诞生,就处于内外夹击的激烈竞争之中。尹衍梁认为,要从如此激烈的竞争中最后胜出,关键在于创造差异性。他强调:"当强敌当前时,你要了解顾客,要比谁对客户更好!"要实现这个策略,就需要通过创新来制

第七讲
卓越的品质力

造出顾客喜欢的差异性。为了以创新来提高服务品质，喜士多内部专门成立了创新委员会，魏正元亲自担任这个委员会的领导，推动喜士多上下来协力开展各项旨在提高服务品质的创新活动。有些店的内部格局是狭长形的，任何人站在门口看，都会觉得距离非常远。如何既能让顾客觉得不远，又能充分利用空间？于是，创新团队开始进行设计研发。设计师通过专业软件不断做出各种样式的挑空夹层，来回调换柜台、货架、座位区的位置，并配上门前的绿植进行情景展示。后来，喜士多的设备工程团队用漆成蓝色的条形铝材板模拟天空，再加上绿植与鲜花的装饰等为顾客营造了欧洲小镇的浪漫氛围。卖场地面也做了特别的设计，黑色琴键部分模拟的是欧洲的石子小路，中间留白部分是一条主干线，引导顾客的走向。新的店面设计一经推出，就获得了消费者的喜欢，惊呼这哪里是便利店啊，简直是美轮美奂的咖啡屋。很多顾客会站在门口与店内拍照，并把照片上传到社交网站和朋友分享。

常言道：千军易得，一将难求。尹衍梁认为："你要找到好的千里马，就要建立团队。"他进一步强调，现代社会人才辈出，"千里马"满街都是，但懂得识人用人的"伯乐"却很少，主要就看领导者能不能引导出团队前进的方向和人才的向心力。魏正元原来在大学中当教授教学生管理学，因为尹衍梁一句问话"你懂管理吗"而顿悟，放弃教职而投身零售业。从台湾大润发到上海喜士多，身先士卒，带领团队一路创新与研发，制造了零售业中一个又一个创新的做法。便利店的面积一般不大，如何利用这么小的面积做出大文章来，使得顾客能够更加满意？魏正元及其团队后来想到了店中店的新创意。顾客来到喜士多后，会惊喜地发现，原来在喜士多店内还有出售鲜花、水果等的其他小店，这样的话，消费起来就更加方便了。如此店中店的新概念，要做好并不容易。对此，喜士多通过店面空间的精准规划和切割，建立起每个细分空间的最优规划。在此基础上，招揽有意愿者且符合规划的业务来入驻。这种新做法不仅能够精准管控单店的租金成本，通过店面空间的切割和转租，还可以产生一笔收益。更为重要的是，这类新做法能提高顾客的满意度，让顾客来店内消费变得更方便。这样的创新，在喜士多几乎每天都在进行。对此，魏正元并不满意，还时时提醒大家要从顾客角度来思考和创新。喜士多华南区年底聚会，魏正元没有办法亲自到场，但是送去了礼物，是一个有魏正元头像的面具，就是借机提醒大家"我们真的就只能做到这样吗"，鼓励大家再接再厉，不断为顾客价值而创新。

对于尹衍梁而言，创新是一种习惯。当众人好奇他为什么能在建筑业、零售业屡屡以创新引领行业前进时，他反而很谦虚地表示："我的创意来源，可能是成绩不好的缘故。"他二十多岁时，很叛逆，不好好学习。但是，后来他脱胎换骨般地站了起来，以崭新的姿态出现在世人面前。尹衍梁喜欢阅读，喜欢静静地思考，充分发挥想象力。他不仅自己喜欢创新，还鼓励大家都积极创新，去不断追求进步。对于便利店而言，一线员工的整体服务质量，直接影响到顾客的感受。为了能打造出符合企业形象的服务内涵，喜士多一反传统的做法，不是去招募有经验的零售业从业人员，而是招募刚刚毕业的学生来从头训练。为此，喜士多建立了完善的培训系统，通过图片、影片、实地操作等方式，向新人传授超过数百种标准作业流程。喜士多拍摄了两百多套培训教材，直接通过每家便利店的电脑自动下载，就连如何煮关东煮都制作成影音教材，供广大员工进一步学习提升之用。在加盟上，喜士多提出了"包点、包证、包人、包上手"的四包策略，一下子就加快了加盟的进度。

三、好品质，经得起时间检验

台北的万华祖师庙口旁有一排矮矮旧旧的房子，这里有家"原汁排骨大王"，创建于1947年。六十多年来始终坚持严选食材，独特的滋味令人难忘。现任老板已是第三代，他二十几岁时接班，一接就是五十个年头。虽是间小店，但老板十分用心。为经营好这家小店，老板和老板娘每天只睡三四个小

第七讲
卓越的品质力

时。优秀的品质和努力的经营，获得了社会的认可。很多政商名流不远千里来这里，只为喝一碗排骨汤。尹衍梁从小就被爸爸带来喝排骨汤，一喝就是半个世纪。尹衍梁每次来这里喝排骨汤，都觉得："喝了，很感动！"这种心生满足、回味无穷的感觉，总让他思考一个问题：这样的一家小店历经六十载而依然顾客盈门，是什么样的力量？关键还是品质。这家小店的老板之所以每天干得那么辛苦，就是要守住这个品质，为顾客把好这个品质关。因此，尹衍梁每次来这里喝排骨汤，都是来感受几十年如一的品质保障。在他看来，真正的品质是能经得起时间检验的。

在公司经营上，尹衍梁始终坚持"品质第一"的企业信条。为了给客户提供质量有保障的住宅，他不仅要求自家工程采用最新的建筑工法，而且在房子盖好后，动用消防龙头，从屋顶连续浇灌 72 小时的水。等浇灌完毕后，马上逐户进行检查，仔细查看角落里有没有漏水。若是漏水，那么，工地干部就会受到严惩。他还出版了面向购房者的书——《寻找梦想的家》，其中有专门的一章是防水篇，分为淹水、积水和漏水三个部分，并具体介绍不同类型问题发生的情况。为确保建筑工程质量，尹衍梁喜欢亲自到工地去检查工作。2003 年，时任台湾"中央研究院"基因体研究中心主任的翁启惠回忆说，那时他每天到工地巡视进度，都看到有个带着安全帽的人在指挥调度，没想到那个人竟然就是尹衍梁。翁启惠提到实验室的工程标准比一般建筑物要高，不能漏水等。尹衍梁回答说："会漏水的不叫工程。"至今，翁启惠对此记忆犹新。事实证明，十多年过去了，当年尹衍梁所盖的实验室从未出现过漏水等质量问题。

尹衍梁强调说："人不能怕犯错，只怕不认错。"在质量上面，一旦出现问题，要勇于承认错误，并及时找出改正的办法，确保以后不会发生这类问题。早期尹衍梁盖过一栋大楼，建好后才发现窗户的形式居然有一百多种，而这个错误之前居然谁都没有发现。这个问题导致厂商装错了窗户，甚至维修也有极大的问题。这个错误让尹衍梁痛定思痛、引以为戒,告诉自己千万不能再犯了。这件事情虽然很小,但却证明了尹衍梁对于建筑品质不断精益求精的精神。此后,他在建筑过程中再也没有出现这种失误。在尹衍梁亲自主持下,建筑公司走上了创新发展的道路,品质保障方面也是制度严密、奖惩明确,不断为社会提供优质的住宅和高科技厂房。表面上看起来再没有惊心动魄的事件发生,实质上是尹衍梁亲自主导创新研发团队通过持续不断的创新来预先排除各种可能危害品质的做法,采用了既能够确保品质又能够提高效率的新型工法。

尹衍梁认为,全面品质管理不能仅仅停留在特定层面和特定项目上,而是需形成"以品质为上"的企业文化,让所有员工在所有行动中,都能身体力行地实践品质为上的理念,使其成为个人的一种习惯。例如,在书田纪念医院中,他要求广大医护人员不仅要看病,而且还要看人。走进诊疗室,书田纪念医院的医生不是忙着用仪器检查病人、写诊断结果,而是先用眼睛看、用耳朵听,和就医者进行交流和互动。在书田纪念医院,医生不仅仅是看病,更是"健康设计师",要向前来就医者提供保持健康的建议,从饮食、运动、心态、作息、爱好等多个方面,给予正面引导。为了让员工有足够的服务品质意识,这些忙碌的医护人员,每周都必须参加三次读书会和各种创新学习会,使得服务品质意识能够深入人心。在书田纪念医院不仅员工要有服务品质意识,就连这些员工的家属也需要接受熏陶。所以,书田纪念医院从招募、面试开始,就层层把关和选拔。到了第二轮面试时,还要求面试者必须带着家人前来,让他们实地查看、了解和感受书田纪念医院的服务气氛,并且支持其到这里工作,这样才会接纳其进入医院工作。

第八讲

深厚的使命力

　　做任何事情，首先都要有使命感。曾经风靡一时的《致加西亚的信》的小册子，讲述了美国中尉安德鲁·罗文接受总统威廉·麦金莱的指令，克服重重困难，把一封决定民族命运的信及时送到古巴起义将领卡利斯托·加西亚将军手中，从而成为民族英雄的动人故事。安德鲁·罗文在送信的路上困难重重，险象环生，充满挑战和死亡的威胁。但是，内心的使命感让他能克服常人难以想象的各种困难，最终成功地完成了使命。在这个例子中，使命让一位很普通的中尉变得很伟大，是使命的力量在激励他去完成看似不可能的任务。彼得·德鲁克在其经典著作《管理的实践》中，讲到了"三个石匠"的故事。同样是做繁重的体力活，有没有使命感让这三个石匠的工作表现截然不同。在彼得·德鲁克看来，使命是推动组织成为卓越的原动力。

　　尹衍梁在长期的企业经营实践中总结发现，使命就是一种愿景。无论是个人还是组织，有了愿景，就会产生促进个人和组织成长的动力，这就是愿力。这种发自内在的愿力，可激发个人或者组织巨大的潜力和意想不到的能量，去克服万难而达成目标。当无数个人的愿力通过组织愿景汇集起来时，这样的组织就具有一种共同的愿力，就能形成一股强大的合力，就能完成惊天动地的事情。尹衍梁一开始做生意时，一心想赚钱，但并不顺利。后来，他开始认识到社会责任的重要性，于是，经营理念发生了根本性的转变，以"投资社会进步"为使命，事业也就越做越大。在他看来，经营企业，使命很重要。

第一节　愿景与使命

我第一次去哈佛医学院访问时，杰弗里·弗莱尔院长专门把我从行政楼带出来，走到外面的一座雕像前面。这是一只站立的狮子的雕像，狮子凶狠地目视前方，两只前爪紧紧地抓住一块盾牌。杰弗里·弗莱尔院长在一旁介绍说，哈佛医学院就像这只狮子，要看清楚世界上的一切疾病，而这块盾牌暗喻着医疗，意为抵制疾病，保障世人的健康。当时，我很受感触，哈佛医学院之所以能成为世界上最强的医学院，这种强大的使命感是其力量的重要来源。

一、愿大，福田才大

在中国，组织机构管理和个人管理是密不可分的。《礼记·大学》中说："格物而后知至，知至而后意诚，意诚而后心正，心正而后身修，身修而后家齐，家齐而后国治，国治而后天下平。"这就是"修身、齐家、治国、平天下"的道理，而要达到这种境界，就需从个人内在立志、立愿。尹衍梁所做的一切，无论是企业、公益还是慈善，都源于其年轻时所立下的大愿。他说："我就是在28岁那年立下大愿，未来要兴办最好的管理学校、最好的医院，创设华人世界的诺贝尔奖。"有了这些大愿，尹衍梁彻底改变了自己，从一个不务正业者变成投身事业、开拓进取、回馈社会的企业家。尹衍梁在28岁那年所立下的大愿，帮助他认识到自己未来所努力的方向。于是，他就开始专注地向着愿景跑去，不管遇到多大的阻力和挫折，从未放弃和停滞。后来，这些愿景陆续

第八讲
深厚的使命力

开花结果，成了现实。1993年，尹书田纪念医院开张；1994年，北京大学光华管理学院成立；2014年，"唐奖"举办第一届颁奖典礼。这些年来，尹衍梁遭遇了不少挑战，外部环境也发生了重大变化。但是，他依然不忘初心，如同他驾驶帆船一样，不管风浪有多大，他都毅然决然地追随愿景的感召，最终成功到达彼岸。

企业家的愿景，往往来自迫切想要改善现实的心愿和责任感。28岁时，尹衍梁立下心愿，要兴建最好的管理学院。后来，彼得·德鲁克找到尹衍梁，希望他支持在美国办管理学院。可是，尹衍梁想到中国更需要发展商业管理教育。1989年，尹衍梁第一次到北京，便偷偷地去北京大学考察。一脚迈进北京大学，尘土四起，果皮纸屑随处可见。走进学生宿舍，八个学生挤在老旧不堪的小房间内，堆满杂物，拥挤不堪。想象和现实落差太大，让他悲从心生。在他面前，百年名校不仅门面的光彩不再，更由于研究生补贴太低而出现招生不足的困境，人才培养出现危机。这次北京大学之行，让他更加坚定了无论遭遇何种阻力都要兴办教育的决心。于是，他付诸行动，多次拜访北京大学的校长、老师，共同商量助学的事情。最终，北京大学光华管理学院获批筹建，开启了中国商业管理教育的新篇章。

尹衍梁强调，人就是要立"大愿"，心中的"福田"才会扩大。福田大了，能播下的善念种子才会多，也才有充足的肥料供种子发芽，日渐茁壮，最后长成一棵棵大树，开花结果，拥有更多力量去帮助别人、造福社会。在尹衍梁看来，投资于"社会进步"的事业，才能获得企业与社会的共同进步，企业经营才能不至于迷失方向。在伦敦经济学院2008年举办的一次针对全球金融危机的讨论中，英国女王伊丽莎白二世一句"为什么没人能预见这场灾难？"的提问难倒了满屋子的金融大鳄。这个问题此后一直困扰着西方的经济学家和企业家，因为在危机爆发前那个所谓的"黄金时代"，人们不仅忽略了失败可能的后果，而且也忽略了"成功"真正的代价。对此，远在东方的南怀瑾一语道破天机，令尹衍梁豁然开朗。他说："大家心理准备不够，知识体验也不够，就算企业主表面上挣了大钱，也不是真正的发财，都是空的！"尹衍梁领悟出，追求财富是永无止境的，但财富并不等于金钱，更大的财富是对社会的贡献。

《诗小雅·大田制》称："雨我公田，遂及我私。"尹衍梁认为，每个人的心中都有一块需耕种的"福田"。这块"福田"和愿景是密不可分的。愿景越大，这块"福田"也就越大。西方社会，企业以利益最大化为诉求和唯一目标，其愿景就比较狭隘。"福田"在西方管理学术语中，就变成了另外一种名称，叫"利基"（niche）。通俗地说，就是利益的基础、基石。在西方人看来，首先是要找到利基，然后就能从中获得利益。德国著名的管理学思想家赫尔曼·西蒙发现世界各地都有一批被称为"隐形冠军"的中小企业，在其各自的利基市场中的地位无法撼动，默默耕耘并且成为行业领袖。与"利基"相比，尹衍梁强调的"福田"，其内涵要丰富得多，不仅仅是利益，而是要投身于社会进步。社会进步了，商机自然就来了。

二、愿景靠修行来实现

尹衍梁常常问大家，以色列是个很神奇的国家，这个强敌环伺的小国，却屡屡在地区冲突中胜出，到底凭什么？是因为以色列人给世界带来了一种新的愿景，这种新的愿景挑战传统的指挥和盛行的时代精神。尹衍梁指出，在希伯来文明中，vision（愿景）这个词有更深的含义：它意味着过去、现在和将来三位一体，你的理想和愿景就是你的现实及当下的使命。所以，以色列人能把未来的愿景和当下的努力有机结合在一起、统一在一起，能从愿景中获得极强的精神力量。受到这种精神力量的感召，以色列人就会克服种种阻力和困难，去努力达成使命。这类人，在以色列人看来，就是使徒。在以色列文化中，使徒具有很高的社会地位，是肩负使命并努力达成使命的人。尹衍梁认为，具有使命感的以色列人在面对挑战和困境时会更乐观与坚韧。这是以色列人在夹缝

第八讲
深厚的使命力

中能顽强生存且不断通过创新而壮大的根源。

光有愿景而不去努力实现，愿景就等同于虚设，不会起任何作用。如何从愿景中汲取精神力量，指导当下努力去实现预设的理想？尹衍梁认为："你要朝着愿力一步步走去，在过程中经历种种挑战，一一克服，这就叫修行。"他进一步强调说："要不断修正你的心，修完之后，就能到达你要去的地方！"为支持教育，尹衍梁在1989年曾孤身一人乘坐波音747飞机从台北飞往北京。当时，整架飞机原本可坐三百多人，却只有尹衍梁一位乘客。尹衍梁到达北京后，兑现承诺给大学生颁发奖学金。他对着台下六百多名学生说："有人劝我不要来，但我却说，千里故人来，因为这时候你们最需要鼓励，所以我来了。"当时，台上台下哭成一片。当初，尹衍梁与北京大学校方就成立管理学院进行谈判。消息一经传开，反对和质疑声一片。北京大学的师生不理解一位台湾企业家跑来兴办教育，质疑其动机不纯。有人说这就是台湾的"光复中华"，也有人到教育部去举报。对此，尹衍梁几次三番跑到北京大学，直接和师生进行面对面的沟通和辩论。精诚所至，金石为开。几次下来，北京大学的师生慢慢体会到了尹衍梁的心情和诚意，最终接纳了这件事情。

践行愿景的过程，从个人的层面来讲是修行，从组织的层面来说是修炼。彼得·圣吉在《第五项修炼》中所称的第三项修炼，就是建立共同的愿景。尹衍梁把企业命名为"润泰集团"，名字中就包含了愿景和使命。"润"就是润泽社会，就是要对社会这个大家庭有利，为社会的建设和发展壮大做贡献，不能碌碌无为、无所事事。"泰"就是泰安民生，就是要关注老百姓，使他们安居乐业。南怀瑾认为："要对社会有所贡献、要能永续经营，不是做个几十年就可以了，必须要代代相传下去，那才叫企业。"尹衍梁很受启发，认为中国现代社会严重缺乏"企业"的概念，以为只要开间公司、做点生意，能挣进大把钞票的就叫"企业"，其实天差地别。在尹衍梁看来，真正的企业首先是要服务于社会、勇于承担社会责任和使命、对社会有贡献的企业。

达观天下
——跟尹衍梁学管理

南怀瑾先生在《如何修证佛法》中提出了"见、修、行"三位一体的修证纲要。这个纲要,深切地点出任何学习的精义所在。尹衍梁认为,如果没有立大愿、立大志,那么不管学什么都可能只是徒劳无功,因为不管是到学校求取知识,还是看书自我充实,都只是追求知识的手段罢了!而知识只是分门别类的信息,是书本上冷冰冰的学问;如果不会好好运用、不做有意义的实践,那么知识充其量只是一个框架,无法帮助自己成为对国家、社会有用的人才。在他看来,光是吸收知识、信息并不是学习,真正的学习必定是修正行为,也就是修行、修炼。尹衍梁小时候到处打架,个性偏执。有一天,于敦德老师对他说:"要让别人爱你,不是怕你。"他醒悟过来,就开始改变自己。后来,他发现大家对他的看法果然与以前不同了,他也不再是以往那个人见人怕的"问题少年"了。尹衍梁从小痴迷于玉石,后来,慈济证严上人的简朴思想打动了他。他就把自己所有的名车和玉石都捐出来,帮助社会上更多需要照顾、关怀的弱势群体。

一旦放下了这些追逐身外之物的念头,尹衍梁就开始成为一位真正意义上的企业家,拥有一颗充满活力的心灵,对世界和挑战保持着浓厚的好奇心及兴趣,而且醉心于通过持续不断的创新和发明去改变现状,为社会进步贡献个人的心力。北京大学光华管理学院成立之初,师资缺乏,教材落后,困难重重。尹衍梁实际参与拟定学院的发展方向、规划校舍、招募师资、编撰教材等工作,更亲自授课。为了实现其"安得广厦千万间,大庇天下寒士俱欢颜"的理想,他面对亏损严重、陷入困境的建筑公司,丝毫不退缩,而是亲自担任研发长,带领团队进行创新与研发,在传统保守的建筑行业,掀起了一股创新的浪潮。为实现救人济世的理想,他兴建了书田纪念医院。面对数年的持续亏钱,他没有太在意,而是依然坚持给病人提供最好的服务和关怀的理念,服务广大患者。因为肩负着使命,尹衍梁的身上,体现了豁达与坚韧,即使面对别人的冷嘲热讽和质疑,他都坚持不断地去努力。在他看来,给予自己挫折的人,其实都是生命中的贵人，因为他们会给自己带来淬炼——能帮助自己更上一层楼的考验就是淬炼。

在尹衍梁看来，没有愿景和理念，制度就没有灵魂；没有灵魂的制度，就会缺乏感召力和凝聚力，责任心就没有根基；没有责任心，事业经营管理就没有生产力。在大变革时代，企业面临的竞争尤为激烈，企业领导者需要果断地承担起组织变革的使命。圣雄甘地曾经说过："变革者想要获得成功，就要先成为变革的一部分。"彼得·圣吉也反复强调："想要改变别人的行为，先改变自己的心灵。"尹衍梁认为："力求改变的最好方式，就是立一个很大的志愿。"有了愿景，就会产生发自内在的力量，使得自己能脱胎换骨，坚信自己的事业能在未来变得更美好。因此，会产生巨大的动力，即便遭遇莫大的阻力和挑战，也会很乐观地去加以克服和超越，最终获得他人难以企及的成就。

三、使命必达的勇气和魄力

有了愿景，就需努力去实现它。对一个组织而言，其使命就是明确的组织阶段性发展目的和功能，是组织企图达成的具有挑战性的目标。组织使命明确指出了组织的发展方向，且是朝向愿景的方向。肩负使命的企业家，其内心充满了取之不尽的活力，不会被现实的世界束缚住，而是着手去创造新的现实。这样的企业家，心中想的是去战斗、去挣脱、去创造。在台湾地区爆发"黑心油"事件以后，岛内的食品安全问题再次成为社会最关心的问题。这时，与食品安全没有任何关系的尹衍梁主动站出来，牵头成立独立食品安全革新委员会，扛下这个重担。因为心中有了使命，就会有"明知山有虎，偏向虎山行"的勇气和魄力，纵然是刀山火海，也要勇往直前。

要达成使命，除了有勇之外，还要有谋，要有达成使命的方法。尹衍梁认为，对于一个组织而言，达成使命的方法在于具有良好协作精神的团队。历史学专业出身的尹衍梁，曾在北京大学光华管理学院讲课，讲到马克斯·韦伯的思想时,特别强调了清教徒的相互协作精神。在尹衍梁看来,要达成具有挑战性的使命,必须通过同舟共济的团队进行协作。孤军作战,往往因为有个人身体、心理、工具等方面的限制而无法达成具有挑战性的使命,而团队协作可以突破个人的限制。

尹衍梁认为,经营事业的目的不是为名为利,而是为顾客带来"幸福感"。当看到大陆经济蒸蒸日上时,如何让13多亿消费者都能享受到物美价廉且便利的产品和贴心的服务,就成为尹衍梁思考的课题。为此,尹衍梁决定在上海成立大润发,进军大陆市场。"大润发"代表了"大地滋润、万物昌发"的品牌意义。从当时的情况来看,在大陆市场上,已有在全球零售市场呼风唤雨超过40年历史的零售业巨头沃尔玛和家乐福。尹衍梁承认:"当时大陆零售市场就像是奥林匹克竞赛,所有来参加的队伍都是国家级代表队,例如世界冠军沃尔玛、欧洲冠军家乐福,等等。"但是,尹衍梁通过与欧尚合作,大胆启用黄明端等一批"狼性"十足的干部,通过团队协作的方式,硬是在如此激烈竞争的环境中脱颖而出,后来居上。英特尔前总裁安迪·葛洛夫曾说:"唯有偏执狂才能生存。"对于尹衍梁而言,之所以坚持是因为使命使然,而团队协作是达成使命的重要手段。

要达成使命,往往不得不忍辱负重。当初在收购南山人寿之前,尹衍梁看到美国国际集团出于自身财务压力已无心在中国台湾地区恋战了,其旗下的南山人寿保险公司的业务不断萎缩,员工也纷纷离职,广大投保户的利益因此而受损。他说:"看看这些南山的保户,我好多朋友都有一叠南山的保单,但是权益却都没人照顾。"尹衍梁觉得自己有责任与能力,于是挺身而出,奋不顾身地扛下这个重担。当时很多友人劝他,不要去碰这块烫手的山芋,甚至把保单利差、市场环境都一一分析给他看,认为这是得不偿失的生意,但始终未曾动摇过他的决心。因为在尹衍梁看来,使命和责任是第一位的,远比投资挣钱更重要。因为有这样的使命感,即便面临前所未有的阻力和挑战,他也坦然面

第八讲
深厚的使命力

对，绝无退缩的念头。各种舆论的攻击与讨伐、工会的苛刻条件、主管部门的故意刁难……一轮又一轮的攻击，令他措手不及。一连超过六个月，只要打开报纸就会看到攻击和声讨他的文章，寻常的人面对这种莫须有的攻击一定会崩溃的。对此，他平静地说："但我抱着感恩的心，我觉得我已经享受过总统选举的过程。"佛家所讲的六度是：布施、持戒、忍辱、精进、禅定和智慧。因为肩负使命，尹衍梁潜心忍辱，对莫须有的指责和攻击，他从不辩驳和回击，最终修成正果，成功入主南山。

很多时候，尹衍梁感到很孤独。当社会上的种种质疑、不理解甚至打击报复等，都一股脑地倾泻到他的头上时，他也会感到气愤和苦恼。但是，他丝毫没有放弃的念头。尹衍梁喜欢航海，经常一个人驾着帆船就出海了。于是，有人问说，一个人出海是不是很可怕？尹衍梁回答说，水手通常是孤独的。他的回答，与其说是在讲航海，还不如说是在讲他自己的人生处境。毛泽东在孤独的时候，喜欢看鲁迅的著作。尹衍梁在孤独的时候，也会大量地阅读。有一次，他在研读了诺贝尔文学奖得主赫尔曼·黑塞的《流浪者之歌》后，看到了人生的无常，感觉到自己的幸福和众生的苦难。于是，他就坦然接受了现实中以各种"莫须有"的罪名攻击他的行为。在他看来，世界上的每个人都是流浪者，但流浪者并不都是孤独者，人生只要尽力，终会有圆满的结局。

要达成使命，想要有真正的成就，一定要精进。尹衍梁每天早上六点十五分就到办公室，于是，有人就问他为什么这么认真地挣钱？他回答说："挣钱对我来说，只是在履行社会责任而已，这是我的乐趣。"有了社会使命感，干得多辛苦也不觉得累。尹衍梁认为："苦与乐是一念之间，你认为苦，我甘之如饴。我每天六点十五分进办公室开第一个会，每天工作十二个小时以上，我快乐得不得了，我休假超过三天，就会很想赶快回来工作。"促使他如此卖命工作的动力，不是钱，而是他的使命感。若为了钱，他大可不必捐出95%的个人财富。他知道自己所肩负的使命和重担，因此，不敢有丝毫松懈和自我满足，而是不断精进、不知疲倦地努力完成其远大的使命。爱迪生说："只有把每一天都当成生命的最后一天，人才真正学有所成。"因为人的一生纵然活到百岁也如同白驹过隙，在人的一生中要有所成就，就必须精进，不能懈怠。尹衍梁因为深感所肩负使命的重要意义，因此，每天马不停蹄地工作，与时间赛跑而不知疲倦。

第二节　勤耕"福田"的快乐

尹衍梁的"福田"思想，还不止这些。在佛教福田观的基础上，尹衍梁根据企业经营的实践经验，认为"福田"还可以进一步细分为："恩田""义田"和"敬田"。无论哪种，都需要用心耕耘、细心灌溉，日后便能开花结果，欢喜丰收。"恩田"是永远怀着感恩之心，并且把感恩付诸行动。"义田"就是做该做的事情，而非为了利益。"敬田"就是要对每个人都怀抱恭敬之心、尊重之心。

一、让感恩成为习惯

一分耕耘，一分收获。尹衍梁所说的"福田"，就是要用感恩之心来努力，不仅要播下感恩的种子，而且还要通过实际行动来积极践行感恩。这样，就会有很好的收获。1989 年，尹衍梁带着忐忑不安的归乡心情，踏上大陆的土地。他此行的目的，是带着国学大师南怀瑾对大陆的第一个投资愿望——兴建金温铁路前来，要展开全线 250 公里的踏勘工作。尹衍梁到大陆投资考察的过程中，发现大陆的高等教育水平还有待提高，于是主动提出想捐赠一笔钱，作为对高校优秀人才的鼓励。南怀瑾闻之欣然，对他支持教育事业、支持人才培养的意愿大加赞赏,通过与大陆方面协商联系,终于使得"光华奖学金"在大陆的高校实行。1989 年,尹衍梁又捐巨资在北京大学创办光华管理学院。光华奖学金的设立和光华管理学院的创办让尹衍梁在大陆一炮而红。尹衍梁认为:"很多人得不到别人的帮助,就是因为不知感恩。"在他内心中,在大陆捐建铁路、设立奖学金和创办光华管理学院等,都是其感恩社会的行动。因为先有了这份感恩,所以,他后来在大陆的投资和事业经营都获得了社会各界很大的支持。当然,对尹衍梁而言,感恩之举并非是为了将来获得帮助或回报。曾国藩有一句座右铭:"不为圣贤,便为禽兽;莫问收获,但问耕耘。"尹衍梁勤耕"福田",强调的是以实际行动来感恩。至于结果,有一天自然就丰收了。

在实施感恩的行动过程中,真心诚意是最重要的,必须是发自内心的感恩与答谢。《圣经》中说:"所以,你施舍的时候,不可在你前面吹号,像那假冒为善的人,在会堂里和街道上所行的,故意要得人的荣耀。"高调的感恩如同作秀,不免有沽名钓誉之嫌。尹衍梁认为,感恩行善者,应该以默默行善为宜,如同《圣经》所说"你施舍的时候,不要叫左手知道右手所做的"那样。这些年来,尹衍梁个人捐赠给海峡两岸数十所大学的资金已不计其数。但是,尹衍梁做公益从不具名,捐大楼既不写上家人与企业的名字,也不要受赠者记得他。他每次都叮嘱得奖学生将来有能力,切记援助需要帮助的人。设立"唐奖"前,很多人建议他仿照诺贝尔奖,取名尹氏奖,他坚决不同意。在尹衍梁看来,社会向企业家提供了展示其才能的机会和舞台,那么,企业家在获得成功的同时首先需要感恩社会。对社会的感恩和回馈,是企业家应尽的义务和责任,责无旁贷,义不容辞。

尹衍梁在北京大学光华管理学院给博士生讲课时,讲课内容广博精深,天文、地理、人文、历史、哲学、生物学,等等,无所不包。有一次,他和大家分享《别闹了,费曼先生》这本书,讲到了纳米之父理查德·费曼的经典名

达观天下
——跟尹衍梁学管理

言"底层之下,还有广阔空间"。同时,还提到了他的另一句名言"你管别人怎么想"。尹衍梁认为,这两句话里头都有学问。面对世事纷扰,尹衍梁常存感恩之心,凡事但求本分、脚踏实地,忘却背后的心酸和别人的质疑,努力向前迈进。2003年,台湾"中央研究院"要成立"基因体研究中心",该中心的任务是进行基因体与蛋白质的科学研究,以致力于找寻与确认人体疾病之标的物,发展新颖的治疗方式来克服与消弭疾病。这个工程项目的预算不大,利润更是微乎其微。但尹衍梁自从承接这个项目后,不畏日晒雨淋,天天到工地亲自监工,且行事低调,丝毫看不出大老板的派头,旁人以为他只不过是个工地干部而已。他说:"因为我心存感恩,希望对社会尽一份心力。"在他看来,这个中心建成后,未来将聚集一批顶尖人才来开展克服和消弭疾病的研究,这是一个救人济世的研究机构。一旦获得科研上的突破,就可帮助人类去克服种种顽疾,这是个功德无量的事业。这项工程能交给他来做,对尹衍梁而言,不仅是莫大的荣耀,更是神圣的使命,他说:"我要每个环节都达到完美,不容出错!"

在企业内部,尹衍梁鼓励大家积极培养感恩之心。他强调说:"如果你对同仁时时心存感激、感恩,尽心尽力替人着想、付出,最后对方一定会受不了,在你需要帮忙时,想尽办法帮你渡过难关!"为让感恩深入人心,成为企业的内在精神,尹衍梁鼓励大家在具体工作过程中建立各种"感恩步骤",使得感恩成为所有业务流程中必不可少的环节,定期将团队成员聚在一起庆祝和感激已取得的成果。这些感恩活动,成为企业组织中的常态活动。在尹衍梁的感召下,感恩成为企业重要的精神支柱。勤耕"恩田",能有意料之外的收获。尹衍梁强调:"客户是我们的衣食父母。"因此,他号召广大员工"要提供超乎客户需要、心存关怀与感恩的服务"。若有员工在这方面做得好,除了物质奖励之外,他还会亲自请其吃饭,当面感谢他把顾客照顾得么好。南山人寿有位投保户因骑车摔伤,本不想理赔,结果,业务员主动联系并帮助他,使其很快就获得了理赔金,令其很感动,又追加购买了巨额保单。尹衍梁为感谢这位业务员对客户的关怀,亲自到这位业务员所在地请其吃饭表达谢意。期间,尹衍梁发现其中的重要经验。于是,以此为例,与广大员工进行分享。结果,广大员工从中又不断挖掘出新意来,在感恩心的引导下,释放出巨大的能量,不断创新服务客户的方式,获得了一个又一个之前难以想象的业绩。尹衍梁认为,服务企业除了有一套标准作业流程之外,如果员工没有感恩的心,流程就成了没有灵魂的躯壳。因此,他鼓励广大员工要"感恩与惜福",将企业的服务流程注入生命之中。

二、因仁义而无敌

尹衍梁表示,耕耘"义田"可大可小,小则举手之劳、雪中送炭;次则见义勇为、拔刀相助;大则舍己救人、舍生取义……善觉不分大小,都能让"义田"日渐肥沃,也能帮自己累积福报,吸引更多的人愿意在你的人生路途上出手相助。台湾老牌企业力霸集团成立于1959年,鼎盛时期拥有5家上市公司,横跨金融、制造、服务及不动产、有线电视及电信事业等领域,总资产超过3 000亿新台币。2007年,力霸集团遭遇严重的财务困局,整个集团的经营陷入危机,被称为台湾版的"安然事件"。尹衍梁与力霸集团创始人王又曾及其子王令麟两代都有交情。力霸案发生后,尹衍梁是少数仍和王家保持交往的财经界重量级人士。若不相救,力霸集团很快就要倒闭,员工就要失业。见此情形,尹衍梁斥资20.5亿新台币,买下力霸在宜兰的水泥厂。当记者问他此举的用意时,他说:"面对镜头我的肌肉会发硬,我跟力霸的王家两代都有交情,他们有两三百个同仁失去了工作,假如能够买下,优先让他们回来工作。"半年后,水泥厂恢复运作,之前失业的工人全部返回来继续工作。因为尹衍梁的出手接盘,水泥厂复活了,之前给水泥厂提供贷款的兆丰银行也没再出现不良贷款的情形。可见,尹衍梁的出手一举多得,既挽救了力霸又帮助了兆丰银行，让失业的工人重新工作，还帮助了宜兰当地的发展。

胡雪岩有一句名言："你肯为别人打伞，别人才会愿意为你打伞。"商人要挣钱，但仁义更重要。在尹衍梁看来，为富不仁是商人的悲哀。他常常引用《左传·昭公三十一年》中的话"行则思义，不为利回"来激励自己。在他看来，任何行动和行为，首先考虑的都是"义"，做该做的事情，而非为了利益。有道义的事情，即使再高的成本也要去做，没有道义的事情，即使能挣再多的钱也不要去做。力霸事件后，王令麟保外就医出来，他觉得没脸见人，就整日躲在家中，足不出户。有一天，尹衍梁给他打电话，邀他出来见面，后来他发现见面地点居然是家人头攒动的牛排馆。他得知尹衍梁坐在包厢里，就赶紧过去。但是，那是一间玻璃屋，一览无余。王令麟把鸭舌帽压到不能再低，唯恐被别人认出来。尹衍梁开口第一句话就是"把帽子摘下来"。王令麟说要点餐，尹衍梁不同意，说要自己去取餐。在尹衍梁的坚持下，王令麟乖乖走出来，两个人开始排队取餐，尹衍梁就对着大家大喊，"他就是王令麟，王令麟啊！"遭遇如此境遇，王令麟顿时就领悟了，他说："犯错就接受，我不回避责任，也会谦卑地接受社会的批判。我才54岁，一定要坚强地活下去，我有员工要养，企业家就是要有手足之情。"从此，他不再消沉，而是坚强地从挫折中站了起来。

佛说："自未得度，欲度人者，无有是处。"如果尹衍梁自己还未领悟"义"的真谛，就想去度人，那是不可能的事情。当年力霸集团位于宜兰冬山河的水泥旧厂公开标售，乏人问津。尹衍梁出人意料的竞标，让外界很好奇：为什么尹衍梁要买下"沉没的泰坦尼克号"？尹衍梁接手这座水泥厂后，不只维持一个窑的生产，更大手笔动员57位博士、硕士等研发人才进驻，改造水泥厂，斥资盖了一座美特耐预拌厂。尹衍梁亲自带领研发工程师，不断注入新创意和新研发，首创品质履历系统，并取得业界唯一的绿色建材标章，这是水泥界破天荒之举。生产的水泥"泰固美特耐"售价比同业至少高5%，仍很受欢迎，市场占有率超过五成。这家水泥厂已不是当年的吴下阿蒙了，其获利能力在业界独占鳌头。本杰明·富兰克林有句名言："一个人种下什么，就会收获什么。我们如果真诚地待人，别人也会真诚地对待我们。"在尹衍梁看来，帮助困境中的王家并使其能从挫折中站起来是道义。在此基础上，通过持续不断地创新与研发，最终获得了可观的利润。

孟子云："仁者无敌。"待人以仁义，人心都会向之。因为人心所向，所以能汇聚起强大的力量，得以"无人能敌"。尹衍梁认为，这是古代治国的最高原则，却也可以指导现代企业的经营，成为赢得顾客支持的最佳策略。大润发成立之初，尹衍梁和团队开了三天三夜的会，最后确定大润发的使命是：我们是消费者采购的代表。也就是说，大润发是站在消费者的立场上，永远以价廉物美的东西供应给越来越多的客户。大润发和供应商共荣共利。大润发初期卖菜的供应商，当时只有三亩地，是担着菜篮子来供货的。现在他有三万亩地，已是个实力强大的供应商了。尹衍梁说："我们抱着一颗感恩供应商的心跟他共荣共利。他们多半都不认识字，或者文化水准不高，要教导他们、训练他们，到了过年的时候要提前给他们兑现支票，要帮助他们。"因为行仁义，所以大润发有一批死忠的供应商，与其相依为命。净空法师说，"仁者无敌"是跟任何人都不对立，跟任何人都和睦，都把他们当作自己的亲人，跟一切物都不对立，这就是边见破了。尹衍梁对于消费者、供应商、社会各界、政府、协力企业等广行仁义，自然获得了各界的鼎力支持。对此，尹衍梁颇为自豪地说："经商迄今，我很幸运地没有遇到敌人。"因为行仁义，所以没有一个冤家、没有一个对头。

三、敬人者，人恒敬之

尹衍梁认为"敬田"是"福田"中的一种，怀抱恭敬之心、尊重每个人，也是累积福气的重要途径。在他看来，只要一个人发自内心地尊重他人，就会

达观天下
——跟尹衍梁学管理

从对方身上看到不一样的东西，不但可以把对方视为老师，虚心求教、认真学习，更让自己培养出一颗温暖的心、一个冷静的头脑。对曾经教过他的老师，尹衍梁始终毕恭毕敬。每次见到这些老师，尹衍梁都是双手贴紧大腿，深深地鞠了三个躬。即便是在与这些老师通电话时，尹衍梁也是首先对着电话的话筒扣三下头，向电话那端的老师问好。因为尊重这些老师，老师们不仅教给他为人处事的道理，也让他领悟到企业经营的真谛。跟着南怀瑾老师，尹衍梁的商业观发生了根本性的改变。尹衍梁说："32岁遇到南怀瑾老师，在老师的影响下，开始拥有积极向前的动力；于是从35岁之后，一切都迅速发展，直朝目标而去。"在南怀瑾老师的指引下，尹衍梁参与建设金温铁路、设立"光华奖学金"、创立光华管理学院，等等。这些义举迅速让尹衍梁在海峡两岸积累起良好的社会声誉和名望，更为他事业版图的拓展积累了厚实的人脉，形成了尹衍梁最大的人脉宝藏。南怀瑾于2012年9月入定，为永远纪念他，尹衍梁把"唐奖"的颁奖时间定在9月（每两年一次）。

从一个顽劣少年到社会栋梁的转变，实际上是人心的转变。其间，除了南怀瑾老师之外，于敦德及王金平老师也起了很大作用。在进德中学时，尹衍梁是个被社会隔离、愤世嫉俗的不良学生。尹衍梁回忆说："在这个类似感化院的学校里，人格其实被踩在脚下，没有人把你当正常人看，只有极少数的人会鼓励你、善待你、尊重你。"有一次，于敦德老师看到尹衍梁脸色很难看，瘦了一大圈，身体几乎快撑不下去了，就自己端着面走四百米到宿舍给尹衍梁吃，让尹衍梁头一次体会到被人尊重的温暖。有一天，尹衍梁和别的同学打架，肚子上被划了一刀，伤口长达15厘米。他找到王金平老师，王老师帮他消毒、包扎，并且到宿舍拿干净衣服给他穿。王金平老师并未举报尹衍梁，而是把他留下来谆谆教导，令他彻底反省自己而最终勇于改过。这些老师们的言传身教，让尹衍梁领悟到"师心"的伟大和温暖，使得他对老师产生了仰望和尊重之心，并且进一步激发了他以后支持教育的大愿。每次回想起老师们的

第八讲
深厚的使命力

教诲，尹衍樑都不无感慨地说："我自己是老师救回来的，今天我有能力，也要尽可能帮助别人！"他除了捐钱支持教育之外，还亲自到大学里去上课、带学生。对他而言，人生诸多角色中，最喜欢的就是"老师"这个身份。

尹衍樑认为："命是定之在田，运是操之在我。"因此，平时要"修身以待天命"，其中很重要的一点就是要怀抱着恭敬之心来做人做事。勤耕"敬田"的思想，就转化为在企业经营中尊重每个人的经营理念。在企业经营过程中，尹衍樑充分尊重每位消费者，提出了"消费者利益的代表"的整体经营思想。在不同领域，他又在这个基础上提出更具有针对性的经营方针。例如，在经营医院的过程中，尹衍樑提出了"没有病人，只有客人"的经营理念，尊重每位前来的就医者，包括陪同病患前来的家属。在养老事业上，尹衍樑提出了"只有尊重，没有管理"的经营理念，要像孝敬自己的父母一样服务每一位老人和长者。在保险行业，尹衍樑提出了"保护幸福的捍卫者"的经营理念，把传统上投保户和保险公司之间互相对立的关系扭转为彼此信任和尊重的和谐关系，站在投保户的立场来经营保险公司，获得了广大投保户的欢迎。在尹衍樑看来，要成为受消费者尊重的企业，首先要学会如何尊重消费者。

除了要尊重消费者，还要尊重企业的每一位成员及其他利益相关者。尹衍樑坚持不让司机、同仁帮他开车门，都是自己开门下车。当有新进同仁不知情而为他开车门时，尹衍樑还会特地提醒下次不用了。"三人行，必有我师"。尹衍樑不只是称课堂上传授专业知识的人为老师，任何一个人身上有值得学习的地方，他都视其为自己在某个领域中的老师。所以，尹衍樑拥有各式各样的老师。为了学习对方的优点，尹衍樑强调顺畅的沟通。企业内部同事之间要沟通及时和深入，才能提高团队的运行效率。尹衍樑认为："沟通要在彼此尊重的前提下进行，若有人摆出不尊重的姿态，另一方也会觉得不舒服，进而破坏沟通的和谐气氛，不但效果大打折扣，甚至毫无进展，浪费时间。"尹衍樑不仅是强调彼此尊重和互相沟通，而且认为"听"比"说"更为重要。他自己不仅是个优秀的倾听者，而且也鼓励众人要善于倾听。为更好地倾听，尹衍梁不喜欢坐在办公室里，而是积极跑工地，到现场主动去倾听一线工人的想法和建议。这让在一线的工人感觉备受尊重，纷纷献计献策。好建议一旦被采纳，尹衍梁还亲自颁发奖金，对员工的尊重之情溢于言表。

因为尊敬他人，所以才能成为受尊敬的企业。尹衍梁认为，如果想要获得顾客的尊敬，必须信守承诺、童叟无欺；如果想要获得员工的尊敬，必须公平对待每位员工，给予员工成长的舞台；如果想要获得投资者的尊敬，就必须以光明正大、负责任的方式经营；如果想要获得供应商的尊敬，必须奉行共荣共利的合作方式；如果想要获得政府的尊敬，必须奉公守法；如果想要获得社会的尊敬，必须积极回馈社会、与社会各界和谐共处，建立商誉。大润发在大陆开店，因为奉公守法且积极支持社会发展，成为受政府、地方欢迎的超市。在地方上有个好的地段，别人要买需要5亿元人民币，结果当地政府听说大润发也想要，提出只要2亿元人民币就够了，还把道路等配套设施完善起来，不仅把公交车站设在大润发门口，还把地铁站也设在大润发门口。如此一来，大润发在当地一开店就生意兴隆。

第三节　践行社会责任

企业是社会系统中的一员，主动承担社会责任是企业得以永续经营的基石。企业通过服务社会来获得市场，通过投资社会进步来实现与社会的共同发展。因此，有眼光的企业家，都是具有强烈的社会责任感的。社会如同水，企业如同船，社会发展了，就如同水涨船高，企业的发展机会也会更多。企业在积极承担社会责任的同时，不仅能够获得社会的认同，而且还可以从中发现新的社会需求，成为企业发展的新起点。尹衍梁指出，古希腊神话中的巨人安泰俄斯，无人能敌，但是一旦让他的脚脱离大地，便不堪一击，因为大地是他力量的来源。他进一步指出，企业要想强大，社会就是其力量的来源。

一、投资于社会进步

具有社会责任感的企业家，事业的格局自然就大。尹衍梁喜欢做"大投资"，但不是金额大、规模大的投资，而是"社会意义重大"的投资。"社会意义重大"的投资，一定是能够推动社会进步的投资。在尹衍梁看来，这种"大投资"的回收规模也很大。一旦做起来，不仅社会受惠，企业的利润也会相当可观。社会越进步与发展，企业就越能随着社会的发展趋势而获得越多的盈利机会。因此，尹衍梁认为企业盈利与社会责任之间有着天然的关系，是互相关联的。一方面，企业应主动承担起社会责任，为社会进步与发展做出贡献；另一方面，社会进步与发展又带动了企业的成长，为企业开辟更多的发展机会。这种互为补充、彼此促进的关系，也越来越为有识之士所认同。迈克尔·波特认为，公司需要从被动的行动中摆脱出来，主动把社会事业融入到企业的竞争战略中去。作为一名有眼光的企业家，尹衍梁当然对此了然于心。他为推动大陆的管理教育，捐资成立了北京大学光华管理学院。当时，就有北京大学的学生提出质疑，问他："你来办学，可以赚多少钱？"对此，尹衍梁很认真地回答："我不会从中赚到钱，但日后那些学生若能贡献一己之力，让国家和社会赚进天文数字的钱，这样你觉得我会不会做生意？"实践证明尹衍梁的判断是对的，当光华管理学院声名鹊起之时，中国经济蓬勃发展，已成为全球第二大经济体，而尹衍梁在大陆的投资与经营也水涨船高，成就了日进斗金的事业。

有"日本企业之父"美誉的涩泽荣一，在其《〈论语〉与算盘》一书中提出"士魂商才"这样一个观点，认为真正的商才既要有"士"的操守、道德和理想，

达观天下
——跟尹衍梁学管理

又要有"商"的才干与务实,而"欺瞒、诈骗、浮华、轻佻之商才,实为卖弄小聪明、小把戏者,根本算不得真正的商才"。尹衍梁认为,一切取之于社会,用之于社会。企业及时回馈社会是理所应当的事。看到大陆在建筑领域还比较落后,尹衍梁就把自己经过三十多年不懈努力所获得的专利结集成册,于2005年在大陆出版了《殊道共筑——尹衍梁土木文集》,详细演示了传统土木理论及实践与现代工业理念及制造实现有机结合而获得的各种创新性工法。为了便于学习和掌握,该书还专门配备了 DVD 光盘,使学习者很方便地就能获得这些专利技术。除了向大陆无偿转让专利技术之外,尹衍梁还于 2009 年向同济大学土木工程学院捐赠 1 亿元人民币,支持其土木学科加快向国际一流水准迈进。此外,他还积极支持上海交通大学设立"安泰管理学院"、复旦大学设立"太平洋金融管理学院"、西安交通大学设立"光华医学院"、中山大学设立"光华口腔医学院"等。

尹衍梁对捐赠大陆兴办教育有自己的理解,他强调说这是在"渡佛",通过支持优秀学子的进步,让社会持续进步。在他看来,只要社会进步,商机自然跟着来。除了为国家和社会培育英才之外,尹衍梁在大陆兴办教育的另一层用意,是拉近海峡两岸之间的距离。在北京大学光华管理学院十周年庆典上,他说:"不信真情换不回,不信中国不富强。"当学子们问到如何答谢他时,他的回答是:"我只希望你们将来有能力时,也可以无条件地帮助周围的人。"由此可见,在大陆兴办教育,是尹衍梁自身的社会责任感在起作用,促使其能够积极投身于祖国的教育事业,为民族富强与振兴贡献其个人的力量。

尹衍梁很佩服铁木真,不仅因为他是一代天骄成吉思汗,更因为他身上所体现出来的优秀品质。铁木真幼年所受到的困厄,不但没有让他退缩,反而更加让他清楚自己的人生目标,心胸通过历练反而更为开阔,也更宽容待人。为了所爱的人,铁木真有更大的慈悲心,笑纳一切。尹衍梁身上流着母亲蒙古人的血脉,个性豪迈的他在设立光华奖学金时,特别保留一定名额给少数民族学生。曾有位蒙古族女孩考上了大学却没钱念书,后来获得了光华奖学金才得以继续深造。她写信给尹衍梁,说她拿到奖学金的那天,哭了整晚,从没有想到,帮助她的人竟然是千里之外的台湾同胞。当然,也有一些人不理解,认为尹衍梁来自台湾,因此会质疑他的动机。对此,尹衍梁问:"你们有谁可以说,台湾人不是中国人?"面对这一提问,再没有人跳出来质疑了。弗兰西斯·培根说:"知识就是力量!"尹衍梁通过到大陆兴办教育,让更多的社会精英进一步获得知识,未来把这些知识应用到社会进步和提升人民生活水准之上。这样的善举,经得起时间和实践的检验。

李光耀经常说,新加坡是小国,资源少,但它是用法治精神来治国。可见,在儒家文化影响下的现代国家,法治精神是依法治国和提高政府治理能力的重要思想。作为一名企业家,尹衍梁认为:"社会富裕之后,就要建立游戏规则,法律就是所谓的游戏规则。"于是,尹衍梁捐赠1亿元人民币,在浙江大学成立"光华法学院"。尹衍梁在浙江大学演讲时说:"光华,就是光大华夏。"通过持续不断支持教育事业来光大华夏,这就是尹衍梁的使命。他希望通过支持法学院的建设,培养出一批具有法律专业典范、追求社会公义的一流法律人,为中国社会的发展保驾护航。2012年十八大后,习近平主席多次提到"中国梦"。要实现"中国梦",反腐倡廉,调整贫富不均,依法治国是良策。习近平说:"依法治国是党领导人民治理国家的基本方略,法治是治国理政的基本方式。"尹衍梁认为,法学既是一个专业知识体系,也是一门治国济世的学问,有必要通过法学院的建设来系统性地培养法律专业人才,增进中国人的法律智慧,为推动社会进步提供英才。

二、捐出95%的个人财产

美国经济学家约翰·加尔布雷思曾经说过:"在众多阶层之中,有钱人是最受注意但又是最不被人了解的一群。"但是,有些有钱人却受到世人的尊敬。美国钢铁大王安德鲁·卡内基认为："一个有钱人如果到死还是很有钱，那就是一件可耻的事情。"2011年，尹衍梁宣布将捐出个人95%的财产，成立公益基金会。尹衍梁说："我跟太太、儿女都提了，他们都说这很好啊！不要让子女因为分财产变成仇人嘛。"心理学中有个有趣的"不值得"定律：不值得做的事情，就不值得把它做好。在尹衍梁看来，留给子女巨额财富是件不值得的事情。尹衍梁说："有钱人，哪一家在爸爸死后儿女还能和谐相处？即便第二代可以，第三代也会散尽千金，赌博、吸毒……这些钱最终还是回到了社会上，只是，是用一种会让父母感到羞耻的途径。钱多到一个程度，不能使用也没有意义，躺在金山里有什么乐趣可言呢？想到我就高兴，我的钱不是被抢走的，是我自己送出去的。"古人言："道德传家十代以上，耕读传家次之，诗书传家又次之，富贵传家不过三代。"尹衍梁通过早早地把财产捐出去的方式，告诉子女不要期望从父辈那里继承多少财产，而是要通过自己的努力去发家致富。

尹衍梁认为："优势是相对的，而非绝对的。生于忧患，死于安乐，安逸惯了就会失去竞争力，这就是富不过三代、强不过三代的道理。"因此，他从来没有打算给予子女特殊化待遇。他的女儿在一家会计师事务所工作，每天工作都超过11个小时，上下班都是坐地铁，和广大工薪阶层是一样的。儿子在英国读书，攻读博士学位。尹衍梁自己也以身作则，为子女做出好榜样。吃饭时，尹衍梁看到有饭粒掉在桌子上，会一粒一粒捡起来吃掉，说要珍惜农民辛勤劳动的成果，不能浪费了。在北京大学光华管理学院给博士生讲课时，有人为他买了一瓶矿泉水。等讲课结束，他一定要把剩下的矿泉水都喝光才把瓶子丢掉。作为一个富可敌国的富翁，能如此节俭，对子女而言，本身就是一个榜样。企业界大老板第二代的婚礼，多半是父母亲"做公关"的场合，比的是排场、气势以及来宾的名头。但尹衍梁女儿的婚宴，却极其简朴，没有铺张的大排场，现场更是连一个花篮都没有。他儿子娶媳妇，席开

第八讲
深厚的使命力

一桌,只有双方家长及至亲出席。集团员工上班拿到巧克力后,才知道原来总裁的儿子结婚了。这些做法就是教育其子女要居安思危,要靠自己去打拼未来。

《易经》云:"积善之家,必有余庆。"净空法师说:"积善必定带来福报,如果是以至诚的心,毫无私心,完全是为公、为社会的,你自己一定会得到圆满的幸福和快乐,你的子孙也必定蒙你的福荫。"尹衍梁熟读史书,很欣赏康熙皇帝,更深知帝王世家的悲与喜,所以毫不犹豫地捐出95%的财产。他自嘲地说:"最大的富贵是皇帝家,最大的悲哀也是皇帝家,希望资金分散能对人类、地球有所帮助,而不是因为子孙不孝、败德来分散,希望子女因此感情好一点,不要诅咒我快点死吧。"在尹衍梁看来,与其留给子女巨额的物质财富,不如留给他们巨大的精神财富,那就是社会责任感。尹衍梁贡献给社会的不仅仅是物质财富,更多的是精神财富。他的这些善举体现了他的社会责任感。在他看来,如果每个人,不管能力大小,只要尽自己所能为社会、为他人出点力,为缩小贫富差距贡献一份爱心,那么,这个世界将会更加美好。未来的社会,将是竞争更加激烈的社会,只有勇于承担责任、积极进取的人才能在社会中立于不败之地。所以,尹衍梁通过自己的善举教育子女,要学会从社会责任的角度来思考自己的发展,要努力培养自己勇于负责的精神。尹衍梁希望这种社会责任感能代代相传。

《了凡四训》说:"达者内舍六根,外舍六尘,一切所有,无不舍者。苟非能然,先从财上布施。"要达到内外具舍的境界,就是圣人了,一般人达不到,但可先从财上布施,财是身外之物,这个相对容易舍。把身外之物都舍掉了,这个身也要舍掉,尹衍梁已签下器官捐赠同意书,百年之后躯体及重要器官都要捐出。尹衍梁有套"幸福理论",不必用言语向外界做教条式的宣示,就足以在他的每个眼神、行动中,让大家感受到他的大爱。他的"幸福理论"的核心是以追求众人之利为目标,在利他、为社会谋利的过程中享受到个人的幸福。这种"幸福理论"让他舍弃了内在狭隘的自我,而成为为众人谋利的大我,朝着内外具舍的境界大步迈进。

三、一场唐太宗缺席的典礼

尹衍梁非常仰慕阿尔弗雷德·伯恩哈德·诺贝尔,尤其欣赏他那坚韧不拔的意志力和回馈社会的公德心。诺贝尔1833年出生于瑞典,117年后的1950年,尹衍梁出生在中国台湾。瑞典和中国台湾的直线距离超过一万公里,夏季的时差有六个小时。除了表达对诺贝尔的敬意之外,尹衍梁认为,二十一世纪的东方世界早已受到西方资本主义、利益至上的文化影响,逐渐失去了原本善良纯真的珍贵价值,而包含中庸之道、王道精神等自两千多年前传承至今的东方价值,正是足以恢复华人过往璀璨文明的思想,甚至可以反向影响西方世界,使其相互融合,达到中庸的美好境界。在尹衍梁看来,无论是东方还是西方好的文化和价值,都需要继承和发扬,最终达到互相融合的境界,为世界的和平与发展做出贡献。因此,2012年,他捐出巨资成立"唐奖教育基金会",正式设立"唐奖",以鼓励人们在科学和人文上的创新与研究。

在命名上,尹衍梁采用了和诺贝尔不同的方式,坚决不把奖项与个人、家族和企业挂起钩来,而是从华人的角度,选择了历史上最坚定自信与兼容并蓄的唐朝,将奖项命名为"唐奖"。历史专业出身的尹衍梁,一讲起历史就会口若悬河、如数家珍。在他看来,秦朝虽然伟大(不但完成了统一大业,而且统一了度量衡),但相对而言,侵略性强、暴力相残。汉代是汉族为主的朝代,元代侵略性太强,唯有唐代融合各种宗教、文化、民族,多元而包容,开创了中华历史上最璀璨的盛世。尹衍梁说:"唐朝是一个盛世,民族融合,文化璀璨,还带动了周遭经济的发展。唐人面对世界展现的自信、兼容各种文化的胸怀和气度就是'唐奖'要宣扬的理念。"出于对人类发展的深刻反省及体悟,尹衍梁以唐朝来命名这个大奖。李渊在618年的6月18日建立唐朝,

第八讲
深厚的使命力

在1396年之后的2014年6月18日,第一届"唐奖"的获奖名单向全世界公布,而颁奖时间是同年的9月18日。以后每隔一年评选一次,而公布获奖名单和颁奖的时间都是固定下来的。"唐奖"分成四个奖项,包括永续发展、生技医药、汉学、法治。尹衍梁说,一百多年前的诺贝尔奖,还没有环保议题,医药也还没有扩及生物科技,至于汉学奖,则多少有一点"私心",希望能够发扬华人文化。"唐奖"则面对整个世界颁奖,获奖者不分国籍、种族和性别;每个奖项都设立了独立的评奖委员会。诺贝尔化学奖得主李远哲担任独立的"唐奖"评委会召集人。

在解释创办这个深具国际水准的"唐奖"的理念时,尹衍梁说:"渡一尊罗汉,胜过渡一百个凡夫,能渡一尊佛,胜过渡一百个菩萨。"他用"渡佛"作比喻,说明帮助真正的知识上的先知能够带给世界的贡献,远比帮一万个普通人多得多。当然,尹衍梁这种"渡佛"的思想,也不仅仅体现在捐助"唐奖"上,在他所有的善举中都有。比如,他设立的奖学金,已经帮助超过十万的青年学子获得了教育和进一步提升的机会。这些学子进入社会后都成为各个领域的精英,为推动社会发展贡献了各自的心力。除了"度佛"之外,尹衍梁还普度众生,积极帮助社会上的普通人,使其渡过难关。例如,他出手帮助顶新集团,就是考虑到顶新集团十多万员工的生计,他不希望那么多人因为失去工作而使生活陷入困顿。他入主南山人寿,考虑到的是数百万投保户的权益。因此,"普度众生"的思想是尹衍梁经营事业、回馈社会的核心思想,而设立"唐奖"来"度佛"是其"普度众生"思想在更高层次上的体现和付诸实施。而且,"度佛"的最终目的还是"普度众生"。通过"唐奖"支持生物技术等方面的研究,一旦研究出对抗顽疾的药方和治愈方法,那么,世界上有多少病患能够被治愈而获得幸福。因此,归根结底,尹衍梁设立"唐奖"的目的还是希望通过支持前沿性研究来获得突破性发明与创新,进而能够提升人类在面对环境、疾病等问题时的应对能力。

达观天下
——跟尹衍梁学管理

  希望改变世界的"唐奖"分成四个奖项，包括永续发展、生技医药、汉学、法治。尹衍梁强调："现在的地球特别需要这四个奖。"一百多年前的诺贝尔奖并未涵盖这些领域，但是，环保、污染、癌症等问题成为当前世界的挑战，因此，"唐奖"的设立希望能够补充诺贝尔奖，借此鼓励更多有利于地球和人类的重要研究。"唐奖"单项奖金为5000万新台币，约等于170万美金，诺贝尔单项奖金大约为120万美金。尹衍梁表示："总金额虽然比诺贝尔奖还高，但不是要与其竞争，而是希望延续诺贝尔奖的精神，对地球提供保护及贡献。"1901年12月10日——诺贝尔逝世5周年纪念日，首次颁发诺贝尔奖。113年以后的2014年9月18日，被誉为"东方诺贝尔奖"的"唐奖"的第一次颁奖典礼在台湾"孙中山纪念馆"盛大举行。典雅的舞台设计，庄严而隆重的颁奖过程，以及获奖者的精彩演讲，向世人开启的不仅仅是"唐奖"——一场唐太宗缺席的典礼，更是东方文化的崭新一页。

  在颁奖典礼上，有个合影的环节。尹衍梁让获奖者站在中间，而自己却很低调地站在了很靠边的位置。在他看来，"唐奖"是用来奖励那些对社会有贡献的人，这些人是时代的明星，而自己只是做了力所能及的事情。尹衍梁喜欢航海，他说："晴朗的夜里躺在甲板上，天空就像倒过来的碗，满天星斗。"这种美景，令他震撼不已。因此，每次出海他都喜欢在晴朗的夜中看满天繁星。在他眼中，"唐奖"就是绘制出人间星空的重要途径，他要把那些为人类进步做出杰出贡献者，都给选出来，成为这个舞台上最耀眼的明星。这个人间星空越耀眼，人类就越能向前发展，世界就越美好。因此，"唐奖"的设立，体现了尹衍梁对于美好世界的期望和憧憬。他希望在这个世界上，处处都有美好的景象。

第九讲

质朴的教育力

伴随着世界各地的庆祝和欢呼声，人类历史上的第二个千禧年也逐渐远去。作为二十世纪的最佳经理人，杰克·韦尔奇在2001年9月正式退休，他的自传《杰克·韦尔奇自传》也在当月正式出版。在这部自传的开场白中，杰克·韦尔奇第一次发声就提到了他与其继任者杰夫·伊梅尔特交棒时的情景，他们互相拥抱着，这让杰克·韦尔奇想到了当年雷金纳德·琼斯交棒给他时的情景。此时此刻，他除了祝福这位新总裁之外，内心感到如释重负，他说："漫长的企业接班过程总算结束了。"

无论是家族企业，还是上市公司，都面临接班人选择上的考验。接班人的能力和领导力，将直接影响到企业未来的发展方向和业绩。在企业发展史中，有不少非常优秀的企业因接班人选择不当而走向衰败甚至消亡，也有很多企业因为有强有力的接班人的出现而力挽狂澜，走向繁荣。任何一个组织，要永续发展，都会高度重视接班人的培养和选拔。邓小平说："老同志现在责任很多，第一位的责任是什么？就是认真选拔好接班人。"企业要永续发展，培养和选拔接班人具有同等的重要性，两者往往是相辅相成的。

第一节　接班人的培养

在麻省理工学院斯隆管理学院四层的一间办公室里，我和著名的管理学大师彼得·圣吉面对面坐着，针对"修炼"展开了热烈的讨论。两个人时而手舞足蹈，时而安静地陷入沉思。在他看来，修炼是个人和组织成长不可逾越的环节。修炼过程，也是个人及组织不断通过学习来提升自己的能力、突破各种束缚的过程。彼得·圣吉说："你不是生而为人。你花费你的一生来成为人。"意思是，人需要不断通过学习和历练，才能不断趋于完善，成为对社会有用、具有感召力的人。

一、没有最佳实践的难题

任何组织或机构要发展，都面临一个新陈代谢、世代更替的问题。尹衍梁的父亲是被称为"格子布专家""牛仔布大王"的尹书田，字相润，山东日照人。他毕业于青岛商业专科学校，早年在上海开办歌珊棉织厂，后在青岛设立润鲁号。1949年去台湾后，白手起家，投身纺织行业，生产当时奇缺的各种布料和成衣。当时台湾社会各界，以能穿上他们家生产的衣服而感到幸福。尹书田不满足于台湾岛内的市场，而是积极做外贸，把衣服卖到太平洋对岸的美国去，成为岛内纺织业进军美国市场的先驱式人物。尹家生产的棉纱和牛仔布，质量优异，深受海外客商的欢迎，除了美国市场之外，产品还远销到世界各地。尹书田来台湾的第二年，1950年8月16日，家中的第六个孩子诞生了，是个男孩，他就是尹衍梁。由于之前都是女孩，这次有了个男孩，尹书田内心中还是非常高兴的。作为家中的独子，尹衍梁自然就成了他重点关注的对象。一个新的问题也浮上心头，他开始思考如何培养好这个男孩。《三字经》云："子不教，父之过。"尹衍梁出生后,尹书田感觉自己的责任更重了。给儿子取的名字中有个"梁"字,就是希望他日后成为社会的栋梁。

在培养策略上,尹书田采用了"棍棒底下出孝子"的严格做法。这种管教方式的一个基本判断是,人的才能要在严厉的管教之下才能被发掘出来,人要在严格的训练下才能成长。历史上有不少例子也证实了这个基本判断。例如,古希腊的斯巴达勇士都是这样被训练出来的。对于父亲的严厉管教,尹衍梁后来回忆说:"我们家生到我是第六胎,生到一个男的,我父亲就特别严加管教,我姐姐们他都不管,所以七八岁开始,我每天都挨打。"尹衍梁的父亲在外面忙着打拼事业,眼睛却监控着他的一举一动,叫他不敢有丝毫怠慢和松懈。为达到好好管教尹衍梁的目的,精通管理之道的企业家尹书田,把自己的几个女儿组织起来,形成了一个监控团队,从各个角度、全方位地监控尹衍梁的言行举止。在管理上,实施了清单管理的方式,专门有个"错事清单",上面罗列着种种错误的具体明细,一目了然。每天他回家,首先是召集女儿听取汇报,然后逐条比对"错事清单"上的条目,给予尹衍梁很精准的惩罚。对这些惩罚,尹衍梁回忆说:"就用皮带抽啊,手臂上一条一条的淤血痕。所以小时候,我一直喜欢穿长袖。"

除了严加管教之外,尹书田尤其注意培养尹衍梁正确的人生观和价值观。艰苦创业的企业家,特别珍惜来之不易的成果,往往养成了勤俭朴实的生活作风。在尹衍梁大学毕业那年,他让自己的一位朋友带尹衍梁到一家新加坡舞厅跳舞。尹衍梁头一次去这种地方,感觉很新奇。他回忆说:"我那时不知道有这么漂亮的地方,华灯初上,灯光五颜六色,舞池里的舞女像热带鱼一样游来游去。哇!真是赏心悦目、人间胜地!我就想这里太好了,以后有钱一定要常来。"后来,尹衍梁又被带到一家高级酒店,在桌子上放叠钱,数十位小姐蜂拥而至,有给敬酒的,有给亲一下的。尹衍梁说:"我在旁边看,目不暇接!"结账后,这位叔叔对尹衍梁说:"衍梁啊,我必须跟你说,今天是你父亲请求我带你出来的,因为他不方便带你出来,而且你父亲也不来这种场合,所以找我带你来这种场合见识见识。总之,要我送你几句话:第一,你永远不要赌博,就算你有亿万家财,到明天也可能一无所有;第二,你有没有看到那些小姐,她们不是真的喜欢你,她们爱的是钱,你如果笨到被女人骗,那是活该。"尹衍梁顿时幡然领悟到父亲的良苦用心,内心受到了震撼式的洗礼。

尹书田这种醍醐灌顶式的教育方法,与禅宗的教学法非常相似。在《法华经·信解品》中有一则穷子舍父逃走的故事。尹书田让友人带尹衍梁去舞厅和酒店,整个过程可谓一波三折。尹衍梁去了之后,感觉很好,并暗暗对自己说等以后有钱了一定要常来。那时的尹衍梁,如同《法华经·信解品》中的"穷子",在思想上已离开了父亲,逃离了家园。所幸,尹书田早有安排,让自己的友人观察尹衍梁的反应,看到时机一到,就当头棒喝,尹衍梁当下就开悟了。这种开悟,影响了尹衍梁的一生。后来,当上总裁的尹衍梁经常说:"人生,是一系列的价值选择!"他反复强调价值取向的重要性,认为纵使一个人书念得再好,考试分数再高,若是没有一个很好的人生观,没有助人为乐的价值观,没有心想为世间带来贡献,那就只是白读书而已!禅宗迷失论揭示了世人逐物迷己,迷己逐物,背离了精神家园,迷失了澄明的本心。自从尹衍梁领悟到父亲的良苦用心之后,再也没有"舍父逃走",不仅牢牢坚守父亲的精神训导,而且更是将这种人生观和价值观发扬光大,去教育与感染更多的人。

二、"富二代"的叛逆

从小含着金汤匙出生的尹衍梁,是个典型的"富二代"。作为家中的长子,父亲对他的期望自然很高。常言道:"玉不琢,不成器。"期望越高,管教就越严格。面对父亲的严格管教,年少的他并未理解父亲的良苦用心,而是用叛逆

第九讲
质朴的教育力

的方式予以回应。尹衍梁回忆当时的情景,面对父亲的管教,他的策略就是:"你打我,我就去打别人。"于是,就常跑出去与外面的孩子打闹。结果,他俨然成了"三天不打,上房揭瓦"的顽童。而在尹衍梁眼中,父亲简直就是位"暴君",动不动就用拳头和皮带说话。因此,他对父亲的管教产生了严重的逆反心理。父子之间,如同一对仇人。后来,当尹衍梁长大成人,回过头来看这段过往时,他也能理解父亲的做法。因为他的祖父就是这样严格管教父亲的,这种严格管教最终使得父亲在艰苦创业的过程中始终勇往直前。所以,有切身体会的父亲认同这种管教方式,且把它应用到对尹衍梁的培养上。

当然,在那个时候,尹衍梁还无法理解父亲的管教。对于父亲的打骂,尹衍梁从不理解到逐渐有了抵触心理,最终选择了"逃避"这种方法。结果,根本不好好读书,出现了逃学、厌学的状况。尹衍梁这样描述自己当时的情况:"一天到晚打架闹事,初三连英文字母都写不全,数学也不会,小混混哪里会念书嘛!那时候念书,每个字都像青蛙一样,从书里面跳出来,你要把它按住才可以看,不然会跳走。"他的这些对抗与逃避,其实已经偏离了他的父亲为他设定的方向。那时的他如同《法华经·信解品》里面的那个"穷子",一心想要舍父逃走,逃得越远越好。于是,他被送到了进德中学。这是实施24小时住宿的准军事化管教制度的中学,实际上是一所具有感化院性质的机构。里面的学生都是来自各地比较难以管教但还不至于犯罪的问题少年,是一群让家里头疼、被普通学校摒弃的特殊分子,都是"问题学生"。

尹衍梁逃离父亲进入进德中学,才发现真正难熬的日子才刚刚开始。刚到学校的第二天,就因为打同学,被警察带到派出所鞭打。为惩罚做错事的学生,在进德中学里面有个类似"狗笼"的铁笼子。有一次,尹衍梁犯错被关进了这个铁笼子,在里面站也站不起、蹲也蹲不下,众人还要在外面围观,就像被人当狗一样对待,简直是颜面扫地。有一次,尹衍梁身体不舒服,拉了好几天肚子,肠胃虚弱,他形容自己"身体都饿到透明了"。美国心理学家

达观天下
——跟尹衍梁学管理

威廉·詹姆斯说过:"人性中最深刻的禀赋是被赏识的渴望。"但是,在进德中学,学生连最起码的尊严都没有,被赏识更是奢望。尹衍梁说:"在这个类似感化院的学校里,人格其实被踩在脚下,没有人把你当正常人看。"进德中学的高墙被铁丝网围绕着,高墙里面哪有人格和尊严可言。尹衍梁毫不隐讳地把这段岁月叫做"狗脸岁月",是指他在进德中学里面那极为苦难煎熬的生活,就像狗一样看人的脸色过日子,痛苦不堪。宋朝的释普济在《五灯会元》中感叹穷子离家的愚蠢可悲:"舍父逃走,流落他乡,撞东磕西,苦哉!"禅宗里头的故事,都是现实生活的真实写照。尹衍梁逃离父亲进了进德中学,可谓是"撞东磕西",结果自然是"苦哉"。回想起那段艰苦的日子,尹衍梁至今还唏嘘不已。

伟大的诗人歌德曾说:"让珊瑚远离惊涛骇浪的侵蚀吗?那无疑是将它们的美丽葬送。一张小红脸体味辛苦所留下来的东西!苦难的过去就是甘美的到来。"进德中学的"狗脸岁月",让尹衍梁的人生几乎跌入谷底。但他很幸运地遇到了两位老师,从此,他的人生开始走上了一条新的道路。有一次,尹衍梁又和同学打架,肚皮上被划了一刀。王金平老师一边帮他擦拭刀伤,一边板起脸孔教育他:"衍梁,父母对你的期望很高,你不认真念书还被人打伤,身体发肤受之父母,有毁损就是不孝,你非重新做人不可。"王金平老师还劝他不要再去打架,"打人让人家怕你,此时打人的人好比野狗、毒蛇,因为它们才会让人家怕。"哲学家尼采说:"极度的痛苦才是精神的最后解放者,唯有此种痛苦,才强迫我们大彻大悟。"进入进德中学,因为打架被关进"狗笼",尹衍梁遭受了极大的痛苦,这些痛苦让他开始反思。他开始诚实看待内在的自我,并思考自己未来的方向。恰在这时,王金平老师的一席话让他顿时清醒,开始觉悟。从此,尹衍梁发奋图强,成绩突飞猛进,从全班最后一名进步到第一名。2014年是进德中学成立五十周年纪念,在纪念大会上,尹衍梁当着众人的面给王金平鞠了三个躬,感谢他当年的教诲。

第九讲
质朴的教育力

尹衍梁的成长，还得益于进德中学的另一位老师，就是于敦德老师。在尹衍梁身体极度虚弱时，于敦德老师给他端来一碗热面。尹衍梁至今还心怀感念地说："这是我吃过最好吃的一碗面！"于敦德老师还教育他"要让别人爱你，不是怕你"，要从改变自己做起，而不是想要改变别人。这些思想像种子一样，播在了尹衍梁青春年少的心灵上，并随着他年龄的增长，不断发芽壮大。跟着于敦德老师，尹衍梁开始学习做木工。一旦步入正道，尹衍梁的天分也就逐渐显露出来，他在制图的空间和线条上，都拿捏得很好。此外，于敦德老师还是尹衍梁经营管理上的启蒙老师。进德中学有个实习工厂，各类设备完备。安德鲁·卡内基说："努力把每一件小事情认真地做好，以后才有人敢把大事情放心地交给你。"于敦德老师让尹衍梁来管理这间实习工厂，并用安德鲁·卡内基的话来鼓励他。尹衍梁不仅把工厂打扫得干干净净，而且所有物件都归位放好。后来，尹衍梁的很多经营管理思想，例如工厂管理最大的秘诀就是"物归原位"，还有包括安全、整理、整顿、清洁、清扫与习惯在内的 6S 管理，都可以追溯到他当时管理这间实习工厂的经验。他的观察力和创新发明能力，在那时已露出苗头了。就以"擦窗户"为例，尹衍梁说："我那时体悟到擦窗户如果想擦到发亮，一定要从旁边往中间擦！"在做木工时，尹衍梁还会找出最有效率的工法和制程。

经过这两位老师的引导，叛逆的尹衍梁开始迷途知返，逐渐回归到正途上来。后来，尹衍梁成为成功的企业家、慈善家、发明家和教育家。但是，进德中学在他心目中的位置是永远无法抹去和不可替代的。2014 年 3 月 19 日，尹衍梁来到彰化少年辅育院。这所学校有点与众不同，校门是用白色不锈钢条交错焊成的铁门，从地板一直蔓延到天花板。从大门到操场短短不到百步的距离，要经过三道这样的大铁门，需要警察开三次锁。尹衍梁说："这其实就是监狱，你看警察的眼神，跟平时看到的不一样。"当踏进最后一道门时，尹衍梁的眼泪夺眶而出。这所学校就是他的"母校"，是由曾经的进德中学和其他几所宗旨雷同的学校合并而成的。在演讲时,尹衍梁含着泪说:"很熟悉的场景:铁门、高楼、围墙,上面有铁丝网,跟我住进彰化进德中学的那一刻几乎一样。那年我才14岁,但是已经念到没有中学可以念了,在我父亲和警察的建议下,来到了进德中学。"他以自己为例,鼓励这里的学生说:"当年全校最凶恶的人,都可以变成这样。"他也告诉学生,重生的路挫折绵延,最重要的是毅力。在跨出校门之前,他再次感恩,如果没有经历这一段,他不会懂得与人合作、谦和向上,不会有今天。彰化少年辅育院的大铁门在尹衍梁身后慢慢地关上了,而年少时的那段经历永远地留在他的心中,不断激励他努力向上、永不放弃。

三、父亲的眼泪是救赎

在亚历山大12岁时,他的父亲得到一匹骏马。不过,这是一匹烈马。腓力二世叫来所有优秀的驯马人,都无法驯服和驾驭这匹马。见此情景,在一旁观察良久的亚历山大向父亲请求,希望父亲能够允许他去驯服这匹烈马。驯服后,这匹马就奖励给他。腓力二世虽然觉得自己的儿子很狂妄,但还是给他机会去尝试。亚历山大发现这匹烈马害怕看见自己的影子,于是,他把马牵到没有阳光的一边,然后轻轻抚摸马儿以建立起它对自己的信任感。当马儿开始不再害怕时,亚历山大迅速跳上马背,在众人惊讶的目光中策马前行。亚历山大策马奔驰时的飒爽英姿,让所有看到的人都为之欢呼不已。当亚历山大下马后,他的父亲腓力二世流下了激动的泪水。他捧着亚历山大的脸对他说:"我的孩子,找一个适合你发展的大王国吧,马其顿对你来说太小了。"后来,亚历山大骑着这匹战马,开始了征服世界之旅。父亲在子女心目中,一般都坚强如山,不会轻易落泪。所以,当父亲落泪时,往往给子女留下极其深刻的印象。被公认为美国最优秀的小说家之一的约翰·厄普代克曾经这样描写他父亲的眼泪:"父亲握着我的手道别时,我看到他的眼睛,顿时惊呆了,几乎不知所措，他眼里分明闪烁着泪花。"事实上，这是他唯一一次看到父亲的眼泪，但却留下了难以磨灭的印象。

在尹衍梁印象中，他的父亲严肃认真、不苟言笑，在同乡和朋友之中深受信任与尊敬，是被称为"人格者"的一个人。他喜欢"人前教子"，在别人面前惩罚和管教自己的孩子。后来，叛逆的尹衍梁被送进进德中学。尹衍梁进了进德中学之后，依然我行我素，打架斗殴，并无丝毫悔改的迹象。有一次，他和别人打架肚子被刀给划破了。过了一周，他的父亲来看他。他们一起坐在花园的石凳上，周围很多人在，他的父亲却情不自禁地哭了起来。尹衍梁自从记事以来，从未看到过父亲哭泣。以前，都是父亲在众人面前教子，却从未出现过父亲在众人面前落泪的情况。因此，尹衍梁觉得很意外，对父亲说："你为什么哭，不要哭了，不好看。"他的父亲流着泪对他说："我不是不爱你，我一定要你的未来好。"这是一次难得的父子间的深情对白，父亲的舐犊之情溢于言表。经历了艰苦的历练之后，此时的尹衍梁已能体会到父亲的用心了。他明白父亲的严厉是以爱为出发点的，是想为他树立一个很好的榜样。尹衍梁这样回忆道："后来我想一想：对，他是爱我的，只是表达方式不同而已。从那天起，我就不再打架了，开始好好读书。"

一旦认识到需要好好读书，尹衍梁就开始下苦功。结果，学习成绩突飞猛进，从最后一名进步到第一名。后来，还通过插班考试进入了成功中学。从此，尹衍梁的人生开始顺畅起来。高中毕业后，他考上了"中国文化大学"历史系。当兵回来后，他的父亲给他一万美元和一张去意大利的机票，叫他去环游世界。古罗马时期著名的思想家奥古斯丁说："世界是一本书，从不旅行的人等于只看了这本书的一页而已。"尹衍梁把一万美元的支票贴身藏在内衣裤里，怕被偷走。然后，坐火车、睡火车站，从欧洲跑到中南美洲，再到美国，回来身上只剩下 50 美元了。这趟世界之旅，显然是很辛苦的。为省钱，他采用自助式旅行的方式，搭乘最便宜的交通工具、吃便宜餐、住廉价旅馆。但他

达观天下
——跟尹衍梁学管理

通过旅行接触到了各地不同的风土人情，每天充满了冒险和新奇的事情，亲身体验了不同文化的差别。尹衍梁喜欢读艾伦·穆尔海德的一本书，书名是《达尔文与小猎犬号——物种原始的发现之旅》。1831年12月，22岁的达尔文登上英国海军舰艇小猎犬号，开始了为期5年之久的科学考察之旅。通过这场航行所做的自然观察，他在20年后发展出"物竞天择，适者生存"的革命性进化理论。在与达尔文相仿的年纪时，尹衍梁独自开始的世界之旅，充满了各种不期而遇的观察，实际上培养了他洞察世界的能力，为他日后的发明创造奠定了基础。

环球旅行扩大了尹衍梁的视野，让他认识到世界各地的丰富多彩，更激发了其探索世界的兴趣，培养了他独立思考和解决问题的能力。这次旅行，无疑给他留下了极其深刻的印象。以至于到现在，已年过花甲的他，还准备要驾船环游世界，要去挑战"哥伦布航线"。他准备用10天的时间，驾驶帆船从荷兰到北美，完成横跨大西洋的壮举。这条航线的世界纪录是8天。对于尹衍梁而言，每一次航海都是一次挑战和冒险。哥伦布因横渡大西洋、发现新大陆而闻名天下。在当时的条件下，要横跨大西洋是件非常难的事情。在这个过程中，船员的反叛、气候的变化无常、疾病的威胁，等等，都一次又一次地迫使哥伦布做出放弃的决定。但是，他都提醒自己要坚持下去。可见，航海是一项磨炼人的意志力和体力的运动。尹衍梁在航海过程中，遭遇了各种危险，他说："多年来我碰过桅杆断掉、螺旋桨脱落、引擎炸掉、触礁、搁浅，甚至被炮打等各种紧急状况。但在茫茫大海上，你只能静下心来，找出办法，并靠自己的双手解决。"他认为，克服困难的过程，就是最好的磨炼。

等尹衍梁环球旅行回来后，他的父亲对他说："读万卷书不如行万里路，现在你已游历世界，从今天开始就给我劳动。"在尹书田看来，热爱劳动是一种美德，是自食其力的前提。他希望自己的孩子能走出课堂，走出书本，参与各种劳动，从而培养出吃苦耐劳、爱岗敬业的精神，以及热爱社会、遵守社会公德的素养。于是，尹衍梁进入自家的企业，从基层做起，参与各种辛苦的劳动。在培养接班人这件事上，尹书田不敢有丝毫的侥幸心理，而是让尹衍梁稳扎稳打地去历练。《韩非子·显学篇》说："明主之吏，宰相必起于州部，猛将必发于卒伍。"尹书田在接班人的培养上，强调基层历练对于高级人才培养的重要性。一个领导者，如果没有实实在在的基层工作经验，终归还是要差很多。

在企业基层工作的过程中，尹衍梁切实体会到知识的重要性。于是，他一边工作一边学习，不仅考上了台湾大学商学研究所的硕士，还进一步考上了台湾政治大学企业管理研究所的博士，师从台湾著名的管理学者司徒达贤先生。在司徒达贤的指导下，尹衍梁学以致用，结合自家公司的管理实例，完成了《组织变革策略对组织承诺的影响》的研究。该论文获得教授们的高度评价，尹衍梁也成为当年政治大学企业管理研究所博士班唯一一名获得博士学位的学生。在毕业典礼那天，他的父母都来参加。尹衍梁站在第一个位置，带领其他人领取毕业证书。当他站在领奖台上时，看见父亲在那边热泪盈眶。这种情景令尹衍梁意想不到，父亲看到他拿到博士学位证书，并没有赞美和表扬他，而是一个人在旁边哭。尹衍梁红着眼眶在台上百感交集，脑海中与父亲过往的点点滴滴又飞速地闪现。这是尹衍梁第二次看到父亲落泪，第一次是在进德中学，当时父亲哭是因为他还是个不良少年。这次，父亲流泪，是因为他已经长大成人，是能够独当一面的博士了。贝多芬说："你的父亲感到荣耀的莫过于你以最大的热诚继续你的学业，并努力奋发以期成为一个诚实而杰出的男子汉。"当看到儿子从校长手里接过博士学位证书时，尹书田再也控制不住自己的情绪，声泪俱下。经过那么多曲折和艰辛，如今他的儿子终于从一个不良少年的境遇中走出来了。

第二节 "王子"的崛起

父辈打下的天下,往往会给子女接班带来巨大的压力。当 IBM 创始人托马斯·沃森准备把企业交给儿子小托马斯·沃森时,小托马斯·沃森因为感到力不从心,哭着不想接棒。创业难,守业更难。在守业的同时又要继续创业和扩张,那么,对继承者而言,所面对的挑战就会更大。但是,新老更替是自然发展的必然规律。接班者在经历痛苦的接班过渡期之后,有的可以浴火重生,在接受各种挑战的洗礼之后,成为新一代领导者;有的则无法经受考验,最后黯然谢幕。

一、初试啼声的考验

历史的经验表明,太子往往是天下最难当的儿子,储君往往是天下最难干的工作。所谓"太子"或"储君",就是帝国未来的继承者,但是,尚未真正地掌权。因为身份特殊,所以"太子"的一举一动都会被放大,一个小小的失误就可能会酿成一场大祸。企业的接班人,也存在类似的问题。尹衍梁是家中唯一的男孩,所以,接班的责任自然就落在他头上了。当时,尹衍梁已喜欢上大学校园的生活,希望自己未来也能在大学中当个老师,过上清静的生活。后来他放下这种念头,进入自家企业从基层做起,一步一步为接班做好准备。这个过程并非是一帆风顺的,其中不乏挫折和失败。26 岁那年,尹衍梁创办了一家机械厂,开始独当一面的尝试。但是,不到两年,这家机械厂就倒闭了。后来,他又向父亲借钱开了个染料工厂。结果,这个工厂发生了爆炸,投资瞬间化为灰烬。尹衍梁说:"这两个工厂加起来花了三四千万新台币,那时候是一笔大钱。"当接二连三的失败和挫折令尹衍梁心情沮丧,感觉抬不起头来时,他的父亲则对他说:"尹衍梁!恭喜你得到可贵的失败经验,你以后比别人更不会犯错了。"父亲的一句话,让尹衍梁能正确认识和面对失败与挫折,并进行反思和总结,从而能重新站起来。

尹衍梁在父亲的鼓励下,在失败面前并未消沉和退缩,而是痛定思痛,进行深刻的反思和总结。后来,当有人问他从这两次失败中学到了什么时,他回答说:"除了掌握技术之外,你还要掌握市场。我这两个工厂,都是因为自己的需要而创造的,像染料工厂是因为生产的牛仔布需要染料,但染料都很贵;可是那时原料其实很便宜,所以我就想自己做,但只想到自己用,没有想到外面会不会有人向我买。"可见,尹衍梁创建新厂的思路和出发点是正确的,就是通过纵向垂直一体化战略来降低总成本,进而提高企业的整体竞争力。但是,垂直一体化要成功,需要具备一定的条件。垂直一体化能否成功,取决于能否实现规模经济效应。当尹衍梁投资兴办染料工厂时,其产品满足了自家公司的需要。但自家公司的需求量尚未达到规模经济所需要的产量,因此唯有积极通过外部销售来提升染料工厂的产量,以达到规模经济所需要的生产能力。这种情况下,染料工厂能否足量生产,取决于外部市场的销量,而非自家公司的需求量。当外部市场需求疲软时,新建的染料工厂的规模经济效应无法发挥出来。生产量在达不到规模经济所需要的临界值时,生产越多,亏损越多。结果,唯有关闭工厂才能止损。

尹衍梁在踌躇满志时,却遭遇了两次重大的挫折,打击可谓重大。但是,他放下了羞愧感,直面挫折和失败,并从中积极汲取经验和教训。在他看来,失败是为了走向成功。他把失败经验当成一种管理工具,不断加以研究和剖析,作为日后精进的参考。尹衍梁说:"失败让我更快地成长。"在尹衍梁眼中,失败与挫折是前进道路中不可避免的环节。既然这样,每次在遭遇挫折之后,应把失望和指责抛到脑后,静下心来,好好地反思和总结。通过反思来弄清楚自己到底错在哪里、失败的根源在哪里。更为重要的是,要从每一次失败中吸取教训，进而避免在未来再出现同样或类似的错误。经过那么多年，尹衍梁从未忘记过当时的挫折，至今还不断进行反思和反省，他说："如果我现在来做这个一定不会倒闭，因为已经累积了数十年的经验。"当时"初生牛犊不怕虎"的尹衍梁，有积极进取的志向和大胆尝试的勇气，但实践的经验还比较缺乏。而这两次创业的失败，恰恰在一定程度上给他上了一堂课，弥补了一下企业经营的实务经验。对此，他后来回忆说："错误的经验其实比正确的经验帮助更大，因为正确的你会忘掉，错误的你就忘不了，人都是生于忧患，死于安乐。"

二、"屡败屡战"的斗志

正当尹衍梁踌躇满志、意欲振翅高飞时，迎面而来的连续的失败使他不知所措。尽管有父亲的宽容和鼓励，尹衍梁的心头依然很不是滋味。但是，在尹书田看来，失败对尹衍梁而言，可以说是一份成人礼，未尝不是一件好事。南怀瑾说："一个人没有倒过霉，便永远没有出息。"初次尝试的接连失败，虽然没有让尹衍梁从此消沉或退缩，但让他感觉出自己在企业经营上还缺乏必要的知识。尹衍梁曾这样描述说："我连财务报表也看不懂，开董事会、经营会议时，好像听得懂，事实上却雾煞煞①。"由于缺乏必要的企业管理知识，尹衍梁听不懂或不能理解对方所讲的内容或意思，整个人在对方的讲解过程中，处于迷茫的状态。在这种情况下，完全凭借着一股蛮干的劲头，试图通过好的运气来获得成功。结果，两次创业都双双失败。痛定思痛，尹衍梁决定恶补企业经营管理知识，弥补自己在这方面的短板。于是，他决定报考台湾大学商业研究所的工商管理硕士（Master of Business Administration，MBA）。可是，运气依然没有眷顾他。第一次考试，他还是以惨败收场，分数考得很低，结果被

---

① 雾煞煞，闽南语，指听不懂或不能理解对方所讲的内容或意思。

第九讲
质朴的教育力

淘汰出局。对尹衍梁而言，这可谓是三连败，倒霉到家了，如同冯梦龙在《醒世恒言》中所描写的"屋漏偏逢连夜雨，船迟又遇打头风"。一连串的打击，让他领略到了生活的"多姿多彩"和残酷无情，几乎要把他逼进绝望的深渊。回忆起那时的窘境，尹衍梁说："几乎丧失了信心。""几乎"这两个字很关键，说明那时尹衍梁面临的压力是很大的，内心也是很煎熬的。但他终究还是没有失去信心，而是勇敢而艰难地在风雨中努力前行。

第二年，他卷土重来，继续报考台湾大学商业研究所的MBA。为了能够考出好成绩，他吸取了第一次考试失败的教训，提早就积极做好各项备考的工作。台湾大学只要开设了相关的课程，他都积极去旁听，而不管师生们看他时那种异样的眼光。有些人知道他去年考得很糟糕时，不免会取笑他。但是，这一切更加激发了尹衍梁积极进取的士气，他心中反复告诉自己："你们既然这样想，我就更加奋发、更加努力，用时间来证明给你们看，证明你们当时这样说我，是你们看错了人、瞎了眼。"这一年备考的过程，十分艰苦和难熬。尹衍梁当时就拼了命地读、背，再加上父母、师长、朋友的鼓励，第二年他终于迎来了胜利的曙光，通过了考试。这次久违的成功，如同久旱逢甘雨，让尹衍梁尝到了成功的喜悦。他以实际行动向世人证明自己不是个失败者，过往的失败是为未来的成功所铺设的垫脚石。

进入台湾大学商业研究所之后，尹衍梁每天都发疯般地学习，不肯浪费这难得的机会。商学院授课，绝大多数都采用案例分析的方式来进行。这种教学法把实际中真实的情景加以处理，形成供学生思考分析和决断的案例，通过独立研究和相互讨论的方式，来提高学生分析问题和解决问题的能力。不管是财务、市场营销、创业、创新还是战略、沟通课程，通常都是拿以往的一些企业的实际例子，来进行分析与讨论。案例教学对于学生而言，是个辛苦的学习方式。上课前一天要把数十页的案例统统看完，而且还要查阅大料的背景资料和文献。上课时要跟上大家讨论的步调，还要提出个人精辟的见解和观点。没有

达观天下
——跟尹衍梁学管理

事前下足功夫，很难跟上这种学习节奏。尹衍梁回忆说："那两年的功课也念得很吃力，非常辛苦地念完，但成绩还不错。"这种具有挑战性的学习方式，也符合尹衍梁的胃口。通过大量的阅读，尹衍梁慢慢形成了博闻强记的学习习惯。这种习惯一直保持到现在，每天下午三点以后，若有时间他就开始阅读和学习。由于事先已经花费了大量的时间进行准备，因此，在课堂上进行案例讨论时，尹衍梁往往语出惊人，找出证据强化其说服力。因此，他很快就成了班级中事实上的领导者。

尹衍梁在接受MBA训练的过程中，学习到了不少企业管理的理论与知识，但是，也有一定的副作用。在学习过程中，尹衍梁对商业现状越来越了解，他发现商业行为处处都有陷阱，随时都可能爆发危机，因此反倒开始害怕不可预期的风险。再加上之前所遭遇的连续重大失败，他开始变得有点投鼠忌器，对创业一事相对保守，不敢冒险尝试。书念得越多，尹衍梁越发现商场确实如同战场，只要稍有不慎便可能兵败如山倒，所有的努力将会在一夕之间化为乌有。读书越多的人知识面越广，但胆子往往越变越小，做什么事情都喜欢三思而后行，力求十拿九稳。这种心态，往往不利于企业决策和管理。在企业实践中，时间就是金钱。没有勇气去决策和冒险，往往就会错失良机。因为害怕风险，尹衍梁转而思考如何能够把家业守好，不敢像以往那样放任自己的野心和企图。他甚至想以后就在这所大学里安安静静地当个老师，过着风平浪静、波澜不惊的生活。

商学院的学习，还给尹衍梁带来了自负。出色的成绩和表现，使得尹衍梁顺利获得了MBA学位。在当时的台湾，MBA还是个新鲜事物，是很吃香的头衔。古代有秀才，现代有MBA。古代的秀才是功名加身，现代的MBA则仿佛是通向功名的门票。在那个时代，在台湾能获得MBA的人凤毛麟角，所以，更令人羡慕。尹衍梁在经历连续失败的洗礼之后，总算在读MBA阶段获得了突出的成绩，不仅重新捡起了自信，而且开始得意洋洋、忘乎所以了。

第九讲
质朴的教育力

因为，他已是 MBA 了。尹衍梁说："因为那时候觉得自己最聪明，就自以为是，不能容忍别人的不同意见。"结果，对于他人的建设性的建议，尹衍梁根本听不进去，也很难和大家真正合作起来。他后来回忆说："那时候自以为聪明，站上第一线，用鞭策的方法去管别人。"这种过于自负的管理手法，显然会遭到同仁的反感和抵触，企业经营的绩效就不好。可见，尹衍梁从一个失败走到了另一个失败。之前是因为不懂管理学而导致企业破产，现在是矫枉过正，采用书本上的管理学知识来管理企业，再加上个人的自负，结果企业不可能管理得好。尹衍梁自述，读完 MBA 那个阶段是他事业最低潮的时期，"因为那时候觉得自己最聪明"。后来，尹衍梁反省说："我一生自以为聪明的时候都是失败的时候。"

三、勤学苦练领悟大境界

尹衍梁因为无法摆脱恐惧这个心魔，在那段时间里，碌碌无为，甘于守成。为了打发时光，他开始把注意力转向户外活动，热衷于驾驶名贵跑车、骑重型摩托车，甚至驾驶帆船去航海。有一次，他和一个朋友驾着帆船去航海，在半途中遭遇到了风暴。天又黑，海面上又风急浪高，与陆地上的通信设备也出现故障，无法发出求援信号。在这种情况下，帆船随时有倾覆的危险，生命处于危急状态中。在这种极其危险的境地，尹衍梁果断地做出决定，砍断桅杆。这个决定尽管减少了帆船在风浪中被倾覆的可能性，但是，也加剧了帆船失控的风险。两害相衡取其轻，尹衍梁的冷静决策最终保住了自己和同伴的生命。经过一整夜与风浪的搏斗，第二天终于遇到过往的船只而获救。乔治·萧伯纳说："在这个世界上，害怕的人永远都会遇上危险。"通过这次生死搏击，尹衍梁领悟了其中的道理。他后来回想起这段惊险的经历时表示，那算是他改变心态的转折点，因为生死关头前他都毫不退缩，那商场上的激烈竞争又算得了什么！战场上，狭路相逢勇者胜，越是胆小，死得越快。经历生死搏斗的尹衍梁，从此能够坦然面对各种恐惧和风险，并充满了旺盛的斗志和决心，渴望与不可知的未来正面对决。

《荷马史诗·奥德赛》中有一句名言："命运是无法逃避的，面对危险才是英雄。"尹衍梁说："命是定之在天，运是操之在我。"既然风险无所不在，那就坦然面对。他以航海进行比喻："一旦出航，就解脱不了了！"这次生死搏击的航海体验，不仅让尹衍梁克服了恐惧的心魔，而且让他意识到谦卑与合作的重要性。通过航海，他发现帆船前进靠的是帆，升帆靠的是桅杆，因此，桅杆对于航海而言至关重要，是帆船前进动力的支柱。但一旦遭遇风暴，帆船就有倾覆的危险，桅杆又成了灾难的祸端。所以，遇到这种情形，首先要做的就是砍断桅杆以降低重心，保持帆船的稳定才能保住生命。于是，尹衍梁顿悟了其中的道理。作为企业的领导者，既要能领导众人冲锋陷阵，带领企业不断成长，还要降低身段，谦恭地和众人同甘共苦，这样才能在危急时和众人同舟共济、共渡难关。无论取得多大的成绩，企业的领导者都要心怀敬畏、心怀感激，不能盛气凌人、颐指气使，否则就会失去做人的根本，倾覆于生命的汪洋大海之中，企业也会随之覆灭。他的老师司徒达贤更是一语中的："厨房是很热的地方，想凉快就不要做厨子。"从此，尹衍梁就像换了一个人一样，身段放得很低，从善如流，善于与他人合作和相处。

尹衍梁突破恐惧的心魔之后，对无法预测的未来积极应对，泰然处之。但是，他也不是盲目决策和无理性地去冒险，他从拿破仑那里学到了风险管控的方法。在风险管理上，他根据自己的经验总结出了"导弹"风险哲学。他说："风险并不是炮弹，而是导弹。炮弹在发射后，就只能等着看有无击中目标；但是导弹就不一样，导弹可以通过随时修正，如降低、规避、分散、转移，使命中率达到最高。"管理学作家布莱恩·特雷西指出，对领导者来讲，要克服的最大障碍是对未知事物的恐惧。尹衍梁从航海中发现，未知的事物是无穷无尽的，因此，与其逃避风险，不如直面风险。关键是，要懂得如何管控风险，才能与风险共舞，才能使企业获得成长和发展。当尹衍梁直面风险时，他不会再退缩，而是理性地分析可能的经营风险，做好各种风险的防范工作，然后，就是大胆地勇往直前。

经过重重洗礼后，此时的尹衍梁已是智勇双全了，领导着团队在商业领域左突右冲，奋勇向前。俗话说，"人两脚，钱四脚"。为了不要让钱跑走，速度很重要。于是，尹衍梁就拼命地工作，试图能够跑赢这场比赛。后来，尹衍梁回忆说："35岁以前，一心只想赚钱，但每天追着钱跑的日子很辛苦，得到的成效也令人不满意。"于是，尹衍梁就开始反思。他认为，人只有两只脚，怎么追也追不上有四只脚的钱；若是反过来，不刻意追求财富，先把本分做好，并且不断追求进步，那么该得到的报酬自然会来到自己眼前。当尹衍梁领悟到事业成功的本质在于不断追求进步时，他的心态和商业手法就发生了质的飞跃。他已不再追着钱跑了，亏钱的生意他也很愿意做，因为他自己虽然亏钱了，但社会和他人却受益了，社会因此而更加进步。尹衍梁认为，只要社会持续进步，就有做不完的好生意。这个时候，尹衍梁遇到了他人生中一位重要的人物，就是南怀瑾。南怀瑾曾对尹衍梁说："这不是管理的问题，也不是从管理方面着手就能改变，必须从基本教育做起！"于是，尹衍梁决定从教育人才着手，不仅成立了"光华奖学金"，还在北京大学创办了"光华管理学院"。从此，他的事业进入了一个更高的境界。

第三节　传承与变革

每个大变革的时代，也是继往开来的时代，人们在变革和创新的同时，也在继承过去的思想与传统。当新的企业领导者开始主政以后，势必面临着传承与发展的挑战:一方面,要继承过去领导者的宝贵方面;另一方面,要有自己创新的地方,要能够开拓进取,去打开新局面。新的领导者,在大破大立的同时,还要能够破中有立,立中有破。这是一种辩证的做法,具体效果如何,实践效果就是对新领导者的检验。

一、青出于蓝而胜于蓝

每一位接班人,都面临如何把握好继承与革新之间关系的问题。1991年,尹衍梁正式接过自家企业,开始了全面掌舵之旅。外界都把尹衍梁归类为企业家第二代,但他从来不把自己当第二代看,他更愿意人们把自己看成是第一代企业家,因为润泰集团是在他手里创立的。当然,要是从他祖父算起,那么,尹衍梁也可以算是企业家第三代。对此,尹衍梁说:"事业的基业来自父亲尹书田,当然我算是第二代,可是就发扬光大的角度来看,我应该是第一代。但如果再将祖父算进去,应该算是第三代。"无论是第几代企业家,都有一个不争的事实:尹衍梁继承家业以来,不仅守住了家业,更把家业发扬光大,成为台湾十大企业集团之一。俗话说:创业难,守业更难。摆在尹衍梁面前的问题是,不仅仅要守业,而且还要再创业。所以,尹衍梁是两线同时推进,通过不断创业来守业。因此,尹衍梁不仅仅是守业者,更是创业者。尹衍梁在接班后,政商影响力剧增,集团营业规模大幅度扩大,格外引人注目。1975年,尹书田把润泰纺织公司交给尹衍梁去经营,当时这家公司的资产不过600万新台币。2012年,尹衍梁领导的润泰集团资产规模超过2.2兆新台币,是37年前的370多倍。这样的成绩,无疑让他成为企业家接班人中傲视群雄的人物。

美国作家刘易斯·芒福德有一句名言:"每一代人总是反抗自己的父辈,却和祖父交上了朋友。"在尹衍梁印象中,祖父是在一穷二白的基础上创业的,是真正的白手起家者。尹衍梁表示,祖父年轻时的生活只能用贫穷来形容,经

第九讲
质朴的教育力

济拮据到甚至连下一餐都没有着落,只好离开山东前往东北,靠挖人参赚钱。清末以来,大批华北、山东的贫苦百姓历尽艰辛闯关东。在这股移民大潮中,山东人居绝大多数,先后有2 000多万人踏上辽阔的东北大地,尹衍梁的祖父就是其中的一位。这是一段承载了无数人血泪的波澜壮阔的移民史,其中的艰辛非常人所能忍受。后来,人参也挖完了,尹衍梁的祖父再度回到赤贫状态,靠着沿路乞讨才回到山东老家。尹衍梁从其祖父艰苦的奋斗中,看到了自强不息、诚实守信、重情重义的精神,这就是"闯关东精神"。这种精神除了通过血脉之外,还通过言传身教的方式,传承了下来。尹衍梁后来经常说:"我是个很特别的人。"这是因为,在他身上体现了一些很特别的东西。尹衍梁喜欢驾驶帆船去航海,敢于和磨难与挑战硬碰硬;无畏于任何阻力,为实现美好的人生追求,敢于拼搏;敢于为改变落后与自身的种种不良品性进行抗争,无畏于任何陈规陋俗的束缚,勇于创新、与时俱进;面对复杂多变的社会生活,积极倡行温良恭俭让、仁义礼智信的人生准则,以及扶危济困、宽容大度、和睦共处的人文精神。他的这些特点和品质,与其祖父的"闯关东精神"是一脉相承的。

尹衍梁的祖父认为自己之所以过得那么辛苦,就是因为没有念书的缘故。所以,即使当时的日子再辛苦,他也要送自己的儿子尹书田去念书,希望通过教育来改变尹家的命运。尹书田继承父亲"重视教育"的理念,对于子女的教育极为上心。父亲曾告诉他:"做生意只是金钱数字,但是教育才是传世大业。"而且,尹书田还告诉尹衍梁:"将来如果有能力,希望能够帮助别人念书,改变他人的命运。"秉持着父亲作育英才的理念,尹衍梁以兴人兴学为志业,1989年出资成立光华教育基金会,给多所学校捐赠助学金,已有超过10万名学子获得过该奖学金;1994年更是在大陆创办北京大学光华管理学院,持续捐助各大学发展管理、医学、工程、法律及人文等领域的研究,不断培育各种英才。他以人生为课堂,以经验为教材,与千万学生分享人生的理念,勉励他所帮助的年轻学子,希望他们未来有朝一日,也能承袭这样的态度,回馈更多人。后来,尹衍梁又捐赠设立了"唐奖",这是他继承家族"重视教育"的理念面向世界所实践的一项新的教育工作,借此来为世界、为社会带来创新价值与改变,成为崭新时代不断进步的动力。

尹衍梁从父亲身上也学到了不少为人处世与企业经营之道。父亲告诉他:"你记住,你爸爸没有欠任何人的钱,只有人欠你爸爸的债,爸爸走后即使找到证据,也只有两个字:宽免。"从中,尹衍梁学会了宽厚待人。尹书田还长年谆谆教诲尹衍梁:"商人的招牌就是信誉。小商人贩卖的是货品,大商人贩卖的是信誉。"尹书田不仅口头教导他,更是用自己在商场上的经历给他上了一堂最重要的课,那就是诚信重于一切。尹衍梁说:"我父亲遭遇过很多困难,他都很坚强地重新站起来,因为有信誉就能重新站起来,商人的生命就是信用,信用没有就完了。"著名的经济学家厉以宁教授认为信誉是最重要的社会资本,他说:"你有信誉,别人会拉你一把;你没有信誉,朋友再多也不成为朋友了,因为别人都不相信你了。"做生意若无诚信可言,事业自然难以长久,最终会被市场或者合作伙伴无情地抛弃和淘汰。遵守父训的尹衍梁自从创业以来,始终把"诚信"放在心上,宁可牺牲委屈自己,也绝不失信于人,他说:"我到现在也是和我爸爸一样,盖房子不偷工减料,卖东西只卖真东西,不卖假东西,这是贩售信用。"很多与尹衍梁合作过的生意上的伙伴都有一个共同的感受,就是尹衍梁口头说的,比签合同还要来得可靠与保险,因为他从不食言。

尹衍梁的母亲对他也产生了很大的影响。他的母亲叫李荣新,集团里大家都亲切地称她为"尹妈妈",她不但是尹衍梁的好妈妈,更是集团的精神领袖。尹衍梁说,他5岁时,每天傍晚都有一位老太太牵着一个小孩到家里讨饭,母亲会把刚起锅的热菜先盛入对方的碗中,剩余的饭菜才是他家的晚餐。有一天回家,他看到这位老太太的孩子穿着自己的裤子,"我叫他小偷,却被母亲拿扫把痛打了一顿",母亲还向老太太道歉,并把晒衣竿上的其他裤子也拿下来送给对方。母亲对尹衍梁说:"今天打你,是要你永远记住,当我们有能力帮助他人时,千万不要吝啬付出。"尹衍梁热心捐赠公益与教育事业,他认为"这是被妈妈影响的"。他说,母亲过世后整理她的房间,发现平常给她的现金都不见了,后来才发现,母亲在能走动的时候,常跑到医院去,遇到要输血钱不够的、亲人过世没钱买棺材的,等等,就通过社工把钱交给这些人。由于母亲的这种言传身教,尹衍梁有了一颗助人为乐的心。汶川大地震发生后,尹衍梁第一时间给大润发的黄明端打电话,叫他打开大润发的一个仓库,让战士们进来搬货。黄明端及其团队发现,大润发最近的仓库离灾区也有2 500公里,而且道路都被阻断了,因此建议尹衍梁改为将2 000万元人民币捐给商务部。尹衍梁听到这里,顿时大怒,说:"你们说什么?!你们好意思这么说吗?!"尹衍梁最后撂下一句话:"捐5 000万元人民币,而且下班以前,汇到商务部的账户里面去。"大陆发生大大小小的灾难,大润发都是第一时间送去水、米、泡面、饼干等物资,积极捐款救灾。

二、"国王"的班底

尹衍梁还没有正式接班之前,就开始系统性地培养人才了。他说:"人才培养是个工程。"这些人才为尹衍梁接班后的开疆辟土,立下了汗马功劳。在这一点上,也说明了尹衍梁培养人的前瞻性眼光和未雨绸缪的战略储备。在人才培养的理念上,尹衍梁明显受到了东方管理思想的影响。战国时期的名将吴起,担任将领期间,跟最下等的士兵穿一样的衣服,吃一样的伙食,睡觉不铺垫褥,行军不乘车骑马,亲自背负捆扎好的粮食和士兵们同甘共苦。有个士兵生了恶性毒疮,吴起替他吸吮脓液。尹衍梁很佩服吴起,从中领悟到培养人才的三个重要原则:分享、尊重和信赖。尹衍梁通过分享、尊重和信赖的方式来培养人才,渐渐地,人们发现在润泰集团内部出现了"尹氏之风",集团中的成员在举手投足、言行举止方面,处处都有尹衍梁仁厚、重义气、守信用、精益求精的风范。

在培养干部上,尹衍梁独创"翻筋斗"的培养模式。中国四大名著之一的《西游记》第二回叙述:孙悟空跟其师菩提祖师学会了一个筋斗翻十万八千里之后,甚为高兴,一个筋斗翻向天空就无影无踪了。因此,就有了"孙悟空翻筋斗"的歇后语,用来比喻一下子超越必要的过程,达到极高的境界。尹衍梁自己就喜欢"翻筋斗"。他本科阶段学的是历史,研究生阶段学的是企业管理,但是他却拥有建筑的特长,拥有诸多专利技术,甚至连金融、保险、生物技术、天文、地理等,都难不倒他。他自己说:"如同翻筋斗,学久了就会翻了。"对于他认为很有潜力的干部,他就大胆提供平台让其学习翻筋斗。尹衍梁经常鼓励有心向上的年轻人:"翻筋斗,让你学半年,你会不会?"在他看来,不论学习何种专业或技能,只要有心,愿意付出时间与心力,并且坚持到底,永不放弃,总有学会的一天。尹衍梁认为肯吃苦、求上进、愿意为解决问题想破头的态度更重要,他说:"我不是说专业不重要,但是专业可以学习,更重要的是态度!"如同翻筋斗,没有人天生就会,都得经历观察、尝试、模仿与不停地练习,才能从中摸索出诀窍,进而翻出漂亮精彩的筋斗。

从小出生在台南的小农村,在地方当过小混混、经常率领邻居朋友一起打架的黄明端,在台湾大学就读商学研究所时,认识了学长尹衍梁,毕业退伍后就进入润泰集团的润泰纺织有限公司,从基层做起,20年间一路升到总经理。当尹衍梁决定进军大陆流通业市场时,他选中了黄明端来翻这个筋斗。黄明端接到这个命令时,心想:"零售业我是纯外行,怎么搞啊!"后来,黄明端研究发现,应尽快进军大陆市场。但是,在临行前,黄明端却直白地对尹衍梁说:"你要派我去可以,那你就不要插手管事。"黄明端的要求很明确,就是要他彻底放手,完全授权。当然,黄明端的这席话公然挑战了尹衍梁的权威,气得他血管都要爆开了。但是,他的度量却大得惊人,不仅当即同

第九讲
质朴的教育力

意黄明端的要求,而且也做到了这个承诺。他充分授权,让黄明端尽情地在大陆翻筋斗,放手让千里马尽情奔驰,自己则退居幕后,需要协助时则及时施以援手。结果,黄明端不负众望,大润发最终击败沃尔玛和家乐福,成为大陆零售业的冠军。如今,黄明端已到了退休的年龄,但是,"狼性"不改,根本不服老,而是出任飞牛网首席执行董事,转战电商。善于翻筋斗的他,这次要在电商这个领域,再次翻出漂亮而优雅的筋斗来。

魏正元原来在大学的企业管理系教书,捧着人人称羡的教授的金饭碗。他的学生之中,也有不少都是企业界的老板。有一次他见到尹衍梁,尹衍梁居然问他:"你懂管理吗?"当下,他就决定放下教职,到大润发去工作。当他的家人获悉这个消息时,都表示不理解,反对声一片。但是,魏正元决定要翻筋斗,而且要翻出漂亮的、高难度的筋斗。于是,他放下教授的身段,到店里去搬货、杀鱼、叫卖,一切苦活、累活他都做。后来,成为台湾大润发的总经理,并打败了头号对手家乐福。2007年,他出任在大陆的喜士多便利连锁公司的总经理,开始征战大陆市场。他领导喜士多不断开疆辟土,使得店面数超过1 000家。40多岁时,他还跑到菲律宾航空学校去学开飞机。他说:"飞上高空那一刻,我学会了尊敬空气。"在他心中,就想着有一天能把喜士多也像飞机一样拉到一个很高的高度,成为一家业界标杆式的企业。魏正元从翻筋斗中找到了突破极限的方法,他甚至开玩笑说:"哪一天我有机会,去管一管航空这个服务业,也不错喔!"

目前担任润泰创新国际董事长的简沧圳,从小生长在宜兰深山的务农家庭,父亲曾对他说:"如果书念不好,没关系!那就回家种田吧!"但是,他的事业心并非仅仅如此。日后他因为给尹衍梁当日语翻译而受到赏识,出任润德设计工程公司总经理,取得了很好的业绩。后来,尹衍梁觉得是时候让他翻筋斗了,便发出惊人之语,钦点他去大陆发展喜士多便利连锁店。他这样一位人到中年的单亲父亲,负责的部门蒸蒸日上,且之前根本没有零售业的经验。

当时，他完全可以用千百个理由拒绝尹衍梁的指派，但他做了一个让未来的生命更丰富的抉择，一个筋斗翻到上海就一头扎进零售业，开始了新的征程。当时，他心想："一切从零开始，没有不可能，只有做和不做！"在短短五年内，他成功开设了 240 多家喜士多店面，每年的营业额以 10% 以上的速度在增长，成功建构起桥头堡，实现了抢滩登陆的战略性阶段目标。回到台湾后，利用建筑业和零售业的双重经验，他创新出 Citylink 商城，横跨地产和零售两个领域，开辟出商用不动产经营的一种全新模式，创下了惊人的营业收入。在建筑上，他强调精益求精的建筑品质，他说："润泰盖的每一栋房子，在情感方面，都须赋予消费者一种感动，而在理性部分，我们要达到消费者使用性能上的最优化。"善于翻筋斗的他，已能在多个领域游刃有余了。

三、九种人不用

打造高绩效的组织，需无比重视人才的教育与培养。尹衍梁用翻筋斗的方式，培养的不仅仅是几个专业经理人，而是一大批专业经理人。在润泰集团形成的过程中，第一批专业经理人主要是尹衍梁在政治大学、台湾大学的同学。尹衍梁说："这批人开创了润泰集团。"但是，过渡期之后，他就不再局限于同窗的校友了，而是向天下求才，他说："只有储备人才，才能比别人更有优势开创新兴事业。"在润泰集团旗下的员工，本科毕业者占员工总数的四成，硕士的比例达两成之多，博士有十多位。尹衍梁向来重视对于员工的教育与培养，对不同梯队的员工有专门的教育与培养系统，聘请内外部专家来授课，不仅安排"师傅带徒弟"的在职训练，还会送出去培养。通过这些教育活动，逐渐形成了润泰人的性格：企图旺盛，行动彻底；深根厚植，锋芒不露；稳重扎实，苦干肯拼；擅长合作，尊重伙伴。一批又一批具有尹衍梁风格的"尹氏大将"不断地涌现出来，推动了润泰集团的不断进步与向前发展。

学历史出身的尹衍梁，根据戚继光用人的原则，再加上自己的用人心得，汇集成"挑选员工九不原则":其一,太过俊美的人不用。亚里士多德说:"美是比任何介绍信都有力的推荐。"容貌俊美的人,更容易为各界所接纳和认可,因为有天生的优势。容貌俊美的人往往利用长相上的优势,而不愿做辛苦的工作,甚至会视其为美貌溢价,利用美貌来获取准租金。此外,容貌俊美的人较易以自我为中心,无法团队合作。其二,强烈宗教信仰的人不用。其三,黑道背景的人不用。这类人一般好吃懒做有恶习,会恐吓伤害别人。其四,大官子女不用。这类人一般不爱吃苦、不耐劳。其五,富裕家庭子女不用。这类人一般都是"草莓族",抗压性差,是温室中的花朵,而不是沙漠里的玫瑰,太阳一晒就枯萎。其六,艺术性格的人不用。其七,心理不健康的人不用。其八,工作换太多的人不用。这类人往往没有目标,稳定性不强。其九,自认学历较高的人不用。高学历的人,通常具有聪明且努力的特征;但自认高学历的人,往往自觉高人一等,习惯别人点头哈腰,又不愿意与别人合作,他们的腰弯不下来。上述这些类别的人,尹衍梁都不用。

除此之外,还有一类特殊人群,尹衍梁也是严格限制。除了他与太太之外,尹衍梁坚持不用家族亲戚。过去,尹衍梁曾经用过亲戚,但是结果大多不欢而散。清代的官场上流传着一句谚语,叫做"莫用三爷,废职亡家"。这里所说的"三爷",其实是指三种人:"子为少爷,婿为姑爷,妻兄弟为舅爷。"清代乾隆四十年(1775)有个叫汪辉祖的进士,写过一本名为《学治臆说》的书,书中一语道破其中的玄机。这些人"内有嘘云掩月之方,外有投鼠忌器之虑。威之所行,权辄附焉;权之所附,威更炽焉"。一旦重用这些人,就不免狐假虎威,"通贿赂,变是非",导致"弊难枚举"。如果对亲属任意放纵,最终就不免落得个"废职亡家"的结局。所以,为了企业的顺利发展,尹衍梁坚持不用与自己有关的员工,他说:"我宁可向世界求才,但绝不用亲戚,因为太麻烦了,除了工作之外,什么事都可以帮,大家仍然维持很好的情谊。"润泰集团之所以能茁壮成长,在尹衍梁看来,是他与职业经理人和广大员工共同努力的结果。尹衍梁认为事业的成功在于集结天下可用之才,创造一个生生不息的事业共同体,而他所能做的就是集结人才一起做事。集结一群人才成就润泰事业,这是尹衍梁所领导的企业得以迅速崛起的重要原因之一。

第十讲

殷切的期望力

1957年11月17日,毛泽东在莫斯科大学对留学生们说:"世界是你们的,也是我们的,但归根结底是你们的。你们青年人朝气蓬勃,正在兴旺时期,好像早晨八九点钟的太阳。希望寄托在你们身上。"长江后浪推前浪,世上新人赶旧人。万事万物都在不断发展中,新陈代谢是事物发展的客观规律。青年一代的成长,是社会繁荣和昌盛的希望所在。因此,政治家、企业家、教育家等各方有识之士,都无比强调教育青年一代的重要性,希望社会中的青年一代能够茁壮成长,早日成为社会的栋梁之材。

作为一位具有社会责任感的企业家,尹衍梁坚持"投资于社会进步"的经营理念,通过支持教育的方式来帮助年轻一代成长。他不仅通过设立奖学金、兴办学院来支持教育,而且以自己的成长作为例子,来教育年轻一代,不要害怕挫折,而要勇往直前。当一些年轻人在社会中遇到挫折而感到悲观沮丧时,尹衍梁会站出来给大家打气。狄更斯在其名著《双城记》中说:"这是一个最好的时代,这是一个最坏的时代。"尹衍梁希望广大年轻人不要停留在对环境的抱怨上,而要抱有积极正面的心态,去克服困难,获得成功,他说:"利用好环境很困难,利用坏环境很容易。"他鼓励年轻人要用辩证的眼光看待其所遭遇的困难,积极主动地应变,而非被动消极地等待。

第一节 永远追求进步

哈佛大学的傅高义教授是著名的汉学家和中国问题专家。2000年,他以70岁的高龄正式从哈佛大学退休。退休后,他并没有停止工作,而是一方面积极写作,另一方面还组织学术和交流活动。我在哈佛大学期间,有幸参加傅高义教授在其家中举行的研讨会。傅高义和他爱人亲自为大家准备晚餐,并参加研讨会的讨论,发表自己的观点。一位86岁的老教授,还如此不懈地追求,这种精神令人肃然起敬。

一、心有多大,舞台就有多大

当年轻人被环境困住,觉得找不到出路,没有了方向时,往往会处于彷徨的境地。彷徨不一定都是坏事,关键是如何在彷徨中找到自己的出路。马云说:"如果没有经过30多年的彷徨,就没有今天的我。"尹衍梁也有相同的感触,他说:"其实我们当年一样的彷徨、对前途一样的未知,只是我比较幸运,在人生旅途中遇到许多好老师。"有彷徨,就要积极应对、找寻出路。鲁迅先生在他的著作《彷徨》的扉页上引用《离骚》中的诗句"路漫漫其修远兮,吾将上下而求索",意在强调积极主动找寻出路的重要性,而不是在彷徨中消沉下去。每一代都有每一代来自环境的压力和挑战,有时容易让人看不清未来的方向,于是,就会产生彷徨的心理和行为。

年轻人要摆脱彷徨,需培养出旺盛的企图心。尹衍梁说:"力求改变的最好方式,就是立一个很大的志愿!"他所指的"很大的志愿",就是希望年轻人给自己立下很高的目标,要有远大的志向和抱负。孔子说:"三军可夺帅也,匹夫不可夺志也。"尹衍梁认为,人要立志,才能知道用功的方向。面对诸多

第十讲
殷切的期望力

挑战以及复杂多变的环境,年轻人若没有足够的"志气"充盈胸中,是很难正确面对外面世界的各种挑战的,很容易陷入彷徨和失意的境地。一旦失意而不能自拔,往往酿成不良后果,导致失败。一个没有远大志向的人,纵然拥有很好的外部条件及相关资源,占据比别人更多的优势,也会很快败光。在尹衍梁看来,年轻人要能撑过各种挑战和难关,并最终获得成功,远大的抱负和志向是必需的。艰难困苦,玉汝于成。唯有心怀远大抱负者,才能排除万难,勇往直前。拥有远大志向和抱负的年轻人,也是具有旺盛企图心和斗志的人,能在各种困难面前不退缩,并会想方设法去突破,最终达成旁人看来不可能实现的目标。

企图心是一个人很重要的力量来源,能激发个体去不断挑战具有高难度的目标,进而不断激发出个人的潜力来。一个有旺盛企图心的人,不会守株待兔,而是会主动谋划、主动出击,去实现既定目标。尹衍梁自己就具有旺盛的企图心,在28岁那年,就想以后办最好的管理学院、最好的医院和设立全球性大奖。到目前为止,这些目标都陆续实现了。尹衍梁把自己到目前为止的成功,归因于自己在年轻时所许下的心愿以及当时为自己定下的奋斗目标。这些具有挑战性的目标,如同自己的人生灯塔,无论尹衍梁处于多么黑暗、挫败的时刻,都因为有理想作为灯塔,指引他最终都能从挫折和失败中走出来,一如既往而坚定地向既定目标迈进。即使失败了,旺盛的企图心也能给他力量,让他很快地从失败中站起来,继续勇往直前。

历史学家苏厄托尼留下了年轻时期的恺撒的企图心的记录:"在加德斯,恺撒在赫尔克里斯神殿中看见一座亚历山大大帝的塑像后,有人听见恺撒烦躁地叹息,好像很恼怒:在亚历山大已经占领了整个世界的年龄,自己还没有任何惊天动地的事迹。"在暗中独自叹息的恺撒,决定改变现状,向更高的目标去努力。从赫尔克里斯神殿中出来后,恺撒就辞去了所有职务,离开了西班牙,开启了自己新的人生。可见,走出赫尔克里斯神殿的恺撒已与之前的自己

达观天下
——跟尹衍梁学管理

判若两人了。尹衍梁认为，一个人在追求目标时，往往会有两种不同的策略。第一种是由因导果，按照既定步骤，一步一步往前走，慢慢积蓄能量。持有这种策略的人，虽然不清楚未来可以走到哪里，但会顺势而为地往前迈进。相对而言，持这种策略者，企图心比较弱。尹衍梁指出，据他观察，95%的人都属于这种类型，包括走进赫尔克里斯神殿之前的恺撒。之前，恺撒继承了舅舅的职位，成为祭司，后出任军事保民官、财务官。后来，他前往西班牙赴任，作为总督的副手，并主管整个行省的财政。那时的恺撒走的是"由因导果"的路线。按照这个路线继续走下去，恺撒充其量是个罗马官职体系中的普通官员而已，不可能有太大的作为和成就。这种策略具有明显的路径依赖特征，比较容易从一个人过去的轨迹来预测其未来的发展，不太可能有跳跃式的发展。

与此相对，尹衍梁还提出另一种策略，就是由果导因。这种策略就是先要确定未来的结果，根据这个结果来规划目前需要做的事情及从现在到目的地的路径。因此，这种策略就是由"结果"来引导出目前的"行动"，而这些"行动"是产生未来"结果"的"原因"。相对而言，持这种策略的人，往往具有旺盛的企图心和斗志。因为他们心中有一幅未来的蓝图，这幅蓝图能使其产生不竭的内在驱动力，激励其去克服万难来实现具有挑战性的目标。在赫尔克里斯神殿中看见亚历山大大帝的塑像时，恺撒显然很受打击，但是，这也让他觉醒，决定彻底放弃过去的想法，以亚历山大为榜样，为自己设定一个非常具有挑战性的人生目标。这时的恺撒就已不是以前的恺撒了，而是采取"由果导因"的策略，从征战高卢到打赢内战，他一步一步坚定地朝向既定目标前进。尹衍梁自己就是"由果导因"策略的实践者，从中他体会到这种策略的巨大力量，因此，他希望青年人能够积极转变思想和观念，改变安于现状的消极态度，通过主动为自己设立具有挑战性的目标，来积极主动地追求理想，成为人生的大赢家、社会的栋梁之材。

旺盛的企图心，能够充分激发个人的潜力。尹衍梁认为，有了大志向，才能做到真正的学习，才可能成为有才能的人。大志向不仅能够增进个人的学习能力，而且还能提高个人的创造力。《尚书·周官》说："功崇惟志，业广惟勤。"意思是，取得伟大的功业，是由于有伟大的志向；完成伟大的功业，是由于辛勤不懈地工作。一个人，有了远大的志向，就能不断激发其各种潜能，才能创造出不同寻常的成绩。这种富有旺盛的企图心的人，往往是高潜力人才，总是能取得优异的成绩，掌握新型专业知识，并认识到主动行动的重要性。这类人积极主动地去追求卓越，永远都不知疲倦地学习，总是在永无止境地开拓，而且具有敏锐的感知力，能够迅速地看清形势，及时规避风险并抓住机遇。浮士德在经过了地狱和天堂的几番较量之后，心灵最终升华了，他说："在这个地球上，还有干大事的余地，我要做出惊人的成绩。"尹衍梁希望广大青年人都能够有远大的志向，去追求生命价值的最高境界。

二、行动，行动，再行动

德国哲学家费希特说过："行动，行动，这是我们最终的目的。"科学管理的先驱者、第一台可编程的机械计算机的设计者查尔斯·巴贝奇总结自己成功的经验时，说："从小就养成对任何事情都要寻根究底的习惯，拿到玩具也会拆开来看看里面的构造。"在尹衍梁看来，说得再好听，如果不通过行动来实践和落实，都是无济于事的。所以，与其空有理想，不如挽起袖子去动手实践，通过行动来一步一步朝理想靠近。

年轻人要提高行动力，就需要做好充分的准备。亨利·福特有一句名言："做好准备，是成功的首要秘诀。"尹衍梁把在进德中学的学习称为"职业技术教育"，因为其间他学习了做木工活、管理工厂的技能。做木工是很辛苦的活，但是，尹衍梁觉得这是一门技术和手艺，于是他就从最简单的开始，一把手工锯，一把刨，砂纸若干，还有各种其他刀具，动手去完成各种结构简单的小件。在此基础上，再一步一步去制作更为复杂的木制家具等。尹衍梁每天都

达观天下
——跟尹衍梁学管理

光着膀子、大汗淋漓地做木工活。当时,他从未想过这些辛苦的体力劳动,居然为他日后的成功奠定了扎实的基础。后来,当有人问尹衍梁成功的经验时,他说:"我现在是台湾大学工学院的教授,但我没有受过正规的工学教育,我受的是职业技术教育,而且我在台湾大学财务金融研究所做兼职副教授17年,10年前转到台湾大学土木工程学系,靠的就是职业技术学校给我的专业。"现在不少大学生看不起职业技术学校毕业的学生,认为自己比他们高出一等。对这种想法,尹衍梁不以为然,他说:"进入公司后,高学历的优势只有三天,第四天就要看你有没有解决问题的能力,以此来决定你未来的成就。"而解决问题的能力,就体现在个人的行动力,而不是口若悬河的夸夸其谈上。

人生有了梦想才有动力,而追求梦想的人生,势必要求年轻人必须敢于行动、及时行动,也必须善于行动。1998年,心理学家丹尼尔·戈尔曼在《专注造就卓越领导》一文中,指出"专注"不仅仅是过滤分散注意力的东西,更是培养对重要事物的洞察意识。因此,要培养三种专注力:对自我的专注、对他人的专注,以及对更广阔外部世界的专注。尹衍梁刚开始学做木工活时,扫地、搬木材、跑腿、清垃圾……什么活都干。由于是新手,也曾被电锯锯伤、铁枪打到、木板压倒,因此,心里很不是滋味,甚至想放弃,怀疑自己根本就不是这块料。但当静下心来后,他告诉自己先什么都不要去想,当前最重要的事情是把所有心思和精力都集中到干木工这件事情上。有了这种专注的意念后,他不仅能捕捉住老师示范时的每个细节,并且在自己学做时还能创新。因此,他做木工活的手艺不断提高,不但制图的空间和线条拿捏得很好,而且还会找出最有效率的工法和制程。

歌德曾有句名言:"一个人不能同时骑两匹马,要骑上这匹,就要丢掉那匹。聪明人会把凡是分散精力的要求置之度外,只专心致志地去学一门——学一门就要把它学好。"尹衍梁有位老师叫司徒达贤,被誉为"策略大师"。尹衍梁说:"司徒达贤老师教我们企业竞争策略,个人也要有自己的竞争策略。"他进一步指出，要胜出的第一个条件就是要有"差异性"。要实现个人的"差异性"，就需要采用持续专注的办法来集中在某个领域，使自己成为最有竞争力的人选，进而与其他人区别开来。尹衍梁说："我有机会，别人也有机会；我比别人差，我就会比别人先被淘汰。"如果通过持续专注的行动力，在特定的领域积累起优势，就可以和竞争者拉开差距，在激烈的竞争中脱颖而出。一旦认真起来，专注于某项事业，就可以获得出人意料的成就。有了这种持续专注的行动力，就能在工作中表现出意想不到的创造力，才能不断去创造奇迹。

尹衍梁不看重头衔、学历，看中的是解决问题的行动力。有一次，旗下一家公司获得了标杆企业奖。有伙伴兴高采烈地跑到尹衍梁面前汇报这个好消息，没想到尹衍梁听后，居然冷冷地说了一句："口碑是做出来的，不是讲出来的。"很短的一句话，充分体现了尹衍梁重实干、轻虚名的一贯作风。任何事情，嘴上说说是很容易的，但是要做出来往往就难多了。尹衍梁说："大学的目就是培育人，通常要经过自我的再学习、企业的再训练。"他进一步强调说："毕业后的自我学习，才是真正学习的开始。"一些年轻人从名牌大学毕业，就觉得自己很了不起，这个也不想做，那个也不屑于做，结果就很容易一事无成。年轻人如果空有学历而不能深入实践去解决问题，就会成为行动的矮子，哪有尊严可言？尹衍梁称这类年轻人患上了"脊椎钙化僵直症"，自恃高学历就觉高人一等，不能弯腰、放下身段做事，结果自然成了行动上的落后者。

三、挫折是前进的动力

挫折与失败并不可怕，关键在于提高承受挫折的能力。贝多芬一生坎坷，受尽了磨难：他出生在一个不幸的家庭，少年丧母；为了维持生计，他12岁时就做了家庭教师；好不容易与心爱的姑娘相恋，却又被拆散；26岁时得了一场病，从此失去听觉，成了聋子。他也曾沮丧过，想以自杀来了结自己的生命。但他还是顽强地从挫折中站了起来，他说："我要扼住命运的咽喉。"他用顽强的毅力与命运抗争，创造了生命的辉煌。"命运"是任何事物的发展都有的一种规律，尹衍梁强调的是要主动地去发现和掌握命运，而不是被动地去服从命运的安排。古希腊哲学家赫拉克里特说："一个人的性格就是他的命运。"意识是说，在大环境既定的前提下，一个人首先可以从改变自己做起，只要改善自己的人生态度和性格，往后的命运就会随之步入正途，这就是尹衍梁说的"运是操之在我"的意思。当然，要改变自己的态度和性格并不容易，需要长期地阅读、思考以及了解自我，还要勇敢地付诸行动，在真实的生活中去经历各种磨难和挑战，并借此来提升自己的各项能力，确立正确的价值观和人生观。作为辩证法的奠基人，赫拉克里特看到了性格和命运的辩证关系，为年轻人主动积极地去把握命运提供了很好的理论依据。

苏联作家尼古拉·奥斯特洛夫斯基有一部长篇小说《钢铁是怎样炼成的》，描写的是一位年轻人如何在艰难困苦中战胜包括自己在内的各种挑战而创造出奇迹的故事，并借此告诉人们：苦难练就了人生。尹衍梁说："我也相信人一生当中的苦乐是个定数，年轻的时候吃点苦、受点挫折，比年纪大时没有承受力要好得太多。"在人的生活实践中，一帆风顺的很少甚至没有。挫折与磨难可以使年轻人的心理由不成熟走向成熟，可以使年轻人从失败中吸取经验教训，使认识发生飞跃，还可以磨炼人的意志，增强克服困难、适应环境、解决问题、摆脱挫折的能力。俗语说："吃一堑，长一智""失败是成功之母"，说的就是这个道理，这也是年轻人成长过程中必不可少的环节。尹衍梁从自己的切身体会中发现，年轻时舍得让自己吃苦，其实也是一种"爱自己"的做法。这份爱，未来的自己会感受到。尹衍梁在年少时，因为叛逆心理，险些误入歧途。在这个过程中，他也吃了不少的苦头。因为有这些苦头，再加上老师们的谆谆教导，他才会"浪子回头"，更加珍惜来之不易的各种机会。尹衍梁把这个过程称为"修行"。

有一种蛾子名叫"帝王蛾"，幼虫时期是在一个洞口极其狭小的茧中度过

第十讲
殷切的期望力

的。要成为真正的"帝王蛾",它必须破茧而出。有人出于好心,拿来剪刀把茧子的洞剪大,让茧中的幼虫不必费多大力气,轻易就钻了出来。但它们成不了真正的"帝王蛾",因为它们飞不起来。只有通过自己的努力破茧而出者,经历过苦难的洗礼,才能成为真正能自由飞翔的"帝王蛾"。尹衍梁说:"挫折不是坏事,就我来讲,这一生促使我成长和进步的,全部是挫折。"尹衍梁进入进德中学,因为受到老师们和父亲的感召,幡然领悟人生的道理,于是决定不再与同学们打架了。当这个消息传出之后,很多之前被他欺负的人觉得"报仇"的机会终于到了,都掉过头来欺负他,每天往他的衣服和鞋子上吐口水,走路时也会有人故意伸出脚绊他,好看他摔倒时的洋相。对此,尹衍梁并不还手,还微笑以对。他在念大学时,喜欢上一个女孩子。可是有一天,那个女孩子突然不和他来往了。进一步追问,那个女孩子才对他说:"我爸爸听说你是流氓,让我和你保持距离。"尹衍梁在大学毕业当完兵后,常有人在他背后指指点点,说这个人是恶少。因为已回心转意了,所以尹衍梁对于这一切的看法也变了,他说:"不管是侮辱也好,吐痰也好,我都把这些化为坚持的力量。"

　　有些年轻人,一旦遇到挫折和失败,会感到很沮丧,觉得被人看不起,就想退缩。尹衍梁年轻时,也经常被人鄙视,认为他是个小混混,不会有什么出息的。面对这些鄙视,尹衍梁不但没有自暴自弃,反而不断鼓励自己要更加努力。这种念头使得尹衍梁在面对各种困境时,都能用积极正面的眼光来看待问题,能产生正能量,他说:"我会用正面的态度、正面的思考去面对问题,把负面的责难变成上进的力量。"因为有这种正面的心态,所以种种磨难和考验并没有消磨掉他的斗志,反而让他越挫越勇,练就了惊人的意志力。曾国藩说:"府畏人言,仰畏天命,皆从磨炼后得来。"通过各种磨难的考验,尹衍梁的人生境界也不断得以提升。尹衍梁喜欢驾着帆船去航海,经历过了惊涛骇浪的洗礼之后,他更加懂得了与大海的相处之道。在他看来,人生和航海有相似之处,唯有经历了各种风雨才能真正领悟其中的真谛。他说:"一旦出航,就解脱不了了。"这不仅是在说他航海的境界，更是在说他人生中无畏艰险、勇往直前的境界。

禅宗有一段著名的公案，昔日寒山问拾得："世间有人谤我、欺我、辱我、笑我、轻我、贱我、恶我、骗我，如何处置乎？"拾得答曰："只是忍他、让他、由他、避他、耐他、敬他、不要理他，再待几年，你且看他。"年轻人刚离开学校，意气风发，但是，也容易目空一切，容不下别人的批评意见。当然，也有一些出色的年轻人，在社会中因过于耀眼而遭到别人的嫉妒，甚至受到不公平的对待。这一切，尹衍梁在年轻时都经历过，他的策略是微笑以对。尹衍梁把吃苦当作吃补，把挫折当作磨砺意志的绝佳机会，他说："你骂我，我就上进；你鼓励我，我也上进，所有的力量通通变成上进的力量。你越看不起我，我就越努力，我就做得越好。"这种正面的自我激励法，不仅表现出他忍辱、乐观的一面，更是他借用逆境去主动磨砺自我、壮大自己的绝佳途径。在大学期间，当他追求的女孩子听其父亲说尹衍梁是流氓而让她提出分手时，尹衍梁就向那个女孩子鞠了一躬，说："谢谢你告诉我，我绝对不是流氓。数十年后，你的父亲会后悔的，他的女儿没有嫁给这样的人。"过了大概20年，有一次，这位女孩子的父亲碰到尹衍梁，对他说："我当初不让我女儿跟你交往，是我瞎了眼。"对他，尹衍梁反而很感恩，因为在尹衍梁看来，给予挫折的人，其实都是生命中的贵人，因为是这些人给自己带来淬炼，帮助自己更上一层楼。

第二节　态度决定高度

态度和能力，是互相关联的。态度不对，能力再强，也很难获得成功。所谓态度，就是对周围人、事、物的认知进而在内心中所持有的心理倾向。

这种内在的心理倾向，会通过人的言语、表情和行动表达出来。哈佛大学的赫伯特·凯尔曼教授认为，态度的形成或改变经历了顺从、同化和内化三个阶段。因此，态度是可以改变的，而态度的改变又会影响一个人的表现。例如，美国行为科学家爱德华·劳勒和莱曼·波特的研究发现，当一个人对工作的态度积极时，就会导致工作效率的提高。因此，年轻人需要有正面积极的人生态度。

一、练好基本功

尹衍梁希望年轻人练好基本功，掌握专业技能，为未来的成就打下扎实的基础。精通国学的他，经常引用老子在《道德经》中的话："有国之母，可以长久，是谓深根固柢、长生久视之道。"借此，他强调无论做什么事情，都需要有牢固的根基。一个人要取得成就，就必须有厚实的基础。尹衍梁在5S管理的基础上，把安全也加入进去，形成了6S管理。6S管理强调的全部是最基本的东西：安全、整理、整顿、清扫、清洁、习惯，都是工作与生活中最最基本的动作。但尹衍梁对于这些基本功的管理，标准非常严格。他常单枪匹马无预警地到工地巡视，第一个检查的就是厕所，如果厕所不干净，他会拿起水管亲自冲洗；如果看到地上有槟榔渣或烟蒂，会不动声色地沿途捡拾。他如此身体力行，对广大员工而言，是具有震撼性的教育，教育大家无论如何都要练好基本功，做到位，做彻底。对于工地管理评比的最后一名，且低于标准者，尹衍梁会特别召见工地干部，对他三鞠躬，且不准回礼，拜托他务必把工地基本功练好；如果第二次还是最后一名，尹衍梁会再向他行三鞠躬；如果还有第三次，尹衍梁就会对他说："没有共识，就无法共事。"他认为公司成功的秘密在于扎扎实实地练好基本功。

深根，是茁壮成长的原动力，是企业基业长青的基础，也是个人持续取得不凡成就的源泉。希腊神话里的巨人安泰乌斯，是天神与地神的孩子，每当他与人征战时，只要身体触及土地，就会有源源不断的力量输入他体内。尹衍梁教育广大年轻人要深根厚植，也希望他们能在此基础上培养出良好的品格，厚德可以载物。尹衍梁很重视根基的力量。1989年，尹衍梁第一次回到老家山东日照，兴奋不已，"尽管我身在台湾，但我的根却一直深深地扎在山东"。从此，他就开始支持两岸教育事业的发展，深耕两岸人脉，一时声名鹊起。1989年尹衍梁到大陆，一开始是跟着南怀瑾先生在温州修铁路，后又跟着南怀瑾先生设立大学的奖学金，成立管理学院。直到七年以后，他才开始到大陆创办企业。由于有之前七年的深耕厚植，为开创事业积累了相当的人脉、声誉和资源，因此，等尹衍梁到大陆创办企业时，自然能够左右逢源、蒸蒸日上。在尹衍梁看来，成大事者之所以能获得命运的青睐，是因为其比别人更为漫长而充分的准备。如同一颗颗种子在黑暗的泥土中蓄积营养和能量，一旦听到春风的呼唤，就会破土而出，长成挺拔俊秀的栋梁之材。因此，他鼓励年轻人与其去为眼前的小利益争得头破血流，不如暗暗练就扎实的基本功。

俗话说："磨刀不误砍柴工。"尹衍梁在进德中学时，学做木工活。为做好家具和木工活，他几乎天天都在研磨刀具，因此练出了一手磨刀的好功夫。每次磨好刀后，尹衍梁都会将其刀刃垂直放在自己的指甲上，轻轻地向前推动。当刀刃推动时，有种粘住推不动的感觉，说明这刀已磨得很锋利了，尹衍梁就会拿去做木工活。如果刀刃推起来在指甲上打滑，说明这刀磨得还不够锋利，尹衍梁就会换一块磨刀石继续研磨。尹衍梁说："想做好木工活，一定要磨好刀；若是工具不好用，再好的技术也会大打折扣。"磨刨刀、凿铲、斧子这些刃具是木工的基本功，尹衍梁发现，任何刃具，只要磨得锋利，那么干活时就会既省力，速度又快，而且出的作品也是干净漂亮。尹衍梁认为，年轻人与其临渊羡鱼，不如退而结网；与其坐而论道，不如付诸行动，先把基本功练好、练扎实。要早准备，打基础，做实、做细。年轻人既要时时"磨刀不误砍柴工"，又要有"十年磨一剑"的坚韧和毅力，还要克服急于求成的心态。

第十讲
殷切的期望力

老子说："合抱之木，生于毫末；九层之台，起于垒土；千里之行，始于足下。"年轻人容易冒进，希望能一鸣惊人，在社会中很快崭露头角。尹衍梁觉得，要练就好的基本功，需要坚持不懈地练习，才能"温故而知新"，才能不断提高整体水平和能力。尹衍梁不看重个人英雄，更看重团队协作下共同练就基本功。在他看来，企业的标准作业流程以及6S管理方法，其实就是团队的成员一起在互相鼓励、互相监督的环境中来共同练就基本功。尹衍梁语重心长地说："团队的基本功练好了，才能谈创新与发展，才能获得团队的耀眼绩效。"一个人练习基本功，如同练习打高尔夫球。一个团队练习基本功，如同打篮球、踢足球。在团队中，强调的是整体的基本功，而不仅仅是特定个人的超群能力。有句话说得好："一个人走得可能会相对较快，但一群人绝对会走得更远。"因此，尹衍梁提醒年轻人要善于在团队和组织中练就个人的基本功，通过合作提升个人练就基本功的效率，从而让自己成长得更快，练就的功夫和本事才能更好地为他人、团队、组织和社会带来贡献。

在狠练基本功的过程中，心态要好，要乐观向上。顺境也好，逆境也罢，要朝着目标奋勇向前，咬定青山不放松，不怕挫折，不惧流血流汗，持之以恒地练就基本功。年轻人要抓住机遇踏实成长，尤其要学会吃苦、吃亏。尹衍梁常常会安排公司里那些工作积极性和责任心强的年轻人承担更多、更重、更艰苦一些的工作任务。从表面上看，这些年轻人多干了活、吃了苦头、受了累，似乎是吃了亏。但实践证明，能在艰苦的地方吃点苦、吃点亏，恰是长本事、练就基本功的关键点，是难得的历练。对此，尹衍梁深有体会地说："像我第一份工作月薪只有300新台币，但我还是全力以赴，没有去计较钱，我认为工作就是机遇，机遇就是福源，就是福气的来源，所以你如果把工作推掉，或者放弃帮助别人的机会，就如同把你的福气推掉一样。"所以，他把那么低薪的工作看成是历练的绝好机会，并努力养成宽阔的胸襟和眼界，锻炼出坚忍的意志和品格，不比较、不计较，不贪便宜、不走捷径，勤勤恳恳练就基本功,以扎实的付出和汗水,开辟通往成功的道路。他也希望年轻人要能吃得起亏,要能坐得起冷板凳、耐得住寂寞,练就过硬的基本功,如此总会有出头之日。

二、谦虚使人进步

谦虚的态度体现在多个方面,其中一个方面就是要尊重师长、善于学习。年轻人抱怨自己学校的师资不佳,埋怨老师根本就不会教书,觉得在大学里就是浪费时间,学不到任何有用的东西。尹衍梁听到后,觉得很惊讶,反问:"怎么会没有好老师呢?"在尹衍梁看来,不是只有在学校课堂上传授知识的才叫老师,一个人身上如果有值得学习之处,就应把对方视为自己在这个领域的老师。当年轻人不善于学习时,或者自命不凡而不屑于学习时,就很难从别人身上发现闪光点,就会认为没有好老师。因此,有没有好老师,不取决于老师本身,而是取决于学习者想学什么、有没有学习的强烈意愿以及有没有真正虚心学习的态度。孔子说:"三人行,必有我师焉。择其善者而从之,其不善者而改之。"尹衍梁不但将其奉为圭臬,更是长年身体力行,努力从每个人身上挖掘值得学习之处。孔子还说:"见贤思齐焉,见不贤而内自省也。"意思是说,看见贤德的人就要想着向他看齐,看见不贤德的人就要反省自己。因此,年轻人要善于从别人身上学习自己不懂不会的知识技能,让自己变得更加强大。尹衍梁认为,这个社会已经进化到光靠一个人的力量已经无法足够强大的阶段,所以必须博采众长,为己所用。

尊师重道,是尹衍梁在跟老师学习时,始终放在心上的最高准则。当看到现今的一些年轻人傲慢自负、不把老师放在眼里时,他很感慨。这些年轻人现在不懂得尊重师长,将来就可能不把道德、法律放在眼里,不知敬畏,实在可怕。在他看来,尊师重道从某种意义上说,是培养年轻人的敬畏之心、谦卑之心,戒骄戒躁。谦和的人才能受人欢迎,才能在人生的道路上拥有好的人缘,

第十讲
殷切的期望力

获得大家的帮助。尹衍梁认为，每个老师都有值得学习的优点，一定要谦虚求教。不管年轻人身处校园还是职场，都要抱着"虚心学习"的态度，因为这样不但能从老师身上学到专业知识，还能学到为人处世的道理。

许多人从学校毕业后，就把"老师"变成"老兄"了。对此，尹衍梁说："这是最要不得的心态！"尹衍梁谨守"一日为师，终身为父"的传统道德观，对于硕士班、博士班的指导教授王志刚与司徒达贤，他每年必宴请他们，从不间断，连对比自己小四岁的陈振川都是以"陈老师"相待。跟王金平则是亦师亦友，每年总会见两三次面，并不时向他请教。而从不记得过生日的张心湜，更是年年收到尹衍梁的生日贺礼。每年教师节，尹衍梁都会亲笔给这些老师写卡片、送水果，数十年如一日。尹衍梁说："当生命走到尽头时，没有人会在意名利，记得的一定是亲情、友情与爱情，所以人生不外乎情与义。"在尹衍梁的"情与义"中，与老师的师徒情显然占据了很重要的位置。他鼓励年轻人，要懂得回应老师的教导。他说："人是互相的，老师在热心教导的同时，也会希望学生给予热情的回应，这样才能知道学生到底有没有听懂、自己教得到底好不好。"人与人之间是非常奇妙的关系，你对老师好，老师自然更加对你好，这是爱的正向循环。尹衍梁认为"专心""真心"与"诚心"三者同等重要，年轻人不但要聆听老师的言语，并且还要给予精准的回应。

《弟子规》说："不力行，但学文，长浮华，成何人？"意思是说，如果对圣贤的教育不去力行，只是学一些文章词句，甚至讲得也是头头是道，而自己却没有做到，讲得多了会成什么样子？会成为夸夸其谈，但是缺乏实际解决问题的能力的人。尹衍梁认为，年轻人除了要跟着老师好好学之外，还要努力实践，学以致用，通过实践来进一步提升自己的能力。张爱玲说："在人生的路上，有一条路每个人非走不可，那就是年轻时候的弯路。不摔跟头，不碰壁，不碰个头破血流，怎能炼出钢筋铁骨，怎能长大呢？"尹衍梁自己在年少时期，也走过弯路，因此，更加了解实践的重要性。他鼓励年轻人不要怕犯错,不要怕失败,要努力从失败和挫折中汲取教训,并勇往直前。在企业管理上,他鼓励广大同仁大胆实践,不要有失败的心理包袱。既然年轻时期的弯路是不可避免的,那么,就应该无所畏惧地前进,在挫折中历练自己、壮大自己。尹衍梁自己就是这样过来的,也希望广大年轻人在挫折面前不要泄气,而是积极正面地对待挫折,并继续前进。

三、破解"卖身迷思"

年轻人刚走出校门,面对的就是现实的世界。房价不断上涨,让年轻人在城市里生活的压力很大。工作中,激烈的竞争也容易让这些"天之骄子"们感觉不适应。于是,一些在都市里打拼的年轻人因为看不到未来而感到沮丧和失意。针对这种情况,尹衍梁反倒希望他们转换心态,用正面乐观的角度看待自己的未来,首先要改变的就是放下自以为是的"卖身迷思"。所谓"卖身迷思",就是认为老板给多少钱就干多少活,老板给的薪水低廉,那么就用"廉价"的态度来对待自己的工作。尹衍梁说:"老板给多少钱就做多少事,这就是卖身!"这样一来,用人单位和新进人员之间就是纯粹的交易关系。如果持有这种观点,那么,年轻人很难在社会上立足。薪水高就多做事,薪水低就尽量少做事,甚至浑水摸鱼、随随便便。这种心态,对年轻人而言,有百害而无一利。薪水是重要,因为年轻人需要依靠薪水来生活。但薪水绝不能作为个人努力程度的标准,绝不能依据薪水的多少来决定个人如何工作。尹衍梁表示,若年轻人有"卖身"的工作态度,就永远无法开创美好的未来:"人是无价的,怎么能卖身?"年轻人一旦接受了一份工作,那么,就是一份承诺,无论薪水如何,都应该全力以赴去把工作做好。

这种"卖身迷思",实际上就陷入了"受害人循环"(Victim Cycle)之中,因为年轻人认为自己是用人单位低薪的受害者,所以,就觉得消极应付工作是理所应当的。杰克·韦尔奇在《制胜》一书中,一针见血地指出了这种消极态度的后果，他说："商场上，不管是什么状况，视自己为受害者，只会自取其败。……这种态度会断了你所有的出路，这甚至被视为职业死亡漩涡的开端。"尹衍梁认为年轻人进入职场，应该学习如何"当责"（accountability）来破除"卖身迷思"。所谓"当责"，就是要做到120%的专业主义，为"最终成果"负"完全责任"。就算是有不可抗力的意外发生，也不能摆出"我责任已尽"的态度。尹衍梁年轻时的第一份工作，虽然月薪才300新台币，但他依旧全力以赴，绝不因薪水太低而马马虎虎、便宜行事。他一头扎进了工作中，实际的工作内容超出了老板的要求，不但做得比别人多，有时也会帮其他同事分担非他分内的事情。当时，尹衍梁并没有多想薪水低廉这件事情，脑子里只有一个念头：把事情做完，还要做得更好。他并没有把自己当成低廉薪水的受害者，而是把这份工作当成一份承诺。有了这份责任心，他就不会把目前的工作和低薪联系在一起了，不会以诸如"这一切不是我能控制的""我运气真不好"等为借口，敷衍了事。

当时，在尹衍梁看来，自己不仅仅要交出工作成果，更要"Under Promise, Over Delivery"，就是提供给老板意料之外的满意。后来回忆起当时的做法时，尹衍梁说："当年我这样的做法，对现在的年轻人而言，或许会认为是愚蠢，因为做得再多，薪水也不见得会调升，老板甚至会当作自己捡到了便宜，用低廉的薪水便可换来两人以上的人力，何乐而不为？"正因为尹衍梁当时能够正面积极地去思考，并没有为当时的困境所困住，反而从工作中找到了提升自己的方法和途径。现在的一些年轻人，面对激烈的竞争，往往会有口头禅，说"不关我的事""是别人的错"，甚至"为什么某某人工作老是出状况，害我被骂""为什么我运气这么差""老板怎么可以这样不公平""我就拿这点工资"，等等。诸如此类的心态，很容易让年轻人消极应付工作，和其他成员互相指责、"踢皮球"、"打太极拳"、寻找替罪羊，等等。结果，把主要心思用在了如何偷懒和逃避责任上了，而对工作却缺乏热情。尹衍梁反对这种想法，他说:"对别人的承诺代表了你的信用,等到事情不如当初所承诺时,任何借口都已太迟。"所以,年轻人在接受一份工作后,无论薪水有多低,无论是兼职还是正式工作,都代表了对用人单位的一种承诺,都须全力以赴去努力工作。这样,个人才会有更多发展的机会。

受到"卖身迷思"蛊惑的年轻人,一般都会有被迫去从事某项工作的感觉,内心中其实并不认同或者接纳一项工作或任务。任何一项工作,都无高低贵贱之分。尹衍梁强调说:"但我认为,不管是有选择还是没选择的工作,你都要认真努力地去做。天底下没有卑贱的工作,只有卑贱的人格,我很愿意帮别人洗厕所,洗厕所是高尚的职业,清道夫也是高尚的职业,比当一个不要脸的总统要高尚。"因此,年轻人一旦得到工作机会,就不能朝三暮四,而是应该全力以赴去做好,从"要我做"转变成"我要做"。"要我做"是被动、被迫地去开展工作,内心中并不情愿,工作的结果和绩效自然可想而知。但是,"我要做"则是主动请战,是把工作机会当作难得的历练和成长机会,不断从工作中汲取养分,提升自己的能力。持有这种心态的年轻人,决心大,干劲足,获得的机会自然会更多。尹衍梁鼓励现在的年轻人,不要"没好处就不想做""钱太少就不屑于赚",而是应积极调整价值观,以饱满的态度做好每一项工作。

唐末五代时期有个年轻人叫冯道,家庭条件艰苦,但自得其乐,不为贫困而感到难堪。冯道写过一首叫做《天道》的诗,诗中有云:"但知行好事,莫要问前程。"意思是说,无论处于何种境遇,都要热情洋溢地去把事情做好,而不必问前程如何。尹衍梁说:"即便是最微小、被人视为不重要的工作,都可以学到东西。"刚出校门的年轻人,往往眼高手低,不愿意做看起来很小的事情。尹衍梁认为,这些年轻人把工作看得太狭隘了,只是关注眼前看到的表象,却没能挖掘出隐藏在细节中的各项生存本领。结果,自然很难获得长进,还会逐渐与其他年轻人拉开差距,以至于因缺乏竞争力而陷入被动。在尹衍梁看来,大学问都藏在小事情里面,用心的人善于发现小事情里面的大乾坤,进而能够从中获得力量。

狄更斯说:"一个健全的心态比一百种智慧更有力量。"对于年轻人而言,饱读诗书的确很重要,但是,培养正确的人生观和心态则更为重要。在进德中学时,尹衍梁决定痛改前非,开始好好学习。这时,那些之前的狐朋狗友觉得很不理解,不愿意看到他上进的样子,于是就想办法欺负他,看他是不是还能够安心学习。见此情景,按照尹衍梁一贯的脾气,就应马上予以回击。但是,他转念一想,就不再生气了,而是把这些挑衅看成是对自己的历练。后来他回忆当时的情形时说:"我心中想,你这样欺负我、侮辱我,我每天就要比你多背三个生词!"从自己的切身体会中,他发现了正向力量的强大。他经常举例子提醒身边的年轻人,千万不要说"我不要迟到",而是要说"我一定要准时"。"不要迟到"是负面的想法,而"我一定要准时"则是正面的思维模式。

第三节　养成良好的习惯

美国畅销书作家杰克·霍吉在《习惯的力量》一书中写道:"行为变成了习惯,习惯养成了性格,性格决定命运。"习惯是一个人下意识或潜意识的行为,但是,这些看似细微的行为,往往让一个人的命运发生变化。古罗马著名诗人奥维德说:"没有什么比习惯的力量更强大。"如果用一个形象的例子来比喻习惯的力量,那就是水滴石穿。一滴水的力量是微弱的,但是,滴水不停的话,久而久之,即便是坚硬的石头,也会被滴水穿透。一个人生活中若养成良好的习惯,将会是一笔难得的财富。

达观天下
——跟尹衍梁学管理

一、善于沟通与合作

赫伯特·马尔库塞在其名著《单向度的人》中阐述的"单向度的人",是指那些只有物质生活、没有精神生活、没有创造力的麻木不仁的人。这种"单向度"的年轻人,凡事从自己"私人利益最大化"的角度出发来选择,忘记了自己的义务和责任,更不懂得尊重他人的权利。但是,尹衍梁希望年轻人成为全面发展的"多向度的人"。在尹衍梁看来,这种"多向度的人"应该是企图旺盛、行动彻底的,深根厚植、锋芒不露的,稳重扎实、苦干肯拼的,擅长合作、尊重伙伴的人。这样的年轻人既有活力又有能力,具有积极正面的价值观和人生观,能够和周围的人相处与合作,因此,更能够融入到社会和企业中,成为其中的中坚分子,为企业和社会的发展做出贡献。

沟通能力对于年轻人的成长和步入社会很重要。尹衍梁认为,"心存关怀"是年轻人在职场沟通成功的第一步,他说:"我们所怀的良善意念和正面能量会在无形中传递给对方,并且会反馈给自己。"因此,沟通时一定要有善意,不能以欺骗、愚弄等方式恶意地去与人沟通。通过善意的沟通,对方也能及时了解沟通的意图和努力的方向,这样就可以使得双方都能朝好的方向去努力,对于彼此都很有帮助。尹衍梁说:"人与人之间的交流是双向的,自己先释出善意,对方一定能感受到,除非可以闪避或拒绝,否则也会以对等的善意回应。"一些年轻人,刚刚迈出校门进入职场,感觉自己"不善沟通",认为自己口才不佳、缺乏自信、容易紧张、个性内向等。这些都可能是导致"不善沟通"的原因,但是,他们往往忽略了一项关键因素,就是沟通的出发点和意图是否正确与清晰。如果是善意的、助人为乐的沟通,那么,纵然口才不佳,对方也能体会其中的意思从而给予热情的反馈。若是沟通意图不明,或与人无益,那么,沟通质量就会大大降低。

有一类年轻人,看似善于沟通,说起话来滔滔不绝,可谓口若悬河,但是,听起来却只觉得其逻辑跳跃,说话天马行空而无法切入重点,甚至语无伦次而不自知。更有一些人说起话来，让人感觉从头到尾都在"自说自话"，甚至有强词夺理的感觉。对此，尹衍梁提醒说："应当注意沟通时所使用的文字用词，避免让人产生误会或心生不悦，徒增讨论协调上的困扰。"有些人心直口快，说话不经过大脑思考，不仅达不到沟通的效果，反而会激化矛盾，引起冲突。尹衍梁建议，当话要说出口之前，应先站在对方的立场上思考，心里模拟对方可能会有的反应；若有可能引起反感，就要避免不悦，或用其他委婉恰当的说法，来代替想表达的意思。沟通是一门艺术，要从对方的背景、环境、思维模式与所处的立场，预测对方对这件事可能的态度与反应，进而决定自己该如何述说对方才听得入耳，逐步、顺势引导对方认同你的想法。大多数事情的推动与执行，都牵涉到与不同人的沟通和协调，若能建立"多了解别人、站在对方立场上考虑问题"的思维习惯，沟通与行事也就自然而然地会顺畅起来。此外，尹衍梁还特别强调："沟通时，应尽力做到不批评、不责备、不抱怨、不攻击、不说教，以上这些都是沟通的刽子手，只会使事情恶化，对沟通一点正面的帮助也没有。"

年轻人除了要会与人沟通之外，还需要会与人合作。尹衍梁的很多管理思想，不是来自教科书，而是来自对于生活和社会活动的观察与领悟。年少时，他曾经在进德中学学习做木工活。当他用磨刀石磨刀时，师傅告诉他，前后推拉的距离要尽可能地长，不允许只用中间一小段。如果磨凿子一类的比较窄的刃具要左右变换位置，不要在一个地方磨出槽。一开始，尹衍梁就是不理解为什么要这样做。后来，师傅对他说："石头磨得两头低，和别人好合伙；石头磨得两头翘，手艺再好没人要。"其实说来说去就是指磨刀的时候不可以图方便总是磨中间，否则，越到后来越不好用。顿时，尹衍梁领悟了其中的道理。当他用磨刀石的中间位置磨刀时（利己行为），自然是最省力的方式，但以后别人再去用这块磨刀石时，就会非常费力。也就是说，你的快乐是建立在他人的痛苦之上的，所以，别人就不喜欢和你合作。相反，你尽可能把磨刀石的中间部位让给他人（利他行为），虽然自己研磨刀具时会比较吃力，但是别人会感谢你的体谅，而更愿意和你搭伙。在研磨刀具的过程中，尹衍梁发现了与人合作的奥秘。合作应建立在"利他"的基础上。

一个木工，是无法独自完成一项庞大的木工工程的，而且需要一个团队才可以在有限的时间、人力、物力等约束下完成工程项目。尹衍梁总结说："团队就是要分享责任、工作、经验、痛苦、经济利益、希望……这就是团队，团队就是取长补短，很像一个交响乐团。"年轻人初出茅庐时，往往心比天高，希望自己能早日从人群中脱颖而出。这种心态，往往忽略了团队的作用。有句谚语说得好：若要走得快，一个人走；若想走得远，就要一起走。年轻人在攀爬自己的人生高峰时，一定要善于与人合作。不善于合作，缺乏团队意识，很容易让自己举步维艰。

在一个团队中，年轻人要学会勇于承担责任，得主动找事情做，而不是找借口。尹衍梁说："责任越推越大，功劳越揽越下。"因此，在一个团队中，即便众人都推卸责任、互踢"皮球"，但是到了你的身上，就要全部负起责任来，尽自己的全力去做好。事实上，在一个团队中，每个人都很清楚：你做得多、担当得多，大家自然都把目光和信任投向你，那么，你的机会自然就会多。所以，无论团队其他成员如何表现，年轻人身处其中，都要积极主动地去承担责任，才能够脱颖而出，获得更大的机会和人生舞台。对于团队其他表现好的成员，要持有一种欣赏和学习的态度。弗朗西斯·培根说："欣赏者心中有朝霞、露珠和常年盛开的花朵。"这种欣赏不仅仅能够给予同伴正面反馈和鼓励，而且还能使其体会到被人欣赏的快乐，因此，能督促自己去做得更好，做到被更多人欣赏的程度。这样的团队之中，成员之间互相欣赏而彼此鼓励，大家通过共同成长来实现团队的整体进步，这是一种良性循环，是正能量的体现。年轻人是团队的新生力量，应该为团队发展带来新鲜血液，为团队的进步做出贡献。

二、被利用，才能被看见

年轻人离开校门进入社会，往往会有长辈提醒说："要小心啊，社会很复杂，别被别人利用了。"因此，一提到"被利用"这个词，就认为是一个贬义词，可能很多人不喜欢，认为容易被利用的人往往比较傻才会吃亏上当，做了"冤大头"。也有人形容说，"被利用"就是被人卖了还很高兴地替人数钱。南怀瑾讲到《尚书·大禹谟》中的"正德、利用、厚生、惟和"的"利用"时强调，"利用"是做任何一件事，都有利于别人，不是只利于自己，"利用"万事万物，使万民得利。因此，一个人具有"被利用"的价值，就能成为社会的栋梁之材。对此，尹衍梁说："我们只有比别人好，比别人卖力，比别人更愿意帮助别人，怀着一颗温暖的心，投资自己，而且甘于被别人利用，差异性自然就会产生。"一个足球队会分为主力球员和替补球员。如果教练认可一名球员的能力，觉得这名球员在整个球队中具有不可替代的作用，那么，教练自然会利用这名球员，将其作为主力球员，派其上场为球队的胜利而拼杀。所有替补球员都希望自己能早日被教练利用，以获得上场的机会。因为，不被利用就意味着一直要坐冷板凳。尹衍梁的这句话，就是鼓励年轻人要好好练习基本功，并且要具有"被利用"的心态，早日成为职场和社会中的主力人才，为团队的发展和社会的进步贡献个人的心力。

一些年轻人可能会对"被利用"产生误解，尹衍梁进一步解释说："我说的被利用不是被耍弄的意思。被利用的意思是我对组织做了正面的贡献，我解决了别人的困境、别人的问题，连带使我脱颖而出。"所以，尹衍梁所强调的"利用"，就是《尚书·大禹谟》中的"利用"的意思，是指开发有潜力的可用之物、重用有能力的可用之才。在他眼中，能力不等于学历和文凭，而是解决具体问题的能力和方法。大学生毕业后，要彻底忘记自己的学历与文凭，从实践入手，积极提高解决实际问题的能力。从用人单位的角度来讲，希望"被利用"成为能为企业解决问题的人，而非口若悬河又眼高手低的高学历的人。尹衍梁说："就一个企业经营者来讲，我所用的人，都是以后有增长潜力的人，另外就是有良好的态度、愿意学习，能为企业解决问题的人。同样是大学毕业，谁比谁强呢？"年轻人步入社会之后，要尽快忘记自己曾经是个优秀的学生、考了很高的分数，而是应该在职场上虚心学习，掌握各种解决问题的能力和本事，才能具备"被利用"的核心价值，进而才能被重用而获得更多的发展机会。

美国著名的管理学大师史蒂芬·柯维在《高效能人士的七个习惯》里把互相帮助定义成一种"交易"，此类交易多了就好比一个人在银行里存的钱多了，需要取钱（得到别人帮助）的时候就方便多了。显然，"被利用"把握得当就是在向储蓄罐里不断存钱，未来的收益应当是不错的。这种积极正面的思维，能让一个人更清楚自己在一个团队、组织和社会中的位置，因而更能脱颖而出。尹衍梁认为，人与人之间存在着看不见的"人际银行"，愿意投入越多的存款（付出与"被利用"），将来能得到的利息（善意回报）也就越多。对刚入职场的年轻人，尹衍梁会用一系列的问题来提醒他们，比如：平日与同事、老板相处，你是否都只注意自己的利益？当别人有求于你时，你是否愿意无私地出手帮忙，不求回报？老板要你做职务以外的工作时，你是否毫不计较地尽力完成，让老板肯定你的能力与做事态度？他建议年轻人要认真地在自己的内心回答这些问题，看自己能做到哪些。如果得到的答案都是肯定的，那么，他就会恭喜你，并鼓励说："好，还可以更好。"如果得到的答案都是否定的，那么，他就会建议你要认真反省与思考，找出不足而改进，这样才能获得提高。

天生我才必有用，但即便有再多的才能，不被利用，也无从发挥。在工作中被利用，才能闪光，才能创造和显现自身价值。李嘉诚说："如果你不能被人利用，表示你没价值！"在企业中能被利用，才算是真正有用。尹衍梁强调个人和企业的互相"利用"，他说："我一直勉励自己要创造被'利用'的价值，这种利用不是被耍弄、愚弄，我们的贡献是带动组织的成长，组织的成长给我们更多更好的机会，这是一个双赢的良性循环。"个人要利用企业这个平台来做事情，展现个人的能力和贡献；企业也要利用个人的能力来扩展业务和进一步发展，企业的发展为个人提供更好的事业平台。所以，这是企业和个人互相利用的良性结果。这种互相利用之所以是良性的，是因为企业依靠个人的贡献获得了成长，为个人提供了更大的平台，可让个人更好地发挥出潜能来。

三、面向阳光，影子相随

年轻的大学生步入社会后，发现真实的社会与自己脑海中的相距甚远，于是，就会产生各种抱怨，觉得自己处于一个很不利的大环境中。这种怨天尤人的心态，不利于青年人在社会中的发展和成长。有人问尹衍梁："对一般学生而言，没有非常强大的家庭基础，怎么建造或是找到舞台？"尹衍梁回答说："我父亲常常讲，一个人利用好环境很困难，利用坏环境很容易，所以一个刚踏出校门的学生，可能没有很丰富的条件，所以我们只有一个选择，努力投资自己，努力活在当下，替周遭的人创造价值。我们无法改变环境，但能改变自己。"年轻人若一直以抱怨来迷惑自己，那么，就很难在社会上立足，就会产生更多的抱怨。反之，若直面现实社会的竞争而能够勇敢地投入去做事情，就会受到周围人的赏识，会获得更多的机会。孱弱的人在逆境中沉沦，而强大的人在逆境中崛起。例如，在田径场上，有些选手会感叹身不逢时，因为世界上的高手都在和自己角逐。但是，有些选手却用不同的想法来激励自己："我要跟云比赛，不要跟旁边的人比。"于是，他的对手永远是"天上的云"，因而不畏惧任何对手。这就是正面思考的力量，在环境无法被改变的情况下，至少可以改变自己的思维模式，通过积极正面的自我激励来激发自己的斗志和潜力，最终能够在竞争中脱颖而出。

西方有一则谚语："只要向着阳光，阴影就在你背后。"背朝阳光，前面总有或长或短的影子；面向阳光，虽然有点刺眼，但阴影却永远被甩在了身后。

达观天下
——跟尹衍梁学管理

尹衍梁进一步解释说:"你面向阳光,影子紧紧跟随着你;但是你追着影子走,影子越追越长,因为夕阳西下了嘛。"年轻人刚进入职场,追逐名、利、社会地位和荣誉,这无可厚非。但尹衍梁提醒年轻人要换个思路,要先选定一个对社会有意义的目标,然后坚定地去为这个目标而奋斗。如果年轻人放下自我和自利的念头,抛下个人的名、利、地位和荣誉,牺牲小我而去成就大我、他人、社会,那么,这些名、利、地位和荣誉反而唾手可得。因此,尹衍梁勉励年轻人要有远大的理想和志向,并像追逐太阳一样去追逐理想。尹衍梁年少时进入进德中学,大学毕业后还有人常在他背后指指点点,说他是恶少。对此,尹衍梁心里想:"我不和你们计较,我们比谁对社会的贡献大。"于是,他暗地里下定决心并不断努力,现在的情况就截然不同了,他说:"我重新被我周遭的同事、朋友、邻居、供应商、客户,认定为一个正常人,这也是一个很大的难关。但我靠着坚持、毅力转换过来,现在没有人说我是流氓了。"如同韩信,在遭受"胯下之辱"时并没有拔剑去与侮辱他的人决斗,而是等到后来扬名天下时再去感谢那位曾经侮辱过他的人。

年轻人面向阳光时,需要培养自己的远见。尹衍梁进入商界后,一心只想着赚钱,做得比牛马还苦、还累,婚后第二天就到工厂去上班了。但是,即使如此辛苦,也没有赚到多少钱。后来,他遇到了南怀瑾老师,想法开始转变了。他说:"'人两脚,钱四脚',人追钱是永远追不上的。还是先要把事情做好,变成财富在后头追我。"于是,他的远见开始起作用了。他积极资助教育事业,对赔钱的生意也乐此不疲。结果,这些投入都慢慢转化为他事业的重要支柱,很多项目和生意是主动找上门来让他做,遇到困难时有不少人主动提出来想帮他的忙。他的事业版图不断地拓展,生意越做越大,各种荣誉也是纷至沓来。因此,他尝到了远见所带来的甜头,据此来谆谆教导广大年轻人要看得远,不能"近视",不能仅仅看到眼前的利益。年轻人要向着远方的太阳,勇敢地前进,这样的格局才会越来越大,个人的成就也才会更大。

第十讲
殷切的期望力

年轻人在面向阳光奔跑的过程中,一定要有热忱。在世界的历史上,每一个伟大而高贵的时刻都是某种热忱的胜利。美国杰出的黑人废奴主义者哈莉特·塔布曼说过:"每一个伟大的梦想都由一个梦想者开始。永远记得,你内在有力量、耐心与热情,去完成壮举、改变世界。"年轻人要充满热情地去工作和行动,才能实现自己的理想。尹衍梁鼓励年轻人要有热忱,把一件事情做到最好,并且带动影响周围的人,使得大家都能够把工作当作事业来做,那么,成功就不远了。看到一些年轻人消极地等待机会的降临,南非前总统纳尔逊·曼德拉提醒说:"如果安于现状,生命就会失去应有的热情。"年轻人若缺乏热忱,往往会因为安于现状而一事无成。尹衍梁作为过来人,看到好学的年轻人,总是不忘以自己的例子来教育大家:"我对工作的热情来自我对人生的热情,我最怕的就是淡漠的态度,凡是有大成就的人无不是热情洋溢的人。"年轻人要培养热忱,需要不断学习。尹衍梁还强调了分享的重要性,他说:"年轻人可以借由吸收新知,或听到别人关键性的一两句话,来改变你的态度。所以我觉得,君子赠人以言,胜过珠玉。我很喜欢当老师,跟别人讲道理,把我的经验跟别人分享。"

年轻人在面向阳光奔跑时,还要有定力。年轻人涉世不深,而社会上的诱惑很多,经不起诱惑者就往往会误入歧途。尹衍梁鼓励年轻人要心无杂念,勇往直前,朝自己的理想大步迈进。有定力,方可博览群书,潜心工作,触类旁通,有所成就;无定力,便会为浮名近利所诱惑,为本能欲望所驱使,心有旁骛,意不在学,或半途而废,或止于小成。年轻人有了定力,就会临阵不乱,沉着应变。宋代的赵善璙在《自警篇·善处事》中说:"必其胸中器局不凡,素有定力。不然,胸中先乱,何以临事?"尹衍梁一旦认定的事情,不管困难和阻力有多大,他都会心无旁骛地去完成。做任何大事情,都会有人说三道四。因此,做大事者要靠自己的智慧与修养,不为旁人所左右,专注于自己的事业,最终达成预期的目标。面对外界的各种评价,尹衍梁以曾国藩的一首诗

达观天下
——跟尹衍梁学管理

来自我激励,"左列钟铭右谤书,人间随处有乘除,低头一拜屠羊说,万事浮云过太虚"。他说:"别人褒我,我不因之而喜;别人贬我,我不因之而怒。"他也希望年轻人在社会上,不要为各种诱惑所迷惑,而是要有定力,要耐得住寂寞,经得起挫折,克服浮躁的心态,潜心专注于自己的事业。

　　年轻人有了定力,就不怕吃苦,也不怕吃亏。尹衍梁说:"我们通常都希望别人先给我们机会,其实好的机会是要自己先'修身以待天命',一个态度不好的人,机遇对他是没有用的,只有勤奋、态度好的人,机遇来了才会变成机会。"自强不息,是成功的基石,是事业的助推器,是一种锲而不舍的向上精神。《周易》里面说:"天行健,君子以自强不息。"通向成功的道路是曲折的,但是,只要有自强不息的精神和行动,就一定能走出一条光辉的人生道路。孔子说:"笃行信道,自强不息。"前一句讲的是要有正确的心态和信念,后一句则是说要通过自强不息的行动来践行。尹衍梁鼓励年轻人要能够吃苦,他说:"年轻吃苦等于吃补。"他还特别提出三点建议,希望对年轻人有所帮助:第一,要有健康的身心,拥有健康的身体才有永续的未来;第二,要勇敢追求爱情,那是一个人生生不息的动力;第三,把父母、师长、兄弟姐妹、同学、同事的关系照顾好,维持良好的人际关系,这些都是日后发展的重要人际网络。"古诗有云:"千江有水千江月,万里无云万里天。"当前,年轻人面临一个前所未有的时代,尹衍梁勉励年轻人积极把握机会,不断努力,成为有益于社会的栋梁之材。

参考文献

中文参考文献

邓小平：《邓小平文选》，人民出版社，1993 年。

毛泽东：《毛泽东选集》，人民出版社，1991 年。

韩非：《韩非子》，中华书局，2015 年。

南怀瑾：《论语别裁》，复旦大学出版社，2012 年。

南怀瑾：《易经杂说》，复旦大学出版社，2012 年。

南怀瑾：《太极拳与静坐》，上海书店出版社，2014 年。

南怀瑾：《如何修正佛法》，复旦大学出版社，2008 年。

南怀瑾：《老子他说》，东方出版社，2014 年。

南怀瑾：《庄子諵譁》，东方出版社，2014 年。

南怀瑾：《禅话》，东方出版社，2015 年。

左丘明：《左传》，敦煌文艺出版社，2015 年。

涩泽荣一著，刘唤译：《论语与算盘》，哈尔滨出版社，2007 年。

孙武：《孙子兵法》，上海古籍出版社，2009 年。

宋元人：《四书五经》，中国书店，2011 年。

汪辉祖：《学治臆说》，今日中国出版社，1995 年。

尹衍梁：《尹教授的 10 堂课——兴学兴人的神隐总裁》，《今周刊》，2013 年。

尹衍梁：《寻找梦想的家：尹教授教你 10 招聪明购屋》，天下文化出版社，2006 年。

尹衍梁：《殊道共筑——尹衍梁土木文集》，人民交通出版社，2005 年。

尹衍梁：《大陆证券市场》，台湾经济研究院，1991 年。

尹衍梁：《组织变革策略对组织承诺之影响研究：以润泰工业股份有限公司电脑化为例》，台湾经济研究，1989 年。

袁了凡：《了凡四训》，西藏藏文古籍出版社，2014 年。

远藤功著，林琳译：《可视力》，中信出版社，2007 年。

远藤功著，林琳译：《现场力》，中信出版社，2007 年。

英文参考文献

[1] Adam Smith. *Supermoney*. Wiley, 2006.

[2] Adrian Goldsworthy. *Caesar: Life of a Colossus*. Yale University Press, 2008.

[3] Alan Moorehead. *Darwin and the Beagle*. Harper & Row, 1969.

[4] Alan Schom. *Napoleon Bonaparte: A Life*. Harper Perennial, 1998.

[5] Albert Einstein. *The World As I See It*. Independent Publishing Platform, 2014.

[6] Alfred D Chandler, Jr. *The Visible Hand: The Managerial Revolution in American Business*. Belknap Press, 1993.

[7] Alfred D Chandler, Jr. *Scale and Scope: The Dynamics of Industrial Capitalism*. The Belknap Press, 1994.

[8] Andrew Carnegie. *The Autobiography of Andrew Carnegie*. Create Space, 2012.

[9] Ann M Borrison, Randall P White, Ellen Van Velsor. *Breaking The Glass Ceiling: Can Women Reach The Top of America's Largest Corporations?* Basic Books, 1994.

[10] Blaise Pascal. *Pascal's Pensees*. CreateSpace Independent Publishing Platform, 2012.

[11] Charles Darwin. *The Expression of the Emotions in Man and Animals*. Penguin Classics, 2009.

[12] Charles Darwin. *The Origin of Species*. Signet, 2003.

[13] Charles H Kepner, Benjamin B Tregoe. *The New Rational Manager*. BookBaby, 1997.

[14] Chester I Barnard. *The Functions of the Executive*. Harvard University Press, 1971.

[15] David A Garvin. *Managing Quality: The Strategic and Competitive Edge*. Free Press, 1988.

[16] Daniel Kahneman. *Thinking, Fast and Slow*. Farrar, Straus and Giroux, 2013.

[17] Dennis Showalter. *Frederick The Great: A Military History*. Frontline Books, 2012.

[18] David Wilcock. *The Source Field Investigations: The Hidden Science and Lost Civilizations Behind the 2012 Prophecies*. Dutton, 2012.

[19] Eduard Spranger. *Types of Men: The Psychology and Ethics of Personality*. Niemeyer, 1928.

[20] Edward Hallet Carr. *What Is History?* Vintage, 1967.

[21] Elbert Hubbard. *A Message to Garcia*. Garcia Press, 2013.

[22] Eric S Raymond, *The Cathedral & the Bazaar: Musings on Linux and Open Source by an Accidental Revolutionary*. O'Reilly Media, 2001.

[23] Francis Bacon. *The Essays . Penguin Classics*, 1986.

[24] Frederick W Taylor. *The Principles of Scientific Management*. Dover Publications, 1997.

[25] Gary Hamel, C K Prahalad. *Competing for the Future*. Harvard Business Review Press, 1996.

[26] George Soros. *The Soros Lectures: At the Central European University*. Public Affairs, 2010.

[27] Goleman Daniel. What Makes a Leader? *Harvard Business Review*, November-December 1998.

[28] Gordon Willard Allport. *The Nature of Personality: Selected Papers*, Greenwood Press, 1975.

[29] Henri Fayol. *General and Industrial Management*. Martino Fine Books, 2013.

[30] Henry Mintzberg. *Rise and Fall of Strategic Planning*. Free Press, 2013.

[31] Herbert C Kelman. *Crimes of Obedience: Towards a Social Psychology of Authority and Responsibility* . Yale University Press, 1989.

[32] Hermann Haken. *Information and Self-Organization: A Macroscopic Approach to Complex Systems*. Springer, 2010.

[33] Hermann Hesse. *The Journey to the East*. Picador, 2003.

[34] Herbert A Simon. *Administrative Behavior*. Free Press, 1997.

[35] Herbert Marcuse. *One-Dimensional Man: Studies in the Ideology of Advanced Industrial*

Society. Beacon Press, 1991.

[36] Homer. *Homeric Hymns*. Penguin Classics, 2003.

[37] Jack Hodge. *The Power of Habit: Harnessing the Power to Establish Routines that Guarantee Success in Business and in Life*. AuthorHouse, 2003.

[38] Jack Welch, John A Byrne. *Jack: Straight from the Gut* . Grand Central Publishing, 2003.

[39] Jack Welch, Suzy Welch. *Winning*. Harper Business, 2005.

[40] James Q Wilson, George L Kelling. Broken Windows: The Police and Neighborhood Safety. *Atlantic Monthly*, 29(38), 1982.

[41] Jan Carlzon. *Moments of Truth*. Harper Business, 1989.

[42] Jerry E Bishop, Michael Waldholz. *Genome: The Story of the Most Astonishing Scientific Adventure of Our Time—The Attempt to Map All the Genes in the Human Body*. iUniverse, 1999.

[43] Jeffrey Gitomer. *The Sales Bible*. Wiley, 2014.

[44] Jeffrey Pfeffer, Gerald Salancik. *The External Control of Organizations: A Resource Dependence Perspective*. Stanford Business Books, 2003.

[45] Johann Gottlieb Fichte. *The Vocation of Man*. Hackett Publishing Company, Inc. , 1987.

[46] John D Rochefeller. *John D. Rockefeller on Making Money: Advice and Words of Wisdom on Building and Sharing Wealth*. Skyhorse Publishing, 2015.

[47] John K Galbraith. *The Affluent Society*. Mariner Books, 1998.

[48] Jim Collins. *Good to Great: Why Some Companies Make the Leap And Others Don't*. Harper Business, 2001.

[49] Jim Collins, Jerry I Porras. *Built to Last: Successful Habits of Visionary Companies*. Harper Business, 1994.

[50] Jon R Katzenbach. *Peak Performance: Aligning the Hearts and Minds of Your Employees*. Harvard Business Review Press, 2000.

[51] Joseph A Schumpeter. *Essays: On Entrepreneurs, Innovations, Business Cycles, and the Evolution of Capitalism*. Transaction Publishers, 1989.

[52] Joseph Needham. *Science in Traditional China*. Harvard University Press, 1981.

[53] Holland J L. *Making Vocational Choices: a Theory of Careers*. Englewood Cliffs: Prentice-Hall, 1973.

[54] Livy. *Hannibal's War*. Oxford University Press, 2009.

[55] Mahatma Gandi. *The Essential Writings*. Oxford University Press, 2008.

[56] Mark L Feldman, Michael F Spratt. *Five Frogs on a Log: A CEO's Field Guide to Accelerating the Transition in Mergers, Acquisitions & Gut Wrenching Change*. Wiley, 2003.

[57] Max Weber. *The Theory of Social and Economic Organization*. Martino Fine Books, 2012.

[58] Michael E Porter. *Competitive Strategy: Techniques for Analyzing Industries and Competitors*. Free Press, 1998.

[59] Michael E Porter. *Competitive Advantage: Creating and Sustaining Superior Performance*. Free Press, 1998.

[60] Meredith R Belbin. *Management Teams: Why They Succeed or Fail*. Taylor & Francis, 2010.

[61] Nick Leeson, Edward Whitley. *Rogue Trader: How I Brought Down Barings Bank and Shook the Financial World*. Little Brown and Company, 1996.

[62] Peter F Drucker. *The Practice of Management*. Harper Business, 2010.

[63] Peter F Drucker. *The Effective Executive: The Definitive Guide to Getting the Right Things Done*. Harper Business, 2006.

[64] Peter F Drucker, *Managing for Results*. Harper Business, 2006.

[65] Peter F Drucker. *The Age of Discontinuity: Guidelines to Our Changing Society*. Transaction Publishers, 1992.

[66] Peter F Drucker. *How to Make People Decisions*. HBR, July-August, 1985.

[67] Peter Miller. *The Smart Swarm: How to Work Efficiently, Communicate Effectively, and Make Better Decisions Using the Secrets of Flocks, Schools, and Colonies*. Avery, 2011.

[68] Peter M Senge. *The Fifth Discipline: The Art & Practice of The Learning Organization*. Deckle Edge, 2006.

[69] Ralph Waldo Emerson. *The Essential Writings of Ralph Waldo Emerson*. Modern Library, 2000.

[70] R Goffee and G Jones. What Holds the Modern Company Together? *The Harvard Business Review*, November-December, 1996.

[71] Richard Dawkins. *The Selfish Gene*. Oxford University Press, 2006.

[72] Robert J Sternberg. *Handbook of Creativity*. Cambridge University Press, 1998.

[73] Robert Pollack. *Signs of Life: The Language and Meanings of DNA*. Mariner Books, 1995.

[74] Robert S Kaplan, David P Norton. *The Balanced Scorecard: Translating Strategy into Action*. Harvard Business Review Press, 1996.

[75] R P Feynman, Ralph Leighton. *Surely You're Joking, Mr. Feynman!* Norton & Company, 1997.

[76] Ron Schultz. *Unconventional Wisdom: Twelve Remarkable Innovators Tell How Intuition Can Revolutionize Decision Making*. HarperCollins Publishers, 1994.

[77] Rotemberg J J. Human Relations in the Workplace. *Journal of Political Economy*, 102, 1994.

[78] Stephen Hawking. *A Brief History of Time*. Bantam, 1998.

[79] Stephen Jay Gould. *Ever Since Darwin: Reflections in Natural History*. Norton & Company, 1992.

[80] Stephen R Covey. *The 7 Habits of Highly Effective People: Powerful Lessons in Personal Change*. Simon & Schuster, 2013.

[81] Susan Cain. *Quiet: The Power of Introverts in a World That Can't Stop Talking*. Broadway Books, 2013.

[82] Thomas R Marin, C W Blackwell. *Alexander the Great: The Story of an Ancient Life*. Cambridge University Press, 2012.

[83] Thomas S Kuhn. *The Structure of Scientific Revolutions*. University Of Chicago Press, 2012.

[84] Thomas J Peters, Robert H, Jr. *In Search of Excellence: Lessons from America's Best-Run Companies*. Harper Business, 2006.

[85] Thomas J Watson, Peter Petre. *Father, Son & Co.: My Life at IBM and Beyond*. Bantam, 2000.

[86] Walter Isaacson. *Einstein: His Life and Universe*. Simon & Schuster, 2008.

[87] Warren Bennis. *On Becoming a Leader*. Basic Books, 2009.

[88] W Chan Kim, Renée Mauborgne. *Blue Ocean Strategy: How to Create Uncontested Market Space and Make the Competition Irrelevant*. Harvard Business Review Press, 2015.

[89] W Edwards Deming. *Out of the Crisis*. The MIT Press, 2000.

[90] W Edwards. *The New Economics for Industry, Government, Education*. The MIT Press, 2000.

[91] William James. *The Varieties of Religious Experience*. Create Space, 2013.

后 记

艾尔弗雷德·D.钱德勒被誉为伟大的企业史学家、战略管理领域的奠基者，他和杜邦家族（Du Pont Family）的关系很近。因此，在他开始研究企业战略时，首先从杜邦公司入手，后来出版了管理学巨著《战略与结构：美国工业企业史的若干篇章》。我学习了这种方法，从自己熟悉的领域入手去研究管理的学问。2001年，尹衍梁先生到北京大学光华管理学院带博士生，我有幸能跟着他学习。那时，他每月都专门抽出时间来北京大学讲课。每次讲课，都有录音。这些难得的讲课稿，成了本书创作的重要素材，是研究先生管理思想的重要材料。后来，我在先生身边做事和学习，并到先生旗下的企业进行历练，对于先生的管理实践有了更为深刻的认识。在这个过程中，我认真学习和体会先生的管理思想及管理实践，并进行梳理和提炼，逐渐形成了本书。所以，本书能顺利完成，首先需要感谢恩师尹衍梁先生。

同时，还要感谢厉以宁教授。1994年，作为光华管理学院的第一届学生，刚进入北京大学时，我对于什么是经济学一点儿概念都没有，是厉先生把我带进了经济学的殿堂。20年后，2016年4月9日下午3点，我带着当代管理大师彼得·圣吉教授来到厉老的办公室，他一见我，就对我说："很好！你来当我的翻译。"落座后，两位大师就中国未来20年的经济发展趋势、环境保护、扶贫、区域发展与全球化、幸福经济学等广泛的议题进行了热烈而深入的讨论。这次对话，显然在两位大师心中都留下了美好的印象，我也如释重负。我想通过促成和安排两位大师的历史性对话这种方式表达对厉老长期以来无私栽培与教诲的感谢。对话结束后，厉老执意要亲自送彼得·圣吉到电梯前，当我跑去按住电梯回头看时，发现厉老和彼得·圣吉一左一右缓步朝电梯走来，这种温馨的场面有种令人说不出来的感动，深深地印刻在我的脑海中，再也挥之不去。

2014年，我到哈佛大学做访问学者。相对而言，可以比较自由地支配时间，就对书稿进行了最后的完善。期间，在傅高义教授的家里，基本上每月都会有一次学术聚会，我每次都会参加，聆听傅老的高论，收获匪浅，并对我的研究产生了潜移默化的影响。有一次，我去傅老家里，他让我跟着他去地下室。到地下室后，发现是两个书房，里面摆满了各种书籍，已经八十多岁高龄的他，依然每天在这里奋笔疾书。这种场景，令人震撼，也令我备受感动和鼓舞。完成这本书稿后，我心中惴惴不安地到傅老家里，向他汇报研究情况。他阅读后，欣然为这本书稿写了推荐语，予以肯定。这样的肯定，对于像我这样的年轻学者而言，是多么厚重的鼓励啊！

在本书的创作过程中，我也是反复研读彼得·圣吉的著作《第五项修炼》。后来，我在麻省理工学院第一次见到了彼得·圣吉先生，颇有一见如故的感觉。彼得·圣吉先生是南怀瑾老师的弟子，精通中国国学。他来北京，不喜欢住现代化的高档酒店，而是喜欢住四合院。他曾经告诉我，住在四合院里，每天早上听着鸟儿的叫声醒来，是一件非常惬意的事情。早上醒来后，他会到院子里先打坐，然后再打太极拳，之后再打坐。因此，他觉得住在四合院远比高档酒店要好。在我向他介绍本书的内容时，感觉他很是熟悉，对于东方的管理思想和哲学，他能阐述得非常透彻。彼得·圣吉先生对本书的一些见解和想法，我也在书稿的完善过程中都吸收了进来，因此也要感谢他。后来，听说他要来北京，我就安排了他和厉以宁教授的历史性对话。在送他回住处的车上，他依然沉浸在与厉以宁教授的对话之中，一路上继续和我谈论着相关话题，谈到了爱德华·戴明、彼得·德鲁克等，令人印象深刻。

感谢诺贝尔经济学奖得主、斯坦福大学商学院的埃尔文·罗斯教授，在他的提议下，我们曾经通过视频会议的方式，讨论了本书的相关情况，他对于"唐奖"给予很高的评价。当时，我在哈佛大学，与他有三个小时的时差，但这丝毫没有影响我们的讨论，反而感觉时间过得特别快，一个多小时的讨论，感觉意犹未尽。感谢当代数学大师、哈佛大学的丘成桐教授，他不仅仔细阅读了书稿，还提出了一些指导意见，对于本书的完善具有重要的作用。感谢麻省理工学院斯隆管理学院副院长黄亚生教授，曾经受邀去他家做客，除了讨论管理的学问之外，还讨论了天下大事，气氛非常好。感谢美国国家工程院院士、麻省理工学院机械工程系主任陈刚教授，在工程领域中，他是华人的骄傲。感谢北京大学光华管理学院院长蔡洪滨教授，他也是我的同门师兄，硕士研究生的导师都是秦宛顺教授。记得当时，秦宛顺老师和靳云汇老师经常以他为榜样，鼓励我们向这位师兄学习。至于秦宛顺老师和靳云汇老师，说再多的感谢都不够。他们是"老北大""老光华"，对我这个"小北大""小光华"视同骨肉，几乎是手把手地栽培和教导，师恩浩大，令人终生难忘。

感谢林毅夫教授，当我捧着书稿请他指教时，他语重心长地对我说："你来做这项研究，一定要做得比别人好，否则别人会说是你的老师指导能力有限。"听到这一席话，我感动得差点落泪。接着，林老师从书稿的题目开始，讲解了修改的要点，一代大师的风范令我永远感激不尽。感谢北京大学中国社会科学调查中心主任李强教授在工作过程中所给予的指导和帮助。感谢美国科学院院士、普林斯顿大学的谢宇教授，其做学问的严谨方式让我很受启发。感谢北京大学前常务副校长刘伟教授，他孜孜不倦地鼓励和支持青年学者去大胆开拓，让我有更多的机会静下心来做研究。还要感谢同事和朋友这些年对我的支持与厚爱。我不善言谈，可是感激之情希望大家都可以明白。

达观天下
——跟尹衍梁学管理

在本书写作的过程中，我和海外的学者进行了广泛的交流。在这些交流过程中，获得了不少重要的灵感，为完善本书产生了积极作用。这些教授包括哈佛大学校长 Drew Gilpin Faust 教授、教务长 Alan M. Garber 教授、副教务长 Peter K. Bol 教授、哈佛商学院院长 Nitin Nohria 教授以及 Michael E. Porter 教授，哈佛医学院院长 Jeffrey S. Flier 教授，哈佛法学院院长 Martha Minow 教授，哈佛经济学系 John Campbell 教授以及 Jeremy Stain 教授，哈佛社会学系 Martin King Whyte 教授，哈佛政治学系 Gary King 教授，哈佛费正清研究中心前主任 Mark Elliott 教授，哈佛燕京学社主任 Elizabeth J. Perry 教授，麻省理工学院斯隆管理学院院长 David Schmittlein 教授，麻省理工学院院级教授 Robert S. Langer 院士、Whitehead Institute for Biomedical Research 主任 David C. Page 院士，普林斯顿大学 Daniel Kahneman 教授，哥伦比亚大学 Edmund S. Phelps 教授以及 Joseph Eugene Stiglitz 教授等。

记得当初尹先生来北京大学讲课时，蒲宇飞师兄已毕业到政府部门工作了。但是，每次他都尽可能抽出时间来北京大学听先生的课。本书完稿后，送到蒲宇飞师兄处，他认真阅读后，提出了具体的修改意见。所以，特别感谢蒲宇飞师兄的修改建议。感谢北京大学出版社王明舟社长以及贾米娜编辑的倾力支持。还要感谢我的学生时艺玮、宋少华、曾稳钢、张根、王梓漪、梁文、张跃松、胡弦和、冯新月，书稿中的部分内容通过讲课的方式和这些学生探讨过。

感谢所有关心和帮助过我的人，谢谢！

顾佳峰
2016 年 3 月